JN233907

クローズアップ
刑法総論

山口　厚
[編著]

成文堂

はしがき

　本書は、刑法総論の重要な問題を採り上げ、執筆者間での討議を踏まえ、それに対して掘り下げた検討を行おうとするものである。各執筆者は、選定されたテーマについて論文を分担して執筆し、それを持ち寄って全員で討議し、さらに、それに基づいて論文に修正を加えることとした。このような共同討議によって、本書は、単なる分担執筆にかかる論文集を超えた、一種の共同研究プロジェクトの成果物としての意義を有するに至ったといえよう。本書の各論文の後には、執筆者間で行った、こうした討議の概要をも記録として掲載し、そこで問題となった事項をお示しすることとした。読者の方々に、執筆者間でどのようなことが問題とされ、議論されたかを知っていただくことにも、十分な意義があると考えてのことである。また、それを併せてお読みいただくことによって、各論文をより深く理解していただくことが可能になるものと思われる。

　執筆に加わっていただいたのは、私のところで研究生活を始めた気鋭の若手研究者であり、企画当初の段階で、すでに研究業績を有し、助教授としてパーマネント・ポジションを得ておられた方々3名である。これら3名の方々からは、本書をご覧いただければおわかりのように、十分に力の入った意欲作が寄せられた。いずれも現段階における研究の一応の成果という意義を有するものではあるが、十分に刺激的な内容のものとなっていると思われる。私自身、これらの論文を読み、一緒に議論することによって、知的刺激を受けることができた。本書に収録されたこれらの論稿が契機となって、さまざまな議論が巻き起これば願ってもないことである。

　本書の出版全般については、企画の当初より、成文堂編集部長の土子三男氏に大変にお世話になった。心よりお礼を申し上げたい。

2003年11月6日

　　　　　　　　　　　　　　　　　　　　　　　　山　口　　厚

目　次

はしがき

第1講　相当因果関係 ────────────────── 【髙山佳奈子】……1
- Ⅰ　はじめに………………………………………………………………2
- Ⅱ　結果……………………………………………………………………4
- Ⅲ　正犯性と遡及禁止……………………………………………………6
  - 1　「遡及禁止」論 6　　2　正犯性 7　　3　同時犯 9
- Ⅳ　行為と実行行為………………………………………………………11
  - 1　「実行行為」性 12　　2　行為意思 14
- Ⅴ　作為義務と危険の引き受け…………………………………………17
  - 1　排他性 17　　2　被害者自身の行為の介在 21
- Ⅵ　相当性…………………………………………………………………24
  - 1　条件関係の意義 24　　2　相当因果関係の意義 25
  - 3　利用可能性 27
- Ⅶ　おわりに………………………………………………………………29
- 〈第1講〉議論のまとめ ───────────── 【山口　厚】……32

第2講　不真正不作為犯 ──────────────── 【髙山佳奈子】……39
- Ⅰ　はじめに………………………………………………………………40
- Ⅱ　不真正不作為犯の処罰の可否………………………………………41
  - 1　罪刑法定主義に関する議論 41　　2　作為と不作為との関係 42
  - 3　法益状態との関係による区別 43　　4　不作為の因果性 46
- Ⅲ　排他的支配……………………………………………………………50
  - 1　因果性と正犯性 50　　2　排他性と正犯性 52
  - 3　作為義務と排他性 55　　4　排他性の意義 56

Ⅳ　作為義務 ……………………………………………………………57
　　　1　作為と不作為の等価値性　57　　2　作為義務の体系的地位　59
　　　3　効率性説　61　　4　先行行為説　63　　5　事実上の引き受け説　66
　　　6　規範による根拠づけ　67
　　Ⅴ　おわりに ……………………………………………………………71
　（第2講）議論のまとめ────────────【和田俊憲】……74

第3講　**管理・監督過失における正犯性、**
　　　　信頼の原則、作為義務────【島田聡一郎】……79
　　Ⅰ　はじめに ……………………………………………………………80
　　　1　議論の背景　80　　2　これまでの学説による判例批判とその問題点　80
　　　3　問題の所在　82
　　Ⅱ　管理・監督過失の類型化 …………………………………………85
　　Ⅲ　背後者の行為が作為の場合 ………………………………………86
　　　1　総説　86　　2　正犯性　87　　3　予見可能性・信頼の原則　92
　　Ⅳ　背後者の行為が不作為の場合 ……………………………………98
　　　1　総説　98　　2　管理過失の場合　100
　　　3　管理過失の監督過失への転化　108
　　　4　いわゆる進言義務について　109
　　Ⅴ　おわりに …………………………………………………………115
　（第3講）議論のまとめ───────────【和田俊憲】……116

第4講　**被害者による危険引受**
　　　　──────────────【島田聡一郎】……123
　　Ⅰ　はじめに …………………………………………………………124
　　Ⅱ　ドイツにおける議論の状況 ……………………………………126
　　　1　総説　126
　　　2　自己危殆化への関与と、同意、合意による他者危殆化との関係　129
　　　3　自己危殆化の具体的要件　130　　4　外在的制約　132

　　　　5　小括　134
Ⅲ　被害者の同意 …………………………………………………136
　　　　1　同意の効果　136　　2　同意の主観的要件　137　　3　帰結　138
Ⅳ　正犯論と関連づけられた客観的帰属論の検討 ……………140
　　　　1　自己危殆化への関与と正犯論　140
　　　　2　合意に基づく他者危殆化　141
Ⅴ　正犯論と切り離された結果帰属否定論 ……………………146
　　　　1　総説　146　　2　いわゆる被害者学原理及びそれに類似する見解　147
　　　　3　被害者の関与と結果の帰属　149　　4　具体例への適用　152
　　　　5　危険を高める特別な事情　156
　　　　6　被害者が行為時に回避措置をとることがありえない場合　158
Ⅵ　違法性阻却事由 ………………………………………………160
　　　　1　総説・理論的根拠　160　　2　具体的要件　162
　　　　3　違法減少による過失自殺関与類似状況　168
Ⅶ　おわりに ………………………………………………………172

（第4講）議論のまとめ ─────────【髙山佳奈子】……173

第5講　**未遂犯**────────────【和田俊憲】……187
Ⅰ　はじめに ………………………………………………………188
Ⅱ　危険概念とその判断方法 ── 不能犯論 …………………189
　　　　1　危険概念　189　　2　客観的危険　195
　　　　3　危険の判断方法に関するその先の問題 ── 事実仮定の範囲　200
　　　　4　危険概念に関するその先の問題 ── 可能性の対象　202
Ⅲ　未遂行為の範囲と未遂犯の成立時期 ─「実行の着手」論 ……209
　　　　1　従来の議論の概観と若干の検討　209　　2　未遂行為の範囲　213
　　　　3　未遂犯の成立時期　216
Ⅳ　おわりに ………………………………………………………221

（第5講）議論のまとめ ─────────【島田聡一郎】……223

第6講 共犯論の課題 ────────【山口　厚】……231

Ⅰ　はじめに── 共犯の基礎理論 …………………………………232
1　処罰根拠論としての因果共犯論　232
2　純粋惹起説と混合惹起説　233
3　間接惹起としての教唆・幇助と従属性　237
4　共同惹起としての共同正犯　239

Ⅱ　承継的共犯論 …………………………………………………242
1　問題の所在　242　　2　問題となる事例　243
3　学説及び裁判例の動向　243　　4　因果共犯論からの結論　244
5　刑法207条（同時傷害の特例）との関係　247

Ⅲ　過失共同正犯論 ………………………………………………248
1　総説　248　　2　近時の議論をめぐって　248

（第6講）議論のまとめ───────────【和田俊憲】……252

第1講

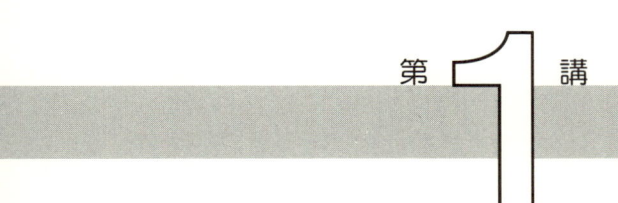

相当因果関係

髙山佳奈子

I　はじめに

　日本における因果関係論の展開はおおよそ次のようである。伝統的に、判例は条件関係のみで刑法上の因果関係を肯定する条件説を採用してきた。これに対し、学説は条件関係に加えて因果関係の相当性を要求する相当因果関係説に立ち、その内部で判断基準の相違により主観説、折衷説および客観説の3つが主張されてきたとされる。その後、いくつかの判例の事案の解決をめぐっていわゆる「相当因果関係説の危機」が叫ばれ、現在では、相当説を維持しながら問題への新たな対応を模索する多数説の流れと、相当説によらずにドイツにおけるような客観的帰属論の枠組みを採用する有力説の流れとが、学界を二分しつつあるといえる。

　現在の議論状況を見る限り、相当因果関係説と客観的帰属論のいずれの立場にも、一長一短があるように思われる。相当因果関係説はもともと、「その行為から結果が発生することが相当であるか」いう極めてシンプルな判断を行っていた。その内部での見解の対立は、判断基底として、行為者の認識した事実を基礎とする（主観説）か、一般人の認識した事実と行為者に認識しえた事実とを基礎とする（折衷説）か、客観的に存在した事実を基礎とする（客観説）かの違いにあったにすぎない。そしてこれらにより、「米兵ひき逃げ事件[1]」のような特殊な経過をたどった場合に因果関係の存在が否定されることが、無理なく説明されると考えられた。ところが、「大阪南港事件[2]」では、第1の行為者が被害者に致命傷を与えた後に、第三者がさらに攻撃を加えてその死亡時期がいくらか早まったという事案において、第三者による暴行という異常な事態が介在したにもかかわらず、因果関係を否定することは妥当でないとする判断が多数を占め、また最高裁も同じ結論を採用した。これが、「相当因果関係説の危機」が叫ばれる契機となった。

　これを受けて、一方で、相当因果関係説の陣営からは、結果発生への「寄

1　最決昭42・10・24刑集21巻8号1116頁。
2　最決平2・11・20刑集44巻8号837頁。

与度」を考慮することによって結論の妥当性を確保しようという動き[3]や、「大阪南港事件」のような場合に第三者のほうに相当因果関係を認め、第1行為者への結果の帰属を否定する見解[4]なども出てきている。

他方、客観的帰属論の立場からは、これに対して、そのような見解をもはや相当因果関係説とは呼べない旨の批判が向けられている[5]。確かに、因果経過の始めと終わりとだけを考えるのであれば、「致命傷を負わせるような激しい暴行」から「死亡」結果が生じるのは相当である。しかし、実際に相当因果関係説が問題としているのは、始めと終わりとではなく、中の部分であり、途中経過が相当かどうかである。たとえば、「浜口首相暗殺事件[6]」では、暗殺者の襲撃を受けた被害者が一旦ほぼ回復に至ってから、放線菌という珍しい菌に感染して死亡した。これも、単に「暗殺者に襲われた以上、死ぬのは相当である」として片付けられるのではなく、途中経過が異常であるために相当因果関係がないものと考えられている。そうすると、第三者の暴行のように経過が異常な場合にこの事例と異なる結論を導くには、「因果経過が相当か」という以外に、「寄与度」などの別の考慮を入れなければならなくなってくる。そこで相当因果関係説は破綻している、といわれるのである。

確かに、行為への結果の帰属を判断する際に、因果経過の相当性以外にも考慮しなければならない要素がいくつかある点を指摘したのは、客観的帰属論の功績である。客観的帰属論はこれらの諸要素を分析し、複合的な基準によって帰責範囲を限定する考え方である。しかし、ここでは相当因果関係説のもっていたような一律でわかりやすい基準という性格は失われており、論

3　曽根威彦「相当因果関係と最高裁判例」研修549号（1994）7頁以下、山口厚『刑法総論』（2001）63頁など。

4　「山口厚先生に聞く（第2回）」法教236号（2000）53頁。客観的帰属論の立場から同じ結論をとるものとして、斉藤誠二「いわゆる『相当因果関係説の危機』についての管見」法学新報103巻2 = 3号（1997）755頁以下、安達光治「客観的帰属論の展開とその課題（4・完）」立命273号（2000）230頁、小林憲太郎「因果関係と客観的帰属（6・完）」千葉大学法学論集16巻2号（2001）58頁。

5　山中敬一『刑法における客観的帰属の理論』（1997）17頁。齋野彦弥「原因の複数と因果性について」現代刑事法26号（2001）56頁は、「寄与度」の大小を因果性の基準とする見解を主張しつつ、これが「明らかに相当因果関係説とはあいいれないものである」とする。

6　東京控訴院判昭8・2・28新聞3545号5頁。

者によって異なる複雑な体系が提案されることとなっている。

　こうした状況にかんがみると、両者の欠点を克服する方法が模索されるべきであると思われる。これが本稿の目的である。まず、最近の相当因果関係説がさまざまな要素を取り込んで不明確なものになっているという問題を解決するには、本来因果関係の判断に振り分けられるべきではない要素をここから取り除く必要がある。また逆に、ここに属すべきものを属させることも必要であろう。もしこれが成功すれば、純粋な因果関係論が救出された形で残るはずである。他方、因果関係の判断から除去されてしまった要素を単に「客観的帰属」の大きな箱に投げ込んでいくだけでは、体系全体が非常にわかりにくいものになる。そこで、それらの要素は整理された上で犯罪論の体系の中に適切に位置づけられなければならない。

　以下ではまず、因果関係論から除かれるべき要素に関連して「結果」と「正犯性」の問題を取り上げ（Ⅱ、Ⅲ）、次いで、因果関係論に含められるべき要素に関連して「実行行為性」および「作為義務における排他的支配」を検討する（Ⅳ、Ⅴ）。その後、これらの操作を経て得られた因果関係の意義に言及することとしたい（Ⅵ）。

Ⅱ　結果

　因果関係の判断は、行為と結果との間について問題となる。ここから論理的に、「行為」の要件と、「結果」の要件は、「因果関係」の要件それ自体とは別のものであることになるが、学説においてこの点がつねに明確に意識されているとはいえないように思われる[7]。

　先に触れた「大阪南港事件」を例にとって考えよう。因果関係の判断は、被害者の「死」の結果をどのように捉えるかによって変わってくる。もし、これを「〇時△分における死」として時刻の点において特定するのならば、それを決めたのは第三者のほうであり、第１行為は関係がない[8]。反対に、

---

[7] この問題については、髙山佳奈子「死因と因果関係」成城法学63号（2000）171頁以下で簡単な検討を加えた。

「その被害者の死」として完全に抽象化するのであれば、およそ人は死すべきものである以上、被害者を生んだ親がこれを決定づけたことになろう。被害者が死亡することは生まれた時点で決まっており、何人も影響力を行使してこれが死なないようにすることはできないからである。

多くの論者が念頭に置いているのは上のいずれでもなく、被害者が暴行を受けて脳内出血で死亡したという具体性を帯びた事実である。そしてそれは正当なことであると思われる。犯罪事実は、およそ「人」、およそ「死」、といった抽象概念によって特定されるのではなく、個々の「人」の個々の「死」を含んだ具体的なものだからである。結果としての被害者の死亡という事実も、死因を含んだ形で特定されるものであり、因果関係の判断はそのようなアイデンティティをもった結果について問われるのである。

このように考えるならば、相当因果関係説の論者が「寄与度」という言葉で表現していた内容は、実は「結果」の属性に解消されるのではないかと思われる。すなわち、ここで被害者の死に対する「寄与度」といわれているものは、具体的な死因の形成を意味すると考えられるのである。もし「〇時△分における死」という時刻の決定に対する寄与度を考えるのだとしたら、寄与度が大きいのは第三者のほうである。屋根に99の重石を積んだところでやめた者が立ち去った後、待っていれば家がつぶれるであろうというときに、1の石を載せて直ちに家を崩した者があれば、その者に家を壊した責任が問われるであろう。しかし石の数によって寄与度を計るのであれば、前者のそれが圧倒的に大きいであろう。

このことをさらに明確化するために、「大阪南港事件」の事案を変え、第2暴行も同一人が行った場合だとしてみよう。殺人の結果との因果関係が問題になるのは、第1暴行と第2暴行とのいずれであろうか。これを判断するには、何をもって「結果」とするのかが先に決まっていなければならないのである。すなわち、「結果」を時刻によって特定するのであれば、第2暴行がこれを決定しており、具体的な死因を手がかりとして特定するのであれば、致命傷を与えた第1暴行がこれを決定したこととなるのである。

---

8 辰井聡子「不適切な医療の介入と因果関係」上智法学論集43巻1号（1999）167頁。

結論として、「結果」の内容を明確化すれば、「寄与度」という概念を相当性判断の中に取り入れる必要はないものと考える。「行為」と「結果」間の因果関係を判断するためには、まずもって、いかなる「行為」といかなる「結果」とを検討対象とするのかを画定することが重要である。

Ⅲ　正犯性と遡及禁止

次に、因果関係論において「第三者の行為の介在」として扱われてきた問題の性質を検討したい。

1　「遡及禁止」論

従来、「第三者の故意による行為が介在した場合には、帰責が否定されうる」ことが認められてきた。「米兵ひき逃げ事件」はその典型例であると理解されている。このことは、相当因果関係説の枠組みの中では、「第三者の故意行為が介在するという事態は異常であるから、相当性がない」と説明されてきたといえる[9]。しかし、本当にそうだろうか。他人をそそのかして犯罪を行わせる教唆の場合を考えると、教唆と最終結果との間の結びつきがつねに不相当だとはいえまい[10]。

そこで、因果経過が相当であるかどうかの問題と、第三者の故意行為の介在の場合の帰責の否定の問題とは、別であるとする理解が考えられる。この点に関して最近、条件関係および相当因果関係に加えて、さらに刑法上の因果関係を限定するための要素として「遡及禁止」の原則を採用するという、注目すべき見解が現れている。「遡及禁止」という考え方自体は20世紀前半から存在していた[11]が、硬直的にすぎるとされ、近年ではほとんど支持されていなかった。それが、この新しい主張によって再び日の目を見ることとなった。その内容は、「構成要件的結果を認識して惹起する自由な行為（構成

9　たとえば、山口・前掲注3) 61頁。
10　この点に関し、町野朔「山口厚著・刑法総論［BOOKSHELF］」法教257号 (2002) 103頁参照。
11　林陽一『刑法における因果関係理論』(2000) 94頁以下参照。

要件的結果について完全な故意のある行為)の背後の行為については、構成要件的結果は帰属されない[12]」というものである。古い「遡及禁止」論が、条件説と組み合わせて主張されたのに対し、新しい見解は、条件関係、相当因果関係と並んで「遡及禁止」を考える点に特徴がある。

　この新しい説が、第三者の故意行為の介在の問題を相当性の判断から切り離した点は正当である。そうした行為の介在は、相当であるといえることもあれば、そうでない場合もありうる。両者は別の要素であり、「相当性」判断ですべてを解決しようとする従来型の方法には難があったといえる。

　さらに、このような考え方は、刑法の謙抑性と自由保障機能にも調和する。法益を保護するために最低限必要なのは、最終的にその法益の運命を手中にしている者に対してその侵害を禁止することであるとすれば、最後の者だけを処罰対象としておけば足りるからである。どこまでも遡って行為を禁止する必要はないのである。

2　正犯性

　しかし、この新しい見解にはなお不十分な点もある。この法理が共犯については妥当せず単独犯の場合に限定されているところに対しては、すでに批判がある[13]。本稿の文脈では、これをはたして体系上因果関係に位置づけておいてよいものかが問題となる。この疑問を明らかにするために、第三者の行為が介在するいろいろなパターンを考えてみる。「遡及禁止」の典型例と考えられる「米兵ひき逃げ事件」では、先行するのが過失行為、介在したのが故意行為であって、この場合には後の行為者に責任を問うのが適切であろう。これに対し、全く逆に、故意行為が過失行為に先行する場合はどのように評価されるであろうか。たとえば、医師が情を知らない看護師を介して患者を毒殺するという事案で、看護師にも過失があったとしよう。もし、謙抑性の見地から最後の者だけを処罰しておけば足りる、という考え方をそのままあてはめるならば、処罰されるのは看護師であり、医師ではないことになろう。だが、実際には、こうしたケースでは間接正犯の成立が認められるの

12　山口・前掲注3)　64頁。
13　町野・前掲注10)　103頁。

が一般であり[14]、故意行為の後に故意なき者の行為が介在するときはむしろ「遡及の原則」があてはまる。また、過失犯の背後の過失犯の成否が問われる監督過失はどうか[15]、完全な故意があっても違法性の錯誤に陥っている者の行為が介在する場合はどうか[16]、など、この問題はかなりの広がりをもっている[17]。そしてその全体を見渡したときに、はたして何が論じられているのかといえば、それは、問題となる結果についての「正犯性」であろう。

これらのうちで、第三者の故意行為の介在の場合のみを「遡及禁止」の対象として因果関係論の中で扱うことは、適切ではないと考える。第三者の故意行為の介在の問題をすでに「相当性」の判断に含めて論じてしまう見解に対しては、同じ批判がなおいっそう強くあてはまる[18]。

「正犯性」は本稿の検討対象ではないが、これを一般的に「因果関係」の問題に含めてしまうことも、やはり困難だと思われる。先の医師と看護師の例で、医師の行為から結果発生に至るまでの経過も相当であるし、また、看護師の行為と結果との間の関係も相当である。このように、複数の者に相当性が認められる場合があるのであれば、正犯性と相当性とは別の要件と考えるべきであろう。いずれを正犯とするか、あるいは両方とも正犯とするかは、因果関係とは別に決められる必要がある[19]。正犯性とは「犯人であること」（Täterschaft）を意味しており、誰に結果を帰責するかの規範的判断を

---

14 他人の過失行為を故意で利用する場合には、利用者に故意犯、被利用者には過失犯が成立し、それは同時犯が成立する典型例の1つであると考えられている。Vgl. Hans-Heinrich Jescheck / Thomas Weigend, Lehrbuch des Strafrechts, Allgemeiner Teil, 5. Aufl., 1996, §63 II.
15 松宮孝明「ドイツにおける『管理・監督責任』論」中山研一＝米田泰邦編『火災と刑事責任』（1993）175頁以下参照。
16 ドイツの連邦通常裁判所は、故意の正犯の背後に間接正犯が成立することを認める。いわゆる「壁の射手」第3判決が上官の正犯性を肯定したのがその例である。BGHSt 40, 218. 回避可能な禁止の錯誤にある者を利用した事例としてさらに、BGHSt 35, 347（Katzenkönig）. 後者につき、岡上雅美「ドイツにおける間接正犯論の新展開」宮澤古稀2巻（2000）201頁以下参照。学説においては、被利用者が禁止の錯誤に陥っていることを知ってこれを利用したのでない限りは、背後の者には教唆犯が成立するにすぎないとし、「壁の射手」判決に反対する見解も有力である。安達光治「紹介・ヨアヒム・ルシュカ『遡及禁止、教唆概念とその帰結』」立命261号（1998）217頁以下参照。
17 島田聡一郎『正犯・共犯論の基礎理論』（2002）150頁以下、さらに井田良「正犯と共犯」現代刑事法26号（2001）108頁以下参照。
18 島田・前掲注17）12頁以下はこの問題を詳細に検討する。
19 島田・前掲注17）62頁以下。

含んでいる。日常用語的には、「誰が犯人か」ということである。これに対して、因果関係は、規範的観点からの帰属という要素を含まない、事実的な判断であると考えられる。

3 同時犯

因果関係を事実的判断だとした場合、その内容は「単一性」という規範的判断を含まないことになる。すなわち、一定の事実的前提が満たされた場合には、1つの結果に対して複数の行為に因果関係が肯定されうる。そうだとすると、それら複数の行為の相互関係が問題となってくる。行為者が1人しかいない場合や、複数の者の行為の間に共犯関係が認められる場合には、1つの結果に関する正犯性は1個のものとなる。これとは異なり、複数の者が独立に行為した場合には、複数の正犯性が成立し、それらは「同時犯」（Nebentäterschaft）となりそうである。

だが、同時犯を広く認めることには疑問もある。刑法60条（共同正犯）は「二人以上共同して犯罪を実行した者は、すべて正犯とする」と規定しているのであるから、その反対解釈としては、2人以上が共同して犯罪を実行したのでない場合には、複数の者を正犯とすべきではないといえる。共同正犯の場合を含めても、1つの結果についての正犯性は原則1個だと考えるべきである[20]。「正」犯、あるいは「犯人」という言葉の理解としても、1つの結果について通常は1つであるとするのが自然である。

確かに、本稿のように正犯性の数を制限する考え方は、一般的ではないように見える[21]。特に過失犯においては、複数の者について独立に正犯性が肯定されることが多い[22]。故意犯の場合にも、いわゆる「択一的競合」につい

---

[20] 訴訟法的にも、1つの事件について複数の公判が行われる場合には、矛盾した判断が出るおそれや、訴訟経済上のデメリットがあることに注意しなければならない。
[21] 齊野・前掲注5）54頁は、これを「単一原因原則」と名づけ、批判的に検討する。また、鈴木左斗志「因果関係（下）」法教262号（2002）71頁注47は、60条と整合する内容としては「2人以上の者が共同することなく犯罪を実行した場合には、かならずしもすべての者が正犯となるわけではない」という命題も考えられるから、本稿のような理解が論理的に導かれるわけではないとする。
[22] この問題の検討として、松宮孝明「過失犯における正犯概念（1）〜（3・完）」立命1994年3号349頁以下、1994年6号1263頁以下、2001年5号1355頁以下。日本では特に大規模火災の諸事例が典型的であるが、ドイツでは、酒酔い運転をけしかけた複数の者が過失致死罪の同時犯に

ては、共犯関係にない複数の者に複数の正犯性を認めるのが多数説である[23]。先の「大阪南港事件」についても、第1・第2の行為者にともに殺人既遂罪が成立することを認める見解が多い[24]。

しかし、刑法上は、1つの結果につき正犯性の数は1であるという観念が議論の前提とされている局面も少なくない。「大阪南港事件」で第三者にのみ結果の帰属を認める見解[25]はこれを自覚しているといえる。また、Ⅵでも言及するが、不真正不作為犯において作為義務を認めるための基準として、法益に対する「排他的」支配を要素とする見解も、他に正犯が存在する場合には重ねて別の正犯が成立することはないという考え方につながるものである[26]。より広く「客観的帰属」の問題として論じられているもの一般を考えても、正犯性の数の限定性はある程度前提とされているといえる。

「択一的競合」の事案で各行為者に未遂までの罪責しか認めない説[27]も、既遂結果は一人にしか帰責すべきでないことを前提としている。この立場は、未遂犯においては法益侵害の危険の発生を「結果」としてとらえるため、複数個の危険があれば複数の結果を観念しうることとなる[28]。したがって、複数の者が行為した場合に、同一の被害者に対する複数の未遂犯の成立を肯定

問われるケースが多い（Z. B. BGH St 4, 20; 7, 112; VRS 28, 202）。

23　2人が被害者の飲み物にそれぞれ致死量の毒を入れ、被害者がそれにより死亡した場合が設例としてあげられる。Näher Jürgen Baumann / Ulrich Weber / Wolfgang Mitsch, Strafrecht, Allgemeiner Teil, 10. Aufl, 1995, § 29 Rn. 4ff.

24　髙山・前掲注7）176頁注（1）参照。ドイツには次のような例がある。家庭内暴力を働く被害者の頭を妻がフライパンで殴打し立ち去った後、被害者が意識を失って倒れていたところ、継娘が来てさらにフライパンで殴打し、被害者は死亡した。第1の殴打は単独で死亡結果を惹起しうるものであったが、第2の殴打は死亡時刻を早めた。連邦通常裁判所は謀殺罪の同時犯の成立を肯定している（BGH NJW 1966, 1823）。

25　前掲注4）参照。

26　この点は本書第2講Ⅲでも検討の対象とする。

27　たとえば山口・前掲注3）50頁、町野朔『刑法総論講義案Ⅰ〔第2版〕』（1995）157頁など。

28　Ⅱで述べたような私見に対して、齋野・前掲注21）55頁は「2人の人間が同時に同じ毒薬を与えて死亡させた場合には、死因の点から、両者に因果性を認めざるをえないことになるはずであり、論者の単一原因原理の前提に反する」と批判する。しかし、私見は「直接の死因を発生させたのでない者には結果は帰責されない」とするにすぎないものであって、「死因の同一性の範囲ではつねに結果が帰責される」とまでは主張していない。択一的競合の処理につき、髙山・前掲注7）184頁では、行為に時間的前後のある場合には後の行為に結果が帰属されるという試論を述べたが、もし全く同時に2つの行為がなされた場合には、双方を先行者として扱い、双方を未遂とすべきであろう。

することには問題がないが、複数の既遂犯を認めるには躊躇があるものと推察される。

実は、日本の最高裁にも、複数の正犯性を認めるのを避けていると見られる面がある。いわゆる「熊撃ち事件[29]」では、人を熊と誤認して猟銃を被害者に命中させて瀕死の重傷を負わせた行為者が、気づいた後、被害者を楽にしてやろうとさらに1発命中させてこれを即死させた。第2行為はまさに第1行為により誘発されたものであるから、第1行為と死亡結果との間には条件関係がある。しかし、最高裁はこの事案を、業務上過失「傷害」罪と殺人罪との併合罪であるとした。これも、被害者の死亡結果は第2行為にしか帰属されず、第1行為の結果としては傷害までしか認められないことを前提としているのである[30]。

以上のように、「正犯性」判断が因果関係から除かれるべきであるとすると、残った因果関係論のほうは規範的判断でなく事実的判断としての性質を維持できることになると思われる[31]。

Ⅳ　行為と実行行為

ⅡおよびⅢでは、因果関係論から除かれるべき要素を検討した。これにより、「事実的判断としての相当性」が因果関係の内容として洗い出されたと考える。ここから出発して、犯罪論における他の要素に目を向けると、その中には反対に、本来因果関係の判断に取り込まれるべきだと考えられにもかかわらず、そのようになっていないものがある。

---

[29]　最決昭53・3・22刑集32巻2号381頁。
[30]　これに対し、ドイツには異なる立場をとった判例がある。事案は、行為者が、未必の殺意をもって被害者をピストルで撃って負傷させ、その後、威嚇射撃のつもりで誤って撃ち殺したというものである。第一審は故殺未遂罪と過失致死罪とが成立するとしたが、連邦通常裁判所はこれを破棄し、第1の行為も死の原因であるからこれにつき未遂ではなく「既遂」が成立するとしたほか、さらに、第2行為について過失「致死」罪も成立するとしたのである。連邦通常裁判所は、これが通説によって「択一的因果関係」「二重の因果関係」などと呼ばれて承認されているところだとする。ただし、過失致死罪は故殺既遂罪に吸収されるという。BGHSt 39, 195.
[31]　佐伯仁志「因果関係論」山口＝井田＝佐伯『理論刑法学の最前線』(2001) 16頁以下はこのような考え方に反対し、規範的要素としての法的因果関係という概念を提唱する。

1 「実行行為」性

　その筆頭としてあげられるのが、いわゆる「実行行為」の概念である。「実行行為」とは何か。通説的な説明によれば、「構成要件に該当する行為」であるとされる。「犯罪行為はまず構成要件に該当するものでなければなら」ず、「実行行為としての定型性を具備するといえるかどうかが問題の中核をなす」のだという[32]。たとえば、人に向かってピストルを発射したり、日本刀で切りつけたりする行為は殺人罪の「実行行為」であると考えられている。これに対し、被害者が雷にあたって死ねばよいと思ってこれを森に行かせたところ、本当に雷にあたって死亡したという「雷事例」では、実行行為がないために殺人罪にならないのだとされる[33]。

　日本の学説においては、「実行行為」を犯罪成立要件とするのが一般である。しかし、このような概念を用いることには根本的な疑問がある。

　第1に、そもそもその定義が形容矛盾である。実行行為だけで構成要件該当性が肯定されるわけではないにもかかわらず、これを「構成要件に該当する行為」と定義することがどうして可能であろうか。構成要件該当性が、実行行為、結果、および両者の間の因果関係が認められて初めて肯定されるものであるとすれば、その構成要件要素であるところの実行行為の定義が構成要件該当性を含むのはナンセンスである。

　第2に、この読み方が「あげ足取り」であって、実行行為には因果関係そのものや結果までは含まれないのだとすると、逆にそれでは一体何が含まれるのかが問題となる[34]。「定型性」といわれることの意味である。もし、人に向かってピストルを撃ったり刀で切りつけたりするのでなければ殺人の実行行為とはいえないのだとすると、毒入りの砂糖を郵送するような「離隔犯」や、被害者の行為を利用した結果惹起はおよそ殺人とはなりえないことになるし、反対に、これらも実行行為であるとするのならば、そこでいわれている「定型性」の内容は極めて不明確である。もともとこの「定型性」は、未遂犯や共同正犯の成立範囲を画する任務を負わされていたが、それらの領域

---

[32] 団藤重光『刑法綱要総論〔第3版〕』(1990) 139頁、146頁。
[33] 佐伯・前掲注31) 10頁は、「結果発生の危険のある（かつそのことを認識している者）の行為」とする。
[34] 詳しくは、島田・前掲注17) 58頁以下参照。

でも「実行行為」が基準として十分でないことは、現在広く認識されていると思われる。

　第3に、犯罪成立要件としては「行為」があれば足り、「実行行為」は不要である。先の「雷事例」のように、「実行行為」性がないために構成要件に該当しないといわれる事例は、実は相当因果関係の判断を取り込んでいるにすぎない。同じく被害者を森に行かせる行為であっても、そこに狼や野犬が非常に多く生息しているのであれば、殺人罪の成立を認めるべきなのであって、「森に行かせる行為は殺人行為ではない」と言い切ってしまうことはできないであろう。「因果関係の認識は故意の要件ではない」としつつ、「実行行為」の認識がないとして故意を阻却する場合を認める見解[35]も、結局因果関係の認識を要求しているのと実体は変わらない。

　第4に、最初に「実行行為」を問題とすることは、その後の因果関係の判断にとって不要であるばかりか、有害ですらありうる。たとえば、「救急車事例」や「病院の火事事例」と呼ばれる設例では、初めに殺意をもって被害者を襲ったところ、傷害を負わせたにとどまり、その後被害者は救急車の事故や病院の火事で死亡したことになっており、「初めに殺人の実行行為があるにもかかわらず因果関係を否定するためにはどうしたらよいか」が議論されている。しかし、救急車が事故になって乗っている人が死亡する危険性は、救急車に乗ることになった理由が殺人未遂であったか否かとは関係ない。刺された被害者の恋人にこのことを知らせ、付き添わせた結果、事故に遭って恋人が死亡する場合でも同じである。「病院の火事事例」でも、殺人未遂の被害者ばかりでなく、これを見舞うよう指示されてやって来た者にも焼死する可能性はある。そこにいることが重要なのであって、なぜそこにいるかは重要でない。最初に殺人の「実行行為」があったか否かはおよそ問題とすべきではなく、かえって思考を惑わせる要素ともなりかねない。

　学説では、行為が一般的に見て結果を発生させる危険性を有しているかどうかという「広義の相当性」と、当該結果に実現した危険がもとの行為に含まれていたかどうかという「狭義の相当性」とを区別し、両者を要求する見

---

[35] 前田雅英『刑法総論講義 [第3版]』(1998) 304頁。

解も伝統的に主張されてきたが、前者は不要であるとする批判[36]はこの点を正当に指摘している。

したがって、「実行行為」を問題にすることは、因果関係の判断にとって妨げにこそなれ、必要ではないといえる。「『実行行為』として要求される特別の属性も、構成要件該当性を肯定しうる結果惹起かという観点から明らかにされるのであり、結果惹起、すなわち結果との間の因果関係とは異なる独立の要件ではない。しかも、『実行行為』という概念によって、その背後にある実質的な問題が包み隠され、実体的な価値判断が明るみに出されないまま、結論が導き出されることになるきらいがある（ブラック・ボックスとしての『実行行為』）[37]。」

2 行為意思

しかし、それにもかかわらず、日本の圧倒的多数説が「実行行為」という概念を採用しているのはなぜだろうか。それは、この語が直感的に正しさを含んでいると考えられるからである。そのような感覚は、目的的行為論の理念にも共通するものを持っており、一面において重要な内容を含んでいる。以下ではその内実を明らかにしたい。

典型的な「実行行為」とされている、人に向かってピストルを撃つ行為や、日本刀で切りつける行為は、それ自体法益侵害の危険性を含み、まさに法益侵害そのものに向けられた行為である。これに対し、典型的な「実行行為」ではない過失行為や不作為においては、必ずしもそうではないと考えられている。

今の例を見ると、この「実行行為性」の判断の重要な要素としては、行為者の意思による外界の統制が念頭に置かれているといえる。このことを前面に打ち出したのが、「故意とは目的的行為意思であり、行為の要素である」とする目的的行為論であった。目的的行為論を採用しないまでも、また、意識的であるにせよ無意識的であるにせよ、行為者の主観がこの段階で考慮さ

---

36 山口厚「因果関係論」芝原ほか編『刑法理論の現代的展開Ⅰ総論』(1988) 61頁、同・前掲注3) 57頁。別の角度からの分析として、小林憲太郎「いわゆる『一般的生活危険』について」千葉大学法学論集16巻3号 (2001) 72頁。

37 山口・前掲注3) 45頁。

れうることを認める見解は多いと思われる[38]。

　行為者の主観面が何らかの形で因果関係の判断に影響することは認めるべきである。たとえば、かなり距離のある所にいる人を狙ってピストルを撃ち、そして弾があたってその人は死亡した、という場合には、因果経過は相当であろう。しかし、ピストルの扱い方を誤った結果、暴発してしまい、同じくかなり距離のある所にいる人にあたってその人が死亡した、という場合の因果経過がこれと同程度に相当であるかは疑問である。後者はむしろ、雷にあたって人が死ぬのに近いものがある。もし両者の相当性（危険性）の程度が異なるのだとすれば、それを分けているものは行為者の主観面にある。

　この2つの事例の違いは、「故意」があるか否かの違いには対応しない。客体を熊だと思って撃とうとしている者には殺人の故意が欠けるが、狙われている被害者は危険にさらされている。それは殺人の故意のある者に狙われている場合と同様であろう。重要なのは、故意の有無ではなく、「狙って撃とうとしているかどうか」である[39]。

　では、そのような主観面は、やはり「実行行為」の要素として位置づけられなければならないのだろうか。その必要はないと思われる。「実行行為」ではなく、「行為」の具体的属性とすれば足りるからである。

　このように行為者の主観を構成要件段階で考慮することに対しては、違法性を純粋に客観的に判断する立場からの批判が予想される。しかし、刑法の目的をもっぱら法益の保護に求める場合でも、主観面を全く考慮しないわけにはいかないと思われる。なぜなら、もともと、因果関係の起点としての「行為」は、それをやめることによって結果発生が回避されるようなものでなければならないからである。これは法益保護説の論理的帰結であるとすらいえよう[40]。そうだとすると、1つには、それをやめたとしても結果が発生

---

[38] 行為者の主観面が違法性に影響することを否定する見解が「実行」行為の内実として何を想定しているのかは必ずしも明らかでない。たとえば前田・前掲注35）125頁以下は、殺人の実行行為とは「類型的に人の死を導くような行為」であるとしつつも、爆弾の仕掛けられていない新幹線に人を乗せる行為は実行行為ではないが、仕掛けられた新幹線に乗せる行為は実行行為であるとする。しかし、行為時に存在する全事情を考慮するのであれば、もはやこれを「類型」と呼ぶことは不可能ではないかと思われる。

[39] 髙山佳奈子『故意と違法性の意識』(1999) 151頁参照。

[40] 行為が意思を含むという意味でつねに「人的」なものであるとしても、そのことから直ちに

してしまうような行為を処罰しても意味はないということができ、今1つとして、やめようと思ってもやめることができないような事態を処罰することにもまた意味がないといえる。前者は条件関係のない行為であり、後者は反射運動など、意思によってコントロールできない身体の動静である。したがって後者の点に着目するならば、刑法上の行為には、意思によるコントロール可能性がなければならない。刑法上の「行為」はすべて、主観的要素を含むのである。刑法上の禁止規範または命令規範は、ピストルを撃とうとしている者に対しては撃たないように要求し、誤った扱い方をしている者に対してはこれを改めるよう要求するのである。このことは、故意犯か過失犯かの違いにかかわらず妥当する[41]。

つまり、行為の性質、特に、行為者がどのような行為意思をもっているかの点は、因果関係の相当性の判断に影響を及ぼしうるといえる。過失犯において、いわゆる新しい旧過失論（修正された旧過失論）が「実質的危険行為」を要求することも、この点に関連する。ピストルを狙って撃つ場合よりも、暴発の場合のほうが、人に弾があたる危険性が低いのだとすれば、暴発から結果に至る「不相当性」を補うような他の要素がなければならないということであろう[42]。しかし厳密に言えば、暴発の場合の危険性の低さは「故意」の欠如に起因するものではなく、「行為意思」の内容の違いによるものなのである。

結論として、まず、従来「実行行為性」とされてきたものの一部は、因果関係の相当性の判断要素へと解消されるべきである。そして、因果関係の起点としては「行為」を置くべきである。行為者の主観面にも危険性判断に影響を及ぼしうる要素があるが、それは、故意の有無ではなく、行為の属性としての行為意思の内容である。

違法性の内容を社会倫理違反とすることにはならない。井田良「コメント②」山口＝井田＝佐伯・理論刑法学の最前線（2001）51頁参照。

41 したがって、「故意」を行為意思とする目的的行為論は、行為意思に過剰な内容を要求している点においてなお不十分である。

42 髙山・前掲注39）152頁。

Ⅴ 作為義務と危険の引き受け

　他方、従来、因果関係の判断と部分的に重複する内容をもって論じられてきたのではないかと疑われる要素もある。それは、有力な学説によって不作為犯における作為義務を根拠づけるものと考えられている「排他的支配」の要件である。これを検討するとともに、関連して、被害者を救助する義務の範囲が問題となるいわゆる「被害者による危険の引き受け」が、因果関係にとっていかなる意義を有するかに言及したい。

1 排他性

　作為義務の問題も本講の直接の検討対象ではないので、ここでは因果関係論に関する限りにおいてごく単純化した形で論じることとする。

　作為義務が肯定される場合の中には、特定の法益を保護する義務があると考えられるタイプ（法益保護義務）と、特定の危険源を管理する義務があると考えられるタイプ（危険源監視義務）とが含まれるということが一般的に承認されていると思われる。そして、いずれにおいても、作為義務の判断を基礎づけているものには、大きく分けて、保護されるべき法益や管理されるべき危険源と行為者との間の「事実的な」関係にかかわる要素と、それらの法益や危険源と行為者との間の「規範的な」関係にかかわる要素とがあるように思われる。前者は、結果の発生を防止することのできる人が物理的に他に誰もおらず、特定の法益の運命や危険の実現の有無が行為者にのみ排他的に依存している「排他的支配」の状態をさす。これに対して、それ以外の、親子関係や契約関係、先行行為など、何らかの意味で行為者がその法益を保護すべきである、あるいは危険源を管理すべきであると考えられる根拠とされる「人的関係」は、後者の規範的な関係に振り分けられる。

　今、いくつかの例に照らして、作為義務と因果関係との関連を考えてみたい。

　第1に、事実的関係も規範的関係もある場合には、犯罪の成立に問題がな

いとされる。たとえば、親が家にいる幼児を餓死させる場合、因果関係も作為義務も肯定されることが一般であり[43]、不作為の因果性[44]を否定する立場からも、いずれにしても犯罪の成立が認められている。

　第2に、事実的関係しかない場合には、一般に作為義務は否定されている。たとえば、登山者が、人のほとんど訪れない山の中でたまたま瀕死の人を発見した。今何らかの措置をとればこの人は助かるが、気味が悪くなって立ち去ったためにその人は死亡した、というとき、通常、通りがかりの人には作為義務がないと考えられ、殺人罪の成立は否定されている。軽犯罪法[45]や道路交通法[46]の規定の反対解釈からもその結論は正当である。しかし、立ち去る行為と死亡結果との結びつきはかなり明白だといえる。ほかに誰もいないのであるから、行為者が助ければ助かるし、助けなければ死んでしまうことが確実である。この場合には、両者の間に相当な因果関係があるといえる。そうすると、この類型は、相当因果関係はあるが作為義務はない場合である。

　第3に、事実的関係も規範的関係もない場合には、犯罪が成立しない。人通りの多い場所で倒れている人がいるとき、見て見ぬふりをして通り過ぎる者の誰も殺人罪には問われない。この場合には、誰についても、「助ければ助かる」という意味では条件関係が認められ[47]、それらは重畳的な関係に立

---

[43] 最決平元12・15刑集43巻13号879頁は、被告人が少女に覚せい剤を注射した上、ホテルの部屋に置き去りにした事案につき、救命が「十中八九」可能であったと考えられるとして、因果関係を肯定する判断を示している。

[44] これについては、本書第2講Ⅱで扱う。

[45] 軽犯罪法1条18号は、「自己の占有する場所内に、老幼、不具若しくは傷病のため扶助を必要とする者又は人の死体若しくは死胎のあることを知りながら、速やかにこれを公務員に申し出なかつた者」を拘留または科料に処することとしている。ここからは、自己の占有する場所以外にこれらの客体のあることを知った場合には、通報義務がないことになろう。

[46] 道路交通法72条1項および117条が、交通事故の場合に負傷者救護義務を課しているのは、「当該車両等の運転者その他の乗務員」に対してのみである。また軽犯罪法1条8号も、「風水害、地震、火事、交通事故、犯罪の発生その他の変事に際し、正当な理由がなく、現場に出入するについて公務員若しくはこれを援助する者の指示に従うことを拒み、又は公務員から援助を求められたのにかかわらずこれに応じな」いことを犯罪行為としており、公務員からの協力要請がない場合には援助義務がないことを前提としている。

[47] 作為犯において「あれなければこれなし」の関係が検討される場合には、「付け加え禁止」との関係で一般に、「仮に行為がなかったとしても、他の事情の介在によりいずれにせよ結果が発生していたかもしれないから、条件関係はない」とすることは認められない。不作為犯の場合にこれを置き換えると、「仮に作為に出たとしても、妨害など他の事情の介在によりいずれにせ

つものと解される。そして、「全く誰も助けなかったので死んでしまった」というとき、その因果経過が相当であるといえるかは、その場所の状況など、個別事情に依存しており、「全く誰も助けない」ことが異常であると評価される場合には相当因果関係がなく、そうでなければ相当因果関係が肯定される。しかし、いずれの場合でも、赤の他人しかいなければ、作為義務は誰にも肯定できないのである。

　第4に、事実上の排他性はないが規範的関係はある、というときはどうであろうか。たとえば、幼児がプールで溺れそうになっているのを大勢の人が眺めており、そのうちの1人が親であるとする。第3の場合と同じく、ここでもすべての者について、「助ければ助かる」という意味での条件関係がある。学説の中には、物理的に排他的な支配のあることが作為義務を認めるために必須の要件だとする見解もある[48]。これによれば、親であっても周りに人がいるときには全く作為義務を負わなくてよいことになる。しかしそのような結論は不当であろう。幼児に対する親の保護義務は、周りに人がいないことを条件として課されるものではなく、より一般的に肯定されるべきものである。そうだとすると、特定の規範的関係が存在する場合には、事実的な排他性がなくとも、作為義務を認めてよいことになる。ただし、親には一般的に作為義務があると考えた場合であっても、相当因果関係の有無がこれと別に検討されなければならないことは、第3の場合と同様である。因果経過が相当であるかは、具体的な状況による。たとえば、周りに大勢の人がいる場合には、親が救助しなくても他の者が助けることが予想されるために、「誰も助けない」ことが異常だと評価される場合もありえよう。またプールの監視員的な立場の者がいるのであれば、その者が助けるであろうことも期待される。反対に「誰も助けない」ことも異常なことではないような状況であれば、相当性は否定されない。規範的関係のある者がいる場合に第3の類

　　よ結果が発生していたかもしれない」とすることが否定される。どちらのケースでも、結果を発生させるような他の事情を付け加えることが禁止されるのであり、結果惹起の方向にははたらかない他の事情を前提として因果経過を想定することは妨げられないと考えられる。林幹人「『条件関係』について」法教185号（1996）14頁参照。

48　代表的な見解として、西田典之「不作為犯論」芝原ほか編『刑法理論の現代的展開I総論』（1988）92頁。

型との違いが出てくるのは、他の者が「親が見ている」と思い、幼児の状況を特に気に留めなくなる可能性のある点であるが、いずれにしても、相当性の有無は具体的事情によって異なりうる[49]。

　以上の4つのパターンを眺めると、第3・第4類型に関して述べたように、「事実的な排他性がなくても相当因果関係を肯定しうる」ことが認められる。また、第2・第3類型からは、「規範的関係が一切ない場合に作為義務を肯定すべきではなく、事実的な排他性のみでは作為義務が基礎づけられない」ことも認められよう。そうであるとすると、事実的な排他性は「作為義務」との関係でも「因果関係」との関係でも、必須条件ではないことになる。「排他的支配」が因果関係にとって意義を有するのは、第1・第2類型が示すごとく、「事実的な排他性がある場合は相当因果関係がある」ことを承認しうる点においてのみである。

　しかし、学説においては「排他性」を重視する見解が有力である。それは、Ⅲで言及したように、1つの結果について正犯性を1個に限定すべきであるという考慮がはたらいているからであろう。だが、「排他性」を作為義務の要件とすることは適切でない。なぜなら、排他的支配を作為義務に位置づけた場合には、周りに人がいるという1点のみによって、作為義務、したがって犯罪の成立が否定されてしまうためである。正犯性の判断はより複雑なものでありうる。たとえば第4の設例で、幼児のほかには親とプールの監視人の2人だけがいるものとしよう。排他的支配を作為義務の要件とする見解からは、いずれの者にも作為義務がないとする結論が直ちに導かれる。しかし、これを正犯性の問題であると考えるならば、親と監視人との両者を比べて、いずれかに正犯性を肯定するという解決が可能である。このような判断は作為犯の場合にも行われるべきものである[50]。

　結局、作為義務を基礎づけるとされている要素のうち、「排他的支配」性

---

[49] 確かに、救助が容易である場合の行動の選択としては、周りに誰もいなければ幼児の救助を選択し、人が大勢いれば「誰かが助けるであろう」と考えて不救助を選択する傾向が強まるとも考えられる。その意味では人数の増加と個人の救助意思との間にはトレード・オフの関係があると見ることもできるかもしれない。しかし、全体として見れば、人数が多いほうが救助できる人の数も多くなり、幼児が救助される見込みも上がると解するのが自然であろう。

[50] たとえば、前掲注28) で択一的競合の事案について述べたような考慮が問題となりうる。詳しくは本書第2講Ⅲで論じる。

は、独自の犯罪成立要件ではなく、従来これが担わされてきた内容は、規範的関係、相当因果関係、および正犯性の判断の中に解消されるべきである。「排他的支配」は、「それがある場合にはつねに因果関係の相当性が認められる」という点でのみ意義を有する[51]。

2 被害者自身の行為の介在

不作為犯論では、法益を救助する義務が検討の対象となるが、これに隣接して、救助されるべき法益の主体たる被害者が不適切な行為に出た場合に、かかわった他人がどこまで責任を負うのかという問題がある。この領域は、因果関係論の中に「被害者自身の行為の介在」という項目を立てて論じられることが多い。たとえば、強姦罪の被害者が世をはかなんで自殺した場合には強姦致死罪に問うことはできないとされている。他方、判例においては、スキューバダイビングの受講生が不適切な行動をとったために溺死した「夜間潜水事件[52]」の事案につき、潜水指導者の行動と結果との間の因果関係が肯定されている。そこで、両者の相違は何か、あるいは、因果関係を認めうるのはいかなる範囲かが議論されている。

しかし、これもまた、因果関係の「相当性」の判断とは本来区別されるべき問題である。たとえば、性犯罪の被害者がうつ病になり、うつ病の患者が自殺するという経過は、さほど異常であるとは思われないし[53]、反対に、被害者の不適切行為が極めて異常なものである場合には、やはり相当性を否定すべきであろう。その意味では、「被害者自身の行為の介在」は、因果関係の内容に還元されるのではなく、因果関係から取り除かれるべき要素としてⅢで扱うべきであったかもしれない。ただ、被害者の不適切な行為が介在して結果が発生した場合の一部は、「危険引き受け」の問題として論じられており、それは作為義務にかかわると考えられるので、1との関連を念頭に置いてここで検討の対象にすることとしたい。

---

51 本書第2講Ⅲ4参照。
52 最決平4・12・17刑集46巻9号683頁。
53 最近の民法の判例では、過労の結果うつ病になった者の自殺について、業務遂行と自殺との間に相当因果関係があるとされ、使用者側に対する遺族側の損害賠償請求が認められている。最判平12・3・24民集54巻3号1155頁。

たとえば、悪天候にもかかわらずどうしても船を出そうとする人があったとする。船主がこれを力ずくででも阻止すれば事故にならなかったのにもかかわらず、あきらめたため、乗組員が遭難して死亡したという場合[54]を考えよう。事案にもよるが、こうした場合に、船主に責任を問うことが酷だと考える余地があろう。最近の裁判例にも、ダートトライアルの事故について、同乗者の死亡につき運転者の責任を否定したものがある[55]。

では、犯罪の成立を否定すべき場合があるとして、それは、因果関係、作為義務、被害者の同意、過失、といった要件のうちの何が否定されることによるのだろうか。まず、「力ずくでも阻止できなかったであろう」という場合であれば、条件関係がないことになると思われるが、「阻止すればできたであろう」というときは、その後に事故へと至る因果経過は相当であるといわざるをえず、因果関係を否定することはできない[56]。次に、被害者が危険を引き受けているにすぎない場合には、死ぬことについてまで同意しているとはいえない以上、同意による正当化も困難である[57]。最近の有力な学説は、これを過失犯における「予見可能性」の問題として解決しようとしている[58]。しかし、これにもなお不十分な面があるように思われる。それは、たとえ船主に「事故になってしまうかもしれない」という未必的認識があったとしても、責任を否定すべき場合があると考えられるからである。そうだとすると、これは船主側の故意や予見可能性の問題ではないことになる[59]。

---

54 本書第4講Ⅴ6（注121）の「メーメル川事件」はこのようなものである。
55 千葉地判平7・12・13判時1565号144頁。
56 本書第4講Ⅴ3では、被害者が危険を認識している場合には自らこれを回避することが期待され通常であるから、それにもかかわらず結果発生へと進んで行く場合においては因果経過の相当性が認められず、関与者の刑事責任は否定されるとの見解が示されている。しかし、自殺や自傷の場合はともかく、結果の認識のない者についてまでこのようにいえるかは疑問である。本文で述べたように、自殺の場合ですら、事案によっては、相当因果関係を肯定する余地があると思われる。
57 深町晋也「危険引受け論について」本郷法政紀要9号（2000）137頁以下参照。
58 深町・前掲注57）141頁以下、また山口・前掲注3）156頁。
59 これに対し、深町・前掲注57）143頁は、予見可能性がある以上は行為者の刑事責任が否定されないとの結論を導く。その根拠としては、危険を認識していない被害者は無防備に行動してしまうが、認識している場合には自分の身を守るべく行動すると考えられるから、そのような推測が成り立つ場合には関与者の予見可能性が否定され、成り立たない事情がある場合には予見可能性が肯定されることがあげられている。確かに、一般的には危険の認識の有無によって自己保全行動に出るかどうかが左右されるといえよう。しかし、「危険の引き受け」といわれる

この問題は、作為義務、および、実質的違法性阻却の要件において扱われるべきである。

　第1に、被害者が自ら法益侵害に向かって行為している場合には、関与者がこれを「救助しない」ことが問題となるのであるから、不作為犯の成否が検討される局面である[60]。ここでは、被害者自身が危険に向かって積極的行為に出ているのに対し、行為者の側はむしろ受動的立場にあると見ることができ、したがって行為者による作為による介入の要否が問題となる。もし船主が「力ずくで阻止する義務」を負わないのであれば、たとえ乗組員の死亡につき未必的な認識があったとしても殺人罪の成立を認めるべきではない。また、救助義務の問題として位置づけるならば、被害者が危険を引き受けたにとどまる場合も、死ぬつもりであった場合も、同じ枠組みの中で検討することができる[61]。ここでは、相当因果関係は肯定できるのであるから、1に述べたところからは、吟味されるべきは法益と行為者との間の規範的関係であることになる。

　第2に、「被害者の行為と行為者の不救助」ではなくむしろ端的に「行為者の作為」を認めうるケースは、どのように処理されるべきなのであろうか。被害者が車や船に乗ってくることを「拒まない」という不作為ではなく、「ふぐを提供する」「薬や刃物を販売する」といった作為の類型である。結論から述べるならば、これは実質的違法性阻却の問題として解決されるべきである。ここで判断されなければならないのは、被害者の法益と対立する関係にあるところの、行為者の権利行使や自由を、どこまで保障するかである[62]。刑法35条や、実質的違法性論が依拠しているのは、正当な権利の行使

　　ケースは、被害者が危険を認識しているのにもかかわらず、まさにそれに向けた行動をとろうとしているから問題になるのであって、被害者が車や船に乗り込む時点において、さらにそこから被害者が自己保全行動をとることを信頼する余地はないものといわなければならない。そうだとすると、予見可能性を基準とした場合には、およそ行為者の刑事責任を否定することはできなくなるのではないかと思われる。

60　本書第2講Ⅱで論じるが、作為と不作為との区別は、「因果の流れが行為者の行為によって初めて結果発生へと向けられたのか、それともすでに向かっていたのか」という基準によるべきである。

61　これに対し、「遡及禁止」論は、被害者が死ぬつもりであった場合について、被害者の行為の介在の場合をも第三者の行為の介在の場合とパラレルに説明することによって解決する。島田・前掲注17）262頁以下参照。

としてなされる行為は違法ではないという考え方であり、これを前提として、たとえば刃物の販売という正当な業務の利益が優先するのか、それとも、被害者の法益の保護のために犠牲にされるべきなのかが検討されるのである。実はこのような利益の対立は、不作為犯の場合についても同様に観念しうる。行為者が、被害者を救助するために、自己の行動の自由を犠牲にしなければならないかが問われているからである。その意味では、作為義務は違法性にかかわる問題でもあると理解することができる[63]。

いずれにしても、「被害者の行為の介入」は、因果関係ではなく、作為義務ないし違法性の問題として位置づけられるべきである。

Ⅵ 相当性

結局、このように削ったり付け足したりしつつも、「因果経過の相当性」というパラダイム自体は維持しうるものと考えられる。ただし、これまで論じてきたことは、もともと存在していた相当因果関係説を保全する試みにすぎず、これを積極的に正当化するものではない。ここではさらに、相当因果関係説を採用することにいかなる意義があるのかが論証される必要がある。

なぜ条件関係に加えて相当因果関係が要求されるべきなのかに関しては、別稿において簡単な検討を加えたことがある[64]が、その後私見に対するいくつかの批判も提起されたので、ここでは私見の要点を繰り返すとともに、批判に対する反論を試みたい。

1 条件関係の意義

まず、相当因果関係の前提として、条件関係が必要とされる意義は何であろうか。それは、刑法が法益保護を目的とすると考えた場合には、禁圧して

---

[62] この点に着目するアプローチとして、佐伯仁志「保障人的地位の発生根拠について」香川古稀（1996）111頁以下。
[63] 正当な権利行使として行われた行為を先行行為として作為義務が発生することを認めるべきではない。これについては本書第2講Ⅳ4で論じる。
[64] 髙山・前掲注7）185頁以下。

も法益保護の役に立たない行為は処罰の対象から外すべきだからである。確かに、多くの行為を停止してしまえば、行為によって法益が侵害されることもほとんどなくなるかもしれない。しかし、行っても行わなくても法益侵害に関係のない行為については、行動の自由の範囲に属するものとすることが、法益保護の原則および刑法の謙抑性の原則にかなっている。

たとえば、行為と結果との間に条件関係が認められない例として、いわゆる「京踏切事件[65]」を考えてみよう。この事案では確かに、結果発生から大きく遡った時点・地点をとってみれば、物理的には、まだ列車を止めることができ、客観的に見れば、列車を走行させた行為と結果発生との間には因果関係があるといえる。しかし、その時点では結果を認識することが不可能であったとすると、責任がないので、法は行為者に「列車を止めろ」と命じることによって法益保護を実現することはできない。他方、逆に結果を予見しうるところまで時間を遅らせて考えるならば、今度は予見可能性を肯定できたとしても、その時点で行為者は仮に列車を止めようと思っても止められないのであるから、走行と結果との間には条件関係がなく、ここでも法が行為者に「列車を止めろ」と命じる意味はないことになる[66]。

したがって、結果に対する条件関係が認められる行為の範囲は、それを否定すれば法益保護の役に立つようなものの範囲であることになる。

2　相当因果関係の意義

次に、これに基づいて、もし、法益保護の役に立つような事態をすべて実現しようとするならば、条件関係のある行為をもれなく禁止の対象とすべきことになろう。しかし、それでは、行動の自由が制約される範囲が広すぎる。たとえば「雷事例」では、森に行かせることと死亡結果との間に「あれなければこれなし」という条件関係が認められるが、もしその場合にまで刑法的な禁止を肯定するとしたら、「雷が落ちてきそうな場合には、およそ、人に対してそのおそれのある場所に行くようにすすめることはできなくなってしまう」という意味で「人々の行動の自由を著しく制約し、副作用として

---

[65]　大判昭 4・4・11 新聞 3006 号 15 頁。
[66]　髙山・前掲注39) 391 頁以下参照。

社会生活に重大な支障を生ぜしめることとなろう[67]」。

　そこで、相当因果関係による処罰範囲の限定は、条件関係によるよりもさらに、行動の自由の余地を広く確保する意義を有する。確かに、条件関係の認められる範囲では、行為を禁止することにより法益保護を図りうるため、処罰に一般予防の利益が認められるともいえる。しかし、「雷事例」からもわかるように、因果経過が不相当な場合については、一般予防の追求によって実現される法益保護のメリットが小さいのに対して、行動の制約のデメリットは大きい。そこで、一般予防上何らかの意味を認めうる行為をすべて禁圧するのではなく、一般予防の利益が大きい場合に限って、処罰の対象とすべきである。

　その際、一般予防のメリットの大きさと、因果関係の相当性とは、当該因果経過の「利用可能性」という概念によって結びつけられる。すなわち、「雷事例」のような場合には、たとえたまたま一度結果が発生したことがあったとしても、同じことが繰り返されるおそれはまずない。これに対し、通常の因果経過をたどった場合については、同じことが将来反復されるおそれが高く、禁圧の必要性も大きいということができる[68]。

　このような考え方に対しては、行為を禁止することによって法益保護を図ろうとするのであれば、特定の因果経過をたどった場合を処罰するのではなく、むしろ「結果を発生させる危険のある行為」を処罰すべきことになるはずだという批判がある。論者は、結果発生が犯罪成立要件とされていることは一般予防と関係がなく、応報の観点からのみ正当化しうるのだとする[69]。しかし、このような理解には賛成できない。法益を保護するためには「法益を侵害するな」と命ずることが最も適しているのであり、「法益を侵害する危険のある行為に出るな」という禁止がこれよりも優れているとは考えられない。ある程度の危険があっても結果が発生しない場合や、危険が小さくても結果が発生してしまう場合もあるからである。「雷事例」は「危険の創出がない」とされることもあるが、被害者を森に行かせることは、家の中にと

67　林幹人「相当因果関係と一般予防」上智法学論集40巻4号（1997）28頁。
68　町野・前掲注27）164頁以下参照。
69　佐伯・前掲注31）9頁以下。

どめておく場合に比べて、雷に撃たれる危険を明らかに増大させているのであり、「危険」だけを基準とすることはできない。見方を変えていえば、この見解は、結果発生に至るまでの間には行為者自身のものも含めたさまざまな行為や、その他の後発事情の介入がありうることを念頭に置いていない。いったん「危険のある行為」がなされたとしても、その後危険が取り除かれれば、法益侵害は回避される以上、結果の要件は法益保護に大いに関係するものである。これが応報の観点からしか正当化できないという評価は事実に反する。因果経過の行く末は最後までわからないのであるから、法益保護のチャンスは、結果発生の直前まで追求されるべきなのである。

3 利用可能性

2で述べた「利用可能性」は、将来の一般予防の観点から判断されるべきであるから、裁判時において、結果発生のメカニズムが法的に説得力のある形で解明されており、しかもそれを繰り返すことが可能だと考えられる状況が必要である。

たとえば、行為時には因果経過が解明されていなかったが、裁判時には解明されていたという「北大電気メス事件[70]」のような場合には、あくまで将来の利用可能性が問題になる以上、相当因果関係自体は肯定されざるをえないと考えられる。しかし、行為時の行為者にはそのような事実関係について理解する余地が全くなかったわけであるから、ここでは、犯罪事実の一部たる因果関係について予見可能性が及んでいなかったといえる。さらに、「生駒トンネル火災事件[71]」で、最高裁は、裁判時においても事故のメカニズムが解明されなかった場合についてまで過失犯の成立を肯定したが、疑問である。確かに、行為者の予見可能性の問題としてこれを扱うときは、あらゆる細部にわたる予見可能性までは必要ないといいうるであろう。しかし、そもそもそれ以前に、なぜ火が出たのかが解明されていない事案で、因果関係を肯定するべきではない。仮に、被告人による不適切な行為と結果との間には

---

[70] 札幌高判昭51・3・18高刑集29巻1号78頁。判示のように、過失犯の成立を認めるためには予見可能性が因果関係の基本的部分について及んでいなければならないことを前提とするのであれば、結論としてはこれを否定すべきであったと考えられる。

[71] 最決平12・12・20刑集54巻9号1095頁。

「あれなければこれなし」という関係がありそうだと推認できたとしても、それが相当かどうかは、さらなる事実の解明を前提としないことには判断しえない。したがって、本稿の立場からは、少なくとも相当因果関係を否定すべきであったと評価される。

　こうした「利用可能性」論に対しては、すでに疑問が投げかけられている。それは、「もし『通常人が利用しようとするかどうか』という基準を一貫して適用するならば、相当性が認められる範囲が著しく限定されてしまうおそれがあ[72]」るというものである。たとえば、原子爆弾による殺人は歴史上２度しか行われていない稀な事態であり、またたとえば、血友病の被害者を殺そうとする行為者は端的に致命傷を与えるはずであって、それより小さな傷をわざわざ与えるという手段は選ばれないから、これらはいずれも、通常人が利用する手段だとは考えられないというのである。だが、ここで「利用可能性」というのは、因果「経過」が利用可能であると評価されるかという意味であって、「一般人も当該手段を用いうる立場にある」という意味でもなければ、「特定の手段が頻繁に選択されそうである」という意味でもない。つまり、たとえば、核兵器を使用しうる地位にある者にとっては、これを使用すれば確実に殺人を実現しうるのであるから、その因果経過は利用可能なものである。同様に、血友病患者に対しては、これに大きな傷を負わせることによってその生命を侵害することもできれば、より小さい傷を利用することもでき、いずれの因果経過も利用可能なのである。被害者を森に行かせるという手段に関しては、これを雷にあてるという因果経過は利用可能性に乏しいが、狼や野犬が多数生息する森であるという前提からの因果経過ならば利用可能性があるといえる。考えられるさまざまな手段のうち行為者が実際にどれを選択するかは、当該手段の確実性によって影響を受けるであろうし、また、捜査機関に発覚しやすいかどうかなどの要素に左右されることもあろう。

---

[72]　佐伯・前掲注31）13頁。

Ⅶ　おわりに

　本稿の主張は次のようにまとめられる。
　①　近年の因果関係論は、大きく分けて、相当因果関係説と客観的帰属論とが対立する形になっているが、いずれの見解も問題を抱えている。相当因果関係はその判断の中にさまざまな要素を取り込んで不明確なものになっており、他方、客観的帰属論は、さまざまな要素が検討対象となるべきことを正面から認めた点で賞賛されるべきであるものの、それらの体系的整理を必ずしもすっきりとした形で成功させているとはいえない。この現状を打破するには、本来因果関係の判断に振り分けられるべきではない要素をここから取り除くと同時に、ここに属すべきものを属させることが必要となる。因果関係から除かれた要素も、犯罪論の体系の中に適切に位置づけられなければならない。
　②　因果関係そのものの判断から独立させられるべきものとして、「結果」があげられる。学説においては「寄与度」という概念を用いることによって因果関係を判断する見解が有力になっているが、ここには、前提としてそもそも何に対する寄与度を検討するのかが明らかにされていないという問題があった。たとえば、第1行為により死因を形成する傷害が発生し、第2行為が死亡時刻を若干早めたという場合においては、もし「特定の死因が形成されたことによる死」を結果として捉えるのであれば前者に、他方、「特定の時刻における死」をもって結果を特定するのであれば、後者に因果関係が肯定されることが明らかである。このように、「結果」の内容を明確化すれば、「寄与度」という概念を相当性判断の中に取り入れる必要はないものと考えられる。
　③　同じく、因果関係とは異なる要素として、「正犯性」がある。従来、「第三者の行為の介在」は、因果関係の成立が問題となる一場面として論じられてきた。しかし、他人の行為が介在するかどうか、また、いかなる行為が介在するかは、因果関係の相当性とは連動しない。第三者の故意行為の介

入の場合に「遡及禁止」の原則がはたらくことを、条件関係および相当性と並ぶ因果関係の内容として説明しようとする見解も、十分なものではない。複数の行為の相互関係は、第三者の故意行為の場合に限らずさまざまな形で問題となりうるものであるから、これをより一般的に「正犯性」の問題として論じることが適切である。その際、1つの結果に対する関係では、正犯性が原則として1個しか成立しないものと考えるべきである。

④　反対に、因果関係の判断に本来含ませられるべき内容をもつのに、そのように位置づけられてこなかった要件としては、「実行行為」があげられる。この概念は、内容が空虚であり、実は相当因果関係の判断を取り込んでいるにすぎないとも考えられる。「実行行為」の概念は、独立の犯罪成立要件とする必要がないばかりか、かえってその後の因果関係の判断に恣意性を与える要因となってきた。「実行行為性」とされてきたものの一部は、因果関係の相当性の判断要素へと解消されるべきである。そして、因果関係の起点としては、「実行行為」の代わりに「行為」を置くべきである。その際、行為は意思に基づくものでなければならない。なぜなら、刑法の目的を法益保護に求める場合には、因果関係の起点としての「行為」は、それをやめることによって結果発生が回避されるようなものでなければならないからである。その限りでは行為者の主観面も行為の要素となるが、それは「故意」ではなく、「行為意思」である。

⑤　不真正不作為犯における作為義務を認めるための要素として援用されることの多い「排他的支配」という概念も、「それがある場合には相当因果関係が認められる」という意味で、因果関係を基礎づける一要因として考慮されるべきである。「排他的支配」は作為義務を認めるために必要でも十分でもなく、これを独立の要件とすべきではない。排他性を要求する見解の背後には「正犯性」を1個に限るべきであるという考慮がはたらいていると思われるが、そのような考慮は、作為義務でなく「正犯性」一般の問題として検討されるべきである。これに対して、通常は因果関係論の文脈で扱われている「被害者自身の行為の介在」は、第三者の行為の介在と同じく、本来、因果関係の相当性とは別の問題である。特に「危険の引き受け」と呼ばれる事例群の処理は、因果関係ではなく、作為義務ないし実質的違法性阻却の問題

として捉えられるべきである。すなわち、行為者に結果を帰属しうるかどうかは、個別具体的な文脈で、行為者の権利や自由と被害者の法益とのいずれを優先させるかという規範的な考慮によって決定されるべきものであって、相当性の判断とは別である。

⑥ 以上のように整理したならば、相当因果関係説を判断基準として保持することが可能である。この見解の積極的な根拠は、一般的な行動の自由を過度に制約することを防ぐという意義によって与えられる。条件関係が、そもそも法益保護のために意味のある行為を選び出すという機能を果たすのに加え、相当性はさらに一般予防の利益が大きいものだけを禁止の対象とする。この一般予防的な限定は、「利用可能性」のある因果経過についてのみ刑法上の因果関係を肯定するという意味で理解されるべきである。

(第1講) 議論のまとめ

山口　厚

1

　まず、全体に関係する問題として、相当因果関係論と客観的帰属論の対立の図式の理解の仕方それ自体が議論の対象となった。相当因果関係論も、少なくとも現在のわが国においては、「寄与度」や一定の規範的考慮を行っており、客観的帰属論は単にそのようなことを正面から肯定しているだけではないかと考えれば、その対立の意義は相対化する。しかも、客観的帰属論自体においても、実際のところ、多くの論者は、危険の創出と実現という一種の相当性判断を肯定しているのであるから、その理論的対立は過度に誇張されたものではないかが問題となるところである。しかしながら、両説の相違は、相当性という基本的判断の枠組み自体を正面から修正するか否かにあるのではないかという問題提起もなされた。つまり、客観的帰属論は、相当性、予測可能性といった要素を考慮することを完全には否定しないものの、論者によっては、それをかなり薄めてしまっているのではないか、というのである。たとえば、ドイツの客観的帰属論には、自動車で被害者を追い越した際に、被害者が心臓病であったために、ショックで死んでしまった、という事例において、「心臓病の人が世の中に存在することは予測可能だから相当性はある」とした上で、客観的帰属論で限定しようとする見解もある。この事案での結果帰属の当否は別にして、相当性を、このように個別具体的事案における予測可能性ではなく、一般的な統計的確率に解消するのでは、結果帰属から事実的基盤が失われ、判断が恣意的になりかねないように思われる。また、客観的帰属論は、あまりに細分化された、規範的な帰属基準を設定しているために、具体的事案においてその中のどの基準を適用すべきかが

わかりにくくなってしまっているのではないかという意見が述べられた。そうした帰属基準が導出される根拠とその道筋を明らかにする必要があるのではないか、またそれが可能でなくては、いわば反論可能性を欠き、理論的基礎付けには不十分さが残るのではないかという意見も出された。

なお、髙山論文は、因果関係の中で議論されているいくつかの問題を因果関係から排除することによって、いわばそれを純化し、シンプルな内容のものとしようとする考えに立脚していることが改めて確認された。

2

結果の把握をめぐっては、髙山論文の背後に、同一の故意による法益侵害について刑事責任を問われるのは1人だという理解があること、そして、そのような理解が適当かが問題とされた。すなわち、たとえば、ある者（第1行為者）が殺意をもって侵害を加えた後、さらに殺意を持った別人（第2行為者）によって被害者にさらに侵害が加えられ、その結果被害者が死亡した場合、殺人既遂の罪責を負うのは第1行為者か第2行為者のいずれかであり、両者共に罪責を負うことはないとする理解の当否が問題となった。このような理解が髙山論文の内容を規定しており、その当否が問題となるのである。この点については、たとえば、AとBとが、殺人の故意で、それぞれ独立に、致死量に達しない（たとえば、その半分量の）毒を被害者に与え、両者の毒が相まって致死量に達し、その結果、被害者が死亡した場合には、AもBも殺人既遂で処罰されるのではないか、このことは同一の法益侵害について、故意既遂犯が（同時犯として）複数成立することがあることを意味するのではないか、そうだとすれば、上記の、第1行為者の故意行為の後に第2行為者の故意行為が介入した事例においても、両者ともに故意既遂犯で処罰されることがありうることを否定できないのではないか、という意見が出された。また、不作為犯の場合において、排他的支配を保障人的地位の要件としない考え方によれば、故意の不作為者が複数いるときには、複数の故意既遂犯が成立しうることになるのではないかという指摘もなされた。確かに、後述するような正犯性の理解を前提とすると、同一の法益侵害につい

て、同一の故意既遂犯が複数の者について成立するという事態は例外的ではあるが、そうしたことがありえないとまではいえないのではないかとの意見が出された。

　また、髙山論文では、「寄与度」といった概念の使用を排し、死因など結果の属性を問題とすることによって解決が図られるべきだとされているが、シンプルな相当性判断を維持するために、それを複雑化する要素をその枠外に位置付けようとする意図は、それとして理解しうるところではあるが、場所を移したところで、実質的な問題は変わらないのではないかが問題となった。すなわち、死因といっても、どの程度抽象的に理解された死亡の原因なのかが問題となるのではないかという指摘がなされた。たとえば、大阪南港事件においても、当該死亡時刻（○日×時△分）の死についての死の原因と考えれば、それを設定したのはやはり第２行為者ということになるのではないか、第１行為者が死因を設定したと評価することは、結局、どの程度抽象的に理解された死亡に対する寄与度かを問題とすることと変わらないのではないかということである。なお、髙山論文中の「屋根事例」についての解決は、寄与度か結果の属性かというよりも、同一の法益侵害に対して、同じ故意既遂犯が複数成立しうるかという理解により決せられるのではないか、という指摘もなされた。それを肯定する立場からは、当初石を積んで、放置しておけば近々崩れる状況を設定した者も、最後の一つを積んだ者も、ともに建造物損壊罪の既遂正犯となる（なお、この見解からは99か１かという数は重要ではなく、第１行為者がたとえば80しか石を積んでいない場合でも、放置しておけば有意な差がない時点で崩れる状況が存在していれば、第１行為者も既遂となる）。

　結局、問題は、結果の枠内で解決することが可能か、それとも、行為と結果との間の結びつきのあり方が問われているのだから、結果の枠内では処理できず、あくまでも因果関係（＝行為と結果との結びつき方）の問題として解決しなければならないのではないかという点の解決に帰着するであろう。この点に関し、わが国の殺人罪は、死因の種類によって構成要件を（たとえば、銃殺罪とか毒殺罪というように）わけていないのだから、これは、やはり結果それ自体の問題ではない、との意見が出された。因果関係から、できる

だけ「不純物」を排除しようとする髙山論文の構想にやや無理な点がないかが問われているという意見も出された。

　もっとも、殺人罪をはじめとする生命に対する罪を特定の死因の設定と理解する髙山論文は、次のような事例も自説の論拠としている。つまり、生命に対する罪の結果を純粋に「死期繰上げ」と理解する立場からは、被害者が、足に傷害を負わされ、その後、まさにその足の怪我のために、別の事故を避けることができず死亡した場合に、当初の怪我をさせた者に死の結果を帰属することになるが、それは不当ではないか、また、公害事件などで、被害者に後遺症の残るような傷害を負わせ、そのため被害者が短命になった場合にも、過失致死罪を認めるのは不当ではないか、というのである。しかし、これに対しては、現に、わが国の判例には、胎児性水俣病の事案で、被害者が出生後相当長期間たって後遺症で死亡した場合に、業務上過失致死の罪責を認めたものがあり、しかも、学説もその点には批判を向けていないことからもわかるように、そのような結論も決して不当ではないのではないか、という反論がなされた。こうした行為と結果発生との間に、大きな時間差がある場合には、既遂結果についての因果関係の証明が困難であることが多く、また、当初の結果のみによって訴追、処罰がなされることがあるから、訴訟法上、一事不再理効の問題が生じる場合が多い。しかし、そうした訴訟法的事情は、それ自体として考慮すれば足り、実体法の因果関係理論としては、帰属を肯定しても問題ないのではないか、という意見が出された。

③

　正犯性については、これを要件としては認めつつ、因果関係とは別の要件とすべきだとする点については、行為者自身の行為の介入の場合をも同様に解決すべきだと考えるのであれば、その要件は因果関係論に取り入れることも可能だろうが、その点についての解決を異なるものとする（あるいは留保する）のであれば、因果関係とは別の要件とすべきであるとする意見が述べられた。また、そのような位置付けの方が、「共犯は因果関係がないことになってしまわないか」といった（誤解に基づく）批判を回避しやすいという

メリットもある、という意見もあった。もっとも、正犯性を因果関係論に含める見解は、それが結果惹起のあり方に関わる要件であることをその理由としているのであるが、正犯性を因果関係とは別の要件とする場合には、そのような要件を認める根拠が問題となる。その理由としては、現行刑法において（単独）正犯と共犯の区別が認められている以上、共犯ではなく正犯であることの要件として要求されるとする理解が示された。これは、正犯と共犯との概念的な関係の理解に関わる問題であるが、そうした説明も一応可能ではあろう。

④

　実行行為に関しては、そうした要件を設定することに対する疑問とともに、行為意思を、それが相当性の判断に影響するという意味で、因果関係に影響する要素として採り上げている点が注目された。これは、行為意思があることによって、行為の危険性に影響があり、ひいてはそれが相当性の判断に影響を及ぼすという考え方である。たとえば、原因において自由な行為に関して、意思の連続がある場合には、相当因果関係を認めやすい、という解釈が一般的であることを考えればわかるように、このような考え方は、実はすでに多くの場面で承認されているところであり、このような考え方自体には、強い異論は出されなかったが、行為意思がいかなる意味で行為の危険性に影響を及ぼすと考えられるのかについては、過失行為の場合と対比しつつ、議論がなされた。この点については、なお、さらに検討が必要であろう。

　また、このように、行為意思の有無が、未遂犯の成否のみならず、既遂犯の成否にとっても、因果関係判断を左右するという意味で、影響を有することと、それに主観的違法要素としての位置付けが与えられるべきものか否かについては若干の議論がなされた。未遂犯においては、行為意思が存在しない限り、それが不成立であり、したがって、行為意思は未遂犯の成立要件としての危険を基礎付けるという意味で主観的違法要素とすることができるが、既遂においては、行為意思を考慮することなく相当性の判断が可能であ

り、それ自体が処罰を基礎付ける作用を果たしてはいないから、行為意思は故意既遂犯において成立のために考慮すべき事情であるとしても、それを主観的違法要素として要件とするには当たらないのではないかとする意見が出された。

5

　不作為犯の作為義務に関しては、髙山論文は、結局のところ、排他的支配を保障人的地位の要件から排除する考え方に帰着するのではないかが問題となった。そして、そのような考え方では、処罰範囲が広すぎるのではないか、との指摘がなされた。髙山論文は、排他的支配は相当性の判断の中に吸収し尽くされる、逆に言えば、そのような判断の中に吸収されえない「排他性」は不要であるという考え方である。しかし、それでは、保障人的地位の判断が、結局は、規範的判断のみに依存することになり、（たとえば、親だから助けるのが当然だ、というような）道徳的判断に接近してしまいかねない。それでは、拡張しがちである保障人的地位の判断に、可能な限り事実的なファクターによって歯止めをかけようとした排他的支配説の意図がまったく損なわれてしまう、というのである。この点と関連して、保障人的地位の要件として排他的支配を要求する立場から、その根拠が問題とされ、それを正犯性の要件に関連させて理解する考え方も示された。

　被害者自身の行為の介入については、作為の場合にも、一種の保障人的地位のようなものを要求する考え方が問題とされた。髙山論文は、、被害者が危険を認識しながらある行為をしようとする際に、それをやめさせるべきか否かがここでの問題であるのだから、「被害者の行動の自由に対してどこまで介入することが必要なのか」といった判断が入ってくるというのである。しかし、作為義務は、当該行為について作為犯としての罪責が問えない場合にこそ問題となる。つまり、「どこまで介入すべきか」を問題とする以前に、「ここまでかかわったことをどう評価すべきか」が問題となるのである。そうだとすると、まず問題なのは、たとえばわが国で問題となったダートトライアル事件のような場合に、なぜ作為犯の罪責が問えないかについての理論

的説明であろう。そこで問題となるのは、被害者の危険の引受けであり、作為義務の存否の問題は、そうした被害者による危険の引受けの先にある問題である、という議論がなされた。しかし、そのような義務の当否、そのような義務が認められる根拠については、今後なお検討を必要とする旨の議論がなされた（それは作為義務等の構成要件論の問題ではなく、違法阻却事由の問題ではないか、という意見もあった）。

⑥

　相当性を利用可能性として理解する考え方に髙山論文は親近性を有しているが、そこでの「利用可能性」はかなり広いものにならざるを得ないこと、そうだとすると「利用可能性」という用語の理解からかなり距離が生じることになることが指摘された。また、さらに、利用可能性の対象である因果経過をどこまで抽象化すべきか、という問題点も指摘された。つまり、因果経過あるいは介在事情を厳密に具体的に理解すればするほど、そのような事情の利用可能性は低くなると思われるが、そのような具体化の基準をどのように理解するか、という問題である。

第2講

不真正不作為犯

髙山佳奈子

I はじめに

　不作為犯とは、何かを「しないこと」によって犯される犯罪であり、多衆不解散罪（刑107条）や、不退去罪（同130条後段）、保護責任者不保護罪（同218条1項後段）のように、刑罰法規の文言上これが明示されている真正不作為犯と、そうでない不真正不作為犯とに分かれる。ドイツにおいては、刑法13条に「不作為による犯行」という条文があり、それによれば「刑罰法規の構成要件に属する結果を回避しなかった者は、結果が発生しないことを保障する責任を法的に負わねばならず、かつ、当該不作為が作為による法定構成要件の実現に対応するものであるときにのみ、本法により可罰的となる」（1項）。「刑は49条1項により減軽しうる」（2項）。これに対し、日本には不真正不作為犯に関する条文がないが、判例・多数説は、通常の刑罰法規が作為とともに不作為による犯行にも適用されうるとし、不真正不作為犯の処罰に罪刑法定主義上の問題はないものと認めている。ここでは刑の減軽はない。

　こうした立法状態の相違から、一方で、ドイツでは、一般の刑罰法規が作為犯のみを対象にしていることとなり、不真正不作為犯は刑法13条によって初めて処罰しうる処罰拡張事由であって、しかも刑の減軽を帰結しうるものだと理解されることとなる。ここでは第1に、刑の減軽の有無という観点からは作為と不作為との区別、また第2に、有罪と無罪との限界づけの観点からは、不作為が作為との「等価値性」（対応性）を有するか否かが問題となりうる。他方、日本では、このような法律効果の違いがないため、不真正不作為犯の処罰範囲をいかにして画するかという第2の観点が従来の議論の中心となってきたようである[1]。

　しかし、日本の議論の状況に対しては批判があり、不真正不作為犯の処罰にはやはり立法が必要であるとする見方も有力である[2]。そこで本稿では、

---

[1] ドイツにおいても日本においても、不真正不作為犯の処罰に関して、刑罰法規の明確性の原則が満たされているかは依然として問題となる。
[2] 松宮孝明『刑事立法と犯罪体系』（2003）106頁、112頁参照。

不真正不作為犯の処罰の可否がすでに解決ずみの問題であるのかを今一度検討することを主たる課題とし、あわせて作為義務の意義と範囲とに関する考察を行いたい。

II 不真正不作為犯の処罰の可否

1 罪刑法定主義に関する議論

　不真正不作為犯の処罰が罪刑法定主義に反するというテーゼは、「無から有は生じない」ことを根拠にしていた。すなわち、不作為とは、何かをしないことであるから、因果的影響力をもたず、それによって結果を発生させることはできないというのである。この考え方からは、たとえば、首を締めて赤ん坊を殺すのと、単に放置して死なせるのとでは、全く異なる評価が与えられるべきことになり、「人を殺した者」という殺人罪の規定（刑199条）は、積極的にピストルで撃ったり首を締めたりする場合にのみ適用される。放置して死なせる場合には、せいぜい保護責任者不保護致死罪が成立するとされるにとどまり、殺人罪を適用するのは類推解釈である[3]ことになろう。

　しかし、日本では、このような考え方は一般的でない。現在の判例・多数説の理解を簡略化して示せば次のようになる。第1に、犯罪成立要件となるのは「作為」ではなく「行為」なのであって、それは作為と不作為とを含みうる。そもそも、両者の区別は厳密なものではなく、出発点において、作為と不作為とをカテゴリカルに分けることは誤っている。第2に、刑罰法規の文言は、作為と不作為との両方を含むように解釈するほうがむしろ自然である。乳児の首を締めて殺すのも、これを餓死させるのも、いずれも「人を殺す」行為だと理解できるから、「殺す」という文言の解釈を、首を締めたりピストルで撃ったりする場合に限定する理由はなく、そのような限定をしなかったからといって罪刑法定主義に反するものではない。第3に、そうだとすれば、不作為の因果性も問題なく肯定できる。「あれなければこれなし」

---

[3] 金沢文雄「不真正不作為犯の問題性」佐伯還暦（上）（1968）229頁以下、香川達夫『刑法講義総論［第3版］』（1995）121頁などはこのような見解である。

の公式に「見殺しにする」行為をあてはめれば、これを取り除くこと、つまり「見殺しにしない」ことによって、乳児の生命が助かったであろうといえれば、因果関係を肯定できるのである。このことは、「救助する」「救助しない」などの別の表現を用いたからといって変わるものではない。

　こうした立場からは、最高裁が、「被告人が救急医療を要請していれば、……十中八九同女の救命が可能であった」事案において、「被告人がこのような措置をとることなく漫然同女をホテル客室に放置した行為と……同女が同室で覚せい剤による急性心不全のため死亡した結果との間には、刑法上の因果関係がある」と判示した[4]のは、ごく正当であると評価されることになる。

2　作為と不作為との関係

　確かに、ある行為が、性質上、作為か不作為のいずれか一方のみに振り分けられると考えるべきではない。なぜなら、行為をどのように記述するかには無限の可能性があるからである[5]。たとえば、自動車の前での座り込みは、威力業務妨害罪（刑234条）に該当しうる[6]が、この行為は、「輸送車の走行を妨害する」という作為の形でも、「動かない」という不作為の形でも表現されうる。道路交通の場面では、自動車により「走行する」行為を「停止しない」と言い換えてもよいであろう[7]。「退去しない」ことは「滞留する」ことであり、「保護しない」ことは「放置する」ことであるともいえる。

　犯罪論の体系で、構成要件該当性の中心的な部分となるのは、「行為」、「結果」、および両者の間の「因果関係」であって、ここで重要なのは作為でなく行為である。刑法上の行為とは、意思に基づく身体の動静であり、これには、意図的に止まっている場合も当然含まれる。処罰の対象から除かなければならないのは「行為」性のないもの、すなわち、意思によって左右しえない身体の動静である。意思に基づかない状態は「やめようとしてもやめられない」のであり、「やめさせる」ことができないから、これを処罰しても

---

[4]　最決平成元・12・15刑集43巻13号879頁。
[5]　髙山佳奈子『故意と違法性の意識』（1999）158頁参照。
[6]　福岡地小倉支判昭45・10・19判タ255号231頁など。
[7]　町野朔『刑法総論講義案［第2版］』（1995）139頁、山口厚『刑法総論』（2002）74頁参照。

結果が回避されず、法益保護の役に立たないのである[8]。反対に、意思に基づくものであれば、これを否定する動作が可能であるから、処罰する意味があることになる。

このように考えると、ある行為を「作為」と呼ぶか「不作為」と呼ぶかは言葉の問題にすぎず、すべての「不作為」には「作為」の表現による言い換えが可能だともいえる。作為と表現するか不作為と表現するかは任意に決めることができる。

しかしながら、解釈論をこれだけで終わらせるわけにはいかない。なぜなら、すべての不作為を作為に言い換えてよいのであれば、すべての行為は「作為犯」として処罰の対象たりうることになってしまうからである。これは、不真正不作為犯の処罰を「作為義務」のある場合に限定してきた従来の議論に照らせばナンセンスである。「行き倒れの人が死亡したのは、通りかかった人々が見て見ぬふりをしたからである」という言明は、文章としては理解可能なものであるが、たとえそのようにいえたとしても、「見て見ぬふりをした」者について一般に刑事責任を問うべきであるとは考えられない。

3　法益状態との関係による区別

そこで、単なる言葉の操作を超えて、刑法上意味のある観点から作為と不作為とを区別することが必要となる。これについては古くからさまざまな基準が提示されてきた。一定方向にエネルギーを投入することが「作為」であるとする「エネルギー説」、取り除いた場合に結果が発生しなくなるものが「作為」で取り除いても結果が回避されないものが「不作為」だとする「因果関係基準説」、法益状態を悪化させることが「作為」で法益状態を良くしないことが「不作為」だとする「法益状態説」などである[9]。

しかし、ヒトは生きているだけでもエネルギーを消費しているのであるから、エネルギーの投入と不投入とは区別できず、「エネルギー説」は適切でなかろう。区別できるとすれば、それは身体の動静が「意思」に基づいてい

8　髙山・前掲注5) 156頁。
9　最近の解説として、大越義久「作為と不作為」阿部純二ほか編『刑法基本講座 第2巻』(1994) 85頁以下参照。

るかどうかである。そして先にも述べたように、有意性は「作為」ではなく「行為」のメルクマールとすべきである以上、作為と不作為とを分ける基準にはならない。

　また、「因果関係基準説」に対しては、不作為の「取り除き」が何を意味するのかが明らかでないという議論がある。たとえば、真夏の日中、母親が車の中に乳児を置いたまま、パチンコに熱中し、乳児が死亡するとする。論者は、母親の「不作為」を取り除くという意味で、母親をその場から取り除いてもやはり乳児は助からない以上、不作為には因果性がないと考える[10]。だが、母親にとって可能な全行為は、論理的に「乳児を世話しない」か「乳児を世話する」かのいずれかに分けられるとすれば、前者の「取り除き」は後者を意味するのであるから、それにより法益侵害は回避されることとなろう。なお、ここでも、意思に基づかない状態は行為でないため、判断対象にならない点に注意を要する。たとえば、泳げない者が溺れそうな子供を救助するかしないかは、意思に基づいて左右しえないことであるから、「不救助」を取り除くことはできないと考えるべきである。

　結局、行為性の要件をさらに限定し、なおかつ刑法上意味のある基準は、結果発生との関係を問題にする「法益状態説」以外にありえないと思われる。次のような明快な説明がある。「人間の同一の態度も観点の相違により作為とも不作為とも評価される。例えば、溺れかかっている子供を横目で見ながら隣人と立ち話を続け、子供が溺死したという場合（溺死事例）、行為者の態度は、基準となる一定の身体運動を立ち話に求めれば、現に立ち話を継続したという作為であるが、これを（社会的に期待された）救助行為に求めれば、実際には救助しなかった不作為ということになる。しかし、刑法では、一定の身体運動が法益侵害（逆に言えば法益保護）にとってもつ意味が重要なのであって、この例では言うまでもなく『救助行為』が刑法上意味のある身体運動であり、したがって『救助しない』（不救助）という不作為が本事例の行為態様となる。」すなわち、「行為者の行為によって初めて法益状態が悪化したとみられる場合を作為（犯）、すでに悪化の方向に向かってい

---

10 松宮・前掲注2) 108頁参照。

る法益状態を良くしない態度を不作為（犯）と解する」立場が妥当である[11]。そのままでは結果発生に向かっていない事実経過を結果発生へと向ける行為が作為、結果発生に向かっている事実経過を結果回避へと向けない行為が不作為として、刑法上問題になる。

　ここから、従来作為か不作為かの区別が問題とされてきた諸事例は、次のように解決される。まず、人の行為がさらに介在してこない場合には判断が比較的容易である。溺れそうな人を助けるため他人が投じた浮き輪を奪取する行為は、「奪取がなければ被害者が浮き輪に届いて助かったであろう」といえるときは、法益侵害に向かっていなかった因果の流れを法益侵害に向けるものであり、作為となる。反対に、投げられた浮き輪が届きそうにもなかったときは、事実経過はすでに結果発生へと向かっていたのであるから、自分で救助「しない」という不作為の可罰性が検討の対象となる。生命維持装置がつけられている患者から装置を外す行為は、装置がついたままであれば保持される法益の状態を悪化させるものであるため、作為である[12]。反対に、交通事故の被害者を遺棄するつもりで一旦車に引き入れ、走行しているうちに被害者が死亡した場合[13]には、車に乗せているだけでは被害者は助からないのであるから、因果の流れは終始結果発生へと向かっており、不作為犯の問題となる。黙示の態度であっても、相手方に新たな犯意を生ぜしめるのは作為による教唆行為であり、相手方を新たに錯誤に陥れる場合は作為による欺罔である。不作為は、相手方がすでに錯誤に陥っているときにのみ問題となる。

　人の行為が介在する場合の判断も、基本的には同様である。他人が浮き輪を投げようとしており、投げれば届くであろうというときに、浮き輪が投げ

11　曽根威彦「交通事犯と不作為犯」現代刑事法41号（2002）14-15頁。山中敬一「日本刑法における不作為犯論の展開」ノモス11号（2000）105頁も、防火施設の不設置などの「事前的管理監督義務」違反を不作為として構成する立場を批判して、「不作為とは、現実的な危険状態との関連でのみ存在しうるものである」としている。

12　この基準からは、死期が間近に迫った患者からの装置の取り外しも「延命措置を行わない」という不作為ではなく、作為であることになる。髙山佳奈子「死因と因果関係」成城法学63号（2000）192頁では、これが殺人罪にあたらない場合を認める理由づけとして、健康状態の悪化はたとえそれが寿命を縮めることになったとしても「殺人」でなく「傷害」であるとの立場をとった。傷害については患者の推定的承諾があれば違法でないと考えるべきである。

13　盛岡地判昭44・4・16刑月1巻4号434頁の事案。

られるのを妨害するのは作為である。これに対し、投げても届きそうもないときに浮き輪を奪取する場合に問題となるのは、不救助という不作為である。緊急の解毒治療に必要な薬剤を廃棄して、医師による患者の治療を妨害する行為は、「廃棄がなされなければ医師の治療により患者が助かったであろう」という場合には、因果の流れを結果発生へと向け変えているから、作為である。ただし、他人の法益侵害行為を仮定的に付け加えて判断してはならない。「医師は患者に恨みをもっていたから治療を拒否したであろう」という仮定は認められない。このことは、一般の作為犯の場合と同じである[14]。病院に運ぶつもりで車に乗せた被害者を再度車外に遺棄する行為[15]は、乗せた時点では事実経過が結果回避に向かっていたとすれば、人の観護しない場所に置いた点で作為であるが、時間の経過や救助意思の放棄により因果の流れが結果発生へと向かっていたならば、救助しないという不作為として評価できる。

　このように、不作為と作為とのいずれを検討対象とするかの基準は、因果の流れがそのままでも結果発生に向かっていたのか、それとも、行為によって初めて結果発生へと向けられたのかであるが、むろん、これは一見して明らかであるとは限らない。たとえば、溺れそうな者が浮き輪に届いたであろうか否か、あるいは、医師の治療が本当に功を奏したか否か、といった判断では、事実認定が微妙となるケースも出てこよう。しかし、取り除いても結果が回避されないような行為までをも処罰することは、刑法の法益保護の原則に反し不当であるから、「浮き輪を奪う」、「薬剤を廃棄する」といった行為が倫理的に否認されるからといって、これをもって直ちに作為犯とすべきではない。「被害者は浮き輪に届かなかったであろう」、「医師の治療はうまくいかなかったであろう」という場合には、行為者の「不救助」が犯罪を成立させるか否かが検討されなければならない。

4　不作為の因果性

　以上の考察では、2つのことが示されていた。第1に、ある観点から不作

---

[14]　本書第1講注47)　参照。
[15]　浦和地判昭45・10・22刑月2巻10号1107頁の事案。

為として記述されている行為も、作為の形で記述することが可能であるから、これを「あれなければこれなし」という因果関係の公式にあてはめれば、不作為もつねに何らかの事象に対して因果性をもつということができる。たとえば、「明かりを消さない」というのは不作為的な行為の記述であるが、「明かりをつけたままにしたので、消費電力が上がった」、「夜になっても家の窓が外からよく見えた」といった形で社会生活上の何らかの「結果」を導いている。第2に、しかし、刑法上の概念としては、作為と不作為とは区別されなければならず、その基準は、行為によって事実経過が結果発生へと向けられたのか、それとも、すでに事実経過が結果発生へと向かっているのを改めなかったのか、という点に求められるべきである。

　この2点は一見、整合的に理解し難いようにも思われる。すでに法益状態が悪化に向かっているのであれば、何も付け加えずとも結果は発生するのであるから、さらに行為者の不作為が法益侵害に対して因果性を有するとはいえないように感じられるためである[16]。だが、ここでの「何も付け加えずとも」という表現は実はミスリーディングである。なぜなら、因果性の判断は、多くの事情を仮定的に付け加えないことにはおよそ不可能だからである。たとえば、重傷を負った者について「そのままでは死亡してしまうであろう」というとき、この事実経過の予測は、次の瞬間に地球の構成要素のほとんどがそのまま存続していることを前提としない限り成り立たない。行為の記述には、「大気圏の地球上でYと共同してAに傷害を負わせ放置する行為」などといった形で、大気や地面、行為者の存在、負傷者の生命の存続までをも含めることができるが、行為の否定を考える際にすべてをまとめて取り除くわけにはいかないのである。さらに、先に見たように、医師の治療など、第三者の行為であっても付け加えるべき事情がある。同様に、行為者自身の作為や不作為も付け加えなければならない。作為犯において、「行為者は被害者を恨んでいたため、第1のピストルで撃たなくても第2のピストルで撃ち殺したであろう」という仮定が認められないとすることは、行為者の不作為を付け加えることを意味する。これと同じように、「行為者は被害者

---

[16] 松宮・前掲注2）109頁もこのような考慮から因果性を否定する立場をとっている。

を恨んでいたため、一旦保護したとしても後で再度遺棄したであろう」と仮定してはならず、ここでは行為者による保護の貫徹という作為が付け加えられるのである。

　そして、先の基準で、「結果発生に向かっている」と評価されるのは、生命について考えた場合、瀕死の重傷者や死期が間近に迫った重病人の状態に限られないことに注意すべきである。すなわち、ここには、自力で生きていけない者の生命をすべて含む。ヒトは、水や栄養分を摂取しなければ確実に死亡するのであるから、これを自分で調達できない者の生命はそれだけで喪失に向かっているといえる。その意味で、乳児は、たとえ健康であっても物理的には死に向かっている[17]。疾病・負傷のため動けない人も同じである。動けても、これらの物資が入手できる範囲になければ同様である[18]。有力な学説が「不作為には原因力がない」としているのも、この意味において理解することができる。つまり、不作為が問題とされる時点では、事実的に評価すればすでに因果の流れが結果発生に向かっているのであるから、不作為は、結果発生に向けた新たな原因の設定ではなく、流れを改めない行為にすぎない。

　だが、因果性の判断は、純粋に物理的な観点からのみ行われるわけではない。たとえば、健康な乳児が親と一緒にいるとき、物理的な評価を基礎とすれば、「世話をしなければ死んでしまう」ということができ、その生命に対する危険の存在が肯定される。これは、危険がすでに自然的に存在するという理解を前提としたものである。そうした見方からすれば、親の不作為に原因性はない。しかし、通常、「親と一緒にいる健康な幼児の生命はつねに危険にさらされている」とは考えられていない。危険の存在は、物理的条件だけでなく、人の行為に関する予測も含んで判断されているからである。それは作為の場合についても同様である。たとえば、毒入りの砂糖が郵便局の窓

---

[17] 梅崎進哉『刑法における因果論と侵害原理』(2001) 275頁は、母親がそれまで行ってきた授乳活動を「やめる」ことは結果の惹起だが、遊びに出かけた先で川に転落した子供の救助活動を「しない」ことはそうではないとし、両者の因果構造の際は明白だとする。しかし、一度も授乳を「しない」母親も子供の死を惹起しているというべきであり、その因果構造は、つねに子供を危険から守ってきた母親がこれを「やめる」ときと同じではなかろうか。

[18] したがって、これは遺棄罪（刑217条）の「老年、幼年、身体障害又は疾病のために扶助を必要とする者」よりも広いことになろう。

II 不真正不作為犯の処罰の可否

口に差し出された場合、誰も何もしなければ、砂糖は窓口に置かれたままであり、遠隔地の受取人が毒を摂取して死亡する危険はない。しかし、「郵便物は配達されるであろう」という予測を含めて考えるならば、これを差し出す行為は危険を設定しているといえる。実は、健康な大人も、そのままの状態に置いておけばいつか死んでしまうが、通常そのように考えられないのは、「自殺しないであろう」「自分の力で生活できるであろう」という予測が前提とされているためである。

このように、危険の有無の評価は社会的文脈によって異なりうるのであって、こうした評価方法を認めるのであれば、乳児を「見殺しにする」行為など、不作為の因果性もまた肯定しうるものと思われる[19]。したがって、作為犯が、「法益主体自身や第三者が保護するはずであり、侵害へと向かっていない法益から、その保護を奪うもの」であるといえるのと同様に、不作為についても、「保護を受けるはずの法益から、その保護を奪うもの」としての因果性を観念することができる。

これを前提とするならば、少なくとも条件関係は複数の者の不作為について肯定されうる。作為に関しては、「殺人犯人ばかりでなく、殺人犯人の親の行為にも条件関係がある」という例がよく出されるが、不作為についても、「たとえば、誰も幼児に食物をやらなかったためその幼児が死んだ場合、母親Aが食物を与えたならば死ななかったであろうし、その家を訪れたBや、隣に住むCDEの誰かが食物を与えたとしても死ななかったであろうということができる[20]」。

因果関係の相当性も、物理的事情のみから判断されるわけではない。そのままの状態に置いておけば、いかなる人間でも水分・栄養分の欠如から死に至ることが100％確実であるが、ある者に対する不保護とその者の死とのつながりがつねに相当であるわけではない。森に行かせた者が雷に撃たれて死

---

[19] なお、髙山・前掲注12) 184頁では、「砂漠を旅する者の水筒に砂を入れる行為と穴を空ける行為」とでは、水を抜くこととなった行為、「転轍手を眠らせる行為と縛る行為」とでは、動けなくした行為に条件関係を認めるべきであるとした。厳密には後行者についても不作為の条件関係を問題にすることができるが、保障人的地位にある者以外の不作為にはいずれにしても結果を帰属できない。後行者が親などの地位にある場合に、後行者の不作為に結果が帰属されるかに関しては、学説上争いがある。

[20] 内藤謙『刑法講義総論（上）』(1983) 227頁。

亡することは相当でないし、乳児を産婦人科内に置いて保護しないでおく親の行為が乳児の生命に対してつねに危険であるとはいえない。因果経過は、「自分で自分のことはできるであろう」「雷は落ちないであろう」「誰かが助けるであろう」（あるいはそれぞれの逆）といったさまざまな予測をふまえて評価される。そうであるとすると、結果発生に向かう物理的条件がもともとあったのか（不作為）、それとも行為者によって設定されたのか（作為）は、因果関係の有無にとって重要な一要素ではあるが、それだけで決定的なものではないと考えるべきである。

　これまでの考察をまとめると、まず、行為は肯定の形でも否定の形でも記述しうる以上、記述形式の違いに作為と不作為との区別を担わせることはできない。両者の刑法上の区別は、そのままでは結果発生に向かっていない事実経過をこれに向ける行為が作為、結果発生に向かっている事実経過を結果回避へと向けない行為が不作為、という基準によるべきである。しかし、行為者の作為ないし不作為を起点とするときも、その危険性はさまざまの社会的事情をふまえて評価されるものであるから、「親による乳児の不保護の開始」のように、不作為によって初めて危険が発生すると考えられる場合もありうる。不真正不作為犯の処罰は、記述形式の選択が任意であるという形式面と、この実質面との両方からして、罪刑法定主義に反するものではないと考えられる。

Ⅲ　排他的支配

1　因果性と正犯性

　Ⅱでは、「因果の流れを結果回避へと向けない行為」が不作為であるとしたが、これが厳密に何を意味するのかは、特に他人の行為が介在する場合において問題である。まず、成功しそうな第三者の救助活動や法益主体本人の自助活動を妨害する場合のように、結果回避に向かっている事実経過を結果発生に向けたことが明らかであるときは、作為による因果関係を認めうる。また、物理的に法益を保護しうる者が一人しかいない場合には、その者が保

護しないことが法益侵害を決定づけたと考えられる。では、溺れかけている人を複数名が見ているような場合には、因果関係を肯定できるだろうか。「たとえ自分が助けなくても、他人が助ければ結果は発生しないから、自分が助けるか助けないかは結果の発生には無関係である」といううるかには検討の余地がある。

これは、「結果を回避することは単独でできるが、結果を発生させることは単独ではできない」場合である。問題をわかりやすくするために、パラレルな形で作為のバージョンを考えてみよう。被害者に恨みをもつ3名A、B、Cが、それぞれ独立に、被害者の飲み物に毒を入れることを考え、「他の2人も被害者に恨みをもっているから、自分と同じことをするに違いない」と思いながら、A、B、Cの順番で致死量の3分の1ずつの毒を入れ、被害者がこれを飲んで死亡したとする。この場合、A、B、Cの行為はどれをとっても、他の2人の投毒に頼らなければ結果を発生させることができない。しかし、どれを取り除いても毒が致死量に満たなくなるのであるから、「あれなければこれなし」という意味での条件を結果に対して与えているといわざるをえない。

不作為の場合にも同様である。被害者が溺れかけているのをこの3名が目撃した場合を考えてみる。各人が、「他の2人も被害者に恨みをもっているから、誰も救助しないに違いない」と思いつつ、A、B、Cの順番にその場を立ち去ったとする。ここでも、結果発生は「全員の不救助」にかかっているが、「誰かが助ければ助かる」という意味では、各人が法益の運命を左右しうる立場にあるといえる。したがって、それぞれの立ち去りについて、不作為の因果性を認めることができる。このように、他に救助できる立場の者がある場合でも、因果性自体は肯定されるべきである。

ただし、結果が誰の行為に帰属されるかはその先の問題である。今の作為のバージョンでは、3名の間に暗黙の共犯関係が認められれば、全員について1個の正犯性が肯定されるが、そうでない場合には、被害者の死を決定づけたのは最後に毒を入れたCなので、Cにのみ正犯性を肯定すべきである[21]。

21　髙山・前掲注12) 184頁。

結果が帰属されるべき行為をした他人がいるかどうかは、因果性とは別の「正犯性」の問題だと考えるべきである。

不作為のバージョンでも、被害者が助かる見込みは、最終的にCの立ち去りによってゼロになっているから、この場合にも毒の事例と同じく、全員の行為に因果性を認めつつ、最後のCにのみ「正犯性」を肯定することが考えられる。むろん、Cについて、もともと被害者との間に何らこれを保護すべき人的関係が認められない場合には、AやBがいたか否かにかかわらず、刑事責任が発生しないと理解される。Bにそのような関係があったときは、まだCが残っていたとしてもCでなくBに結果を帰属する考え方もあろう。だが、いずれにしても、ある者の不作為が結果に対する因果性を有しているか否かは、誰の行為に結果が帰属されるかの判断とは別の問題である。

この「正犯性」の判断においては、「客観的帰属論」の立場から提唱されている方法を採用しうると思われる。しかし、それに先立つ「因果関係」は、条件関係と相当因果関係から成る従来の「相当因果関係説」によって判断されるべきである[22]。先の2つの設例で、A、B、Cの全員が被害者の死を望んでいることが明らかであれば、どの者の行為からも結果の発生することが相当であるといえるし、誰も家の鍵を開けてやらなかったために被害者が外で雷に撃たれて死亡したというときは、誰の不作為も結果との間に相当な因果関係をもたない。これに対し、「最後のCのみが正犯になる」といった判断や、「保障人のみが作為義務を負う」という判断は、それとは別の考慮によって行われるものである。

2 排他性と正犯性

最近では、従来、不真正不作為犯における作為義務を認めるための要素としてあげられてきた「排他性」を、このような「正犯性」の内容として理解しようとする見解が唱えられている。それによれば、「『排他』、つまり『他を排する』というのは、まさに『単独』正犯か否かの問題なのである[23]」と

---

22 本書第1講Ⅲ2参照。
23 島田聡一郎「不作為犯」法教263号（2002）115頁。

される。そして、それは作為犯と不作為犯とに共通する要件であるとされる。

　1の2つの設例では、最後のCが法益に対する排他的支配を握っているといえるが、では、被害者が溺死するまで3名がその場で傍観していた場合はどうなるか。ここでは、被害者が救助される可能性が、時間の経過とともに減少していき、最後にゼロになっている。「誰かが助ければ助かる」ことは前の例と同じであるが、A、B、Cが対等な立場にあるため、3者間に共犯関係を認めることができなければ、ありうる解決は、誰にも正犯性を肯定しないか、または、3個の正犯性を肯定して同時犯とするかのいずれかしかない。不作為犯に関する学説においては、「排他的支配」を作為義務の要件とする立場が近年有力化している。そのよう見解からは、3名のいずれにも不作為犯が成立しないという結論が導かれるであろう。複数の者に排他性があるのは共犯の場合に限られるから、このように解するのが論理的である。

　だが、つねに「排他的支配」を要求すべきかどうかには検討の余地があるように思われる。

　確かに、「排他的支配」のない場合について、刑事責任の成立を無制限に拡張することには問題がある。この傾向は、実務においては、特に大規模火災事故などで管理・監督過失が問題とされる際に顕著であるように思われる。たとえば、経営者が防火設備を整えておらず、建物管理者が避難訓練を行っていなかったとしても、火災による死傷事故は、そもそも何人かによる放火や失火がなければ発生しない以上、これらの者に「排他的支配」を肯定することはできない。ここで法益に対する排他的支配を有するのは、最終的に結果発生を左右する放火犯人である。管理・監督者は、すべからく火災が発生するような体制を構築していたのでない限り[24]、「自己の行為のみによって結果発生を左右しうる」という意味での排他的支配をもったとはいえない。だが、実務では、組織内で責任ある地位を占める者について業務上過失致死傷罪（刑211条1項）の成立が認められる傾向にある。特に、管理・監督者の安全体制の不確立が過失によるものであり、出火原因も客の過失による

---

[24] 作業員を過酷な条件下で働かせるなどの事情がある場合がこれにあたるであろう。札幌地判昭62・2・13刑月18巻1・2号68頁（北ガス事件）はこのような事案であったとも考えられる。

失火であった、という「過失－過失」のパターンでは、理論的には共犯関係にない複数の過失犯が成立する（同時犯）ことが前提とされているようであり[25]、少なくとも「排他性」は要求されていないことがわかる[26]。

しかし、このような処罰範囲の拡張に対する歯止めとして、「排他的支配」という基準が適切かどうかは別問題である。「過失－過失」型では、「排他的支配」をもつ最後の行為者にのみ正犯性を肯定することにもさほど違和感は生じない。だが、先の設例とは異なり、現場従業員が適切な誘導を行えば結果が発生せず、行わなければ発生するとした場合はどうか。結果を最終的に左右する「排他的支配」性をもつのは従業員の過失行為であり、反対に放火犯人は、自己の行為のみによっては結果を発生させることができない。だからといって、ここで放火犯人がつねに正犯にならないとする結論には問題があるように思われる。特に、前の行為が作為、後の行為が不作為である「作為－不作為」のパターンや、前の行為者に犯意があり、後の行為者にはない「故意－過失」のパターンにおいては、前の行為者に「排他的支配」がなかったからといってその正犯性を直ちに否定することには疑問がある。たとえば、「故意のない行為を利用した間接正犯」という形の「正犯性」を肯定しうることは一般に承認されており、放火犯人は従業員に対する関係でそのように評価される余地があろう[27]。

先の学説は、「不作為者の作為義務の履行が可能な最後の時点以降（あるいはそれと同時）に、結果を認識し強制されることなく行為した者がいる場合には、不作為者は単独正犯ではなくなる」という意味において「排他的支配」の語を理解すべきであると主張している[28]。確かに、この基準ならば、違法性の錯誤にある者の行為や、過失行為などが介在しても、背後の者の正

---

25 失火のケースとして、最決平2・11・16刑集44巻8号744頁（川治プリンスホテル事件）、最決平5・11・25刑集47巻9号242頁（ホテルニュージャパン事件）、出火原因不明のケースとして、最決平2・11・29刑集44巻8号871頁（千日デパートビル事件）。
26 この問題を詳細に検討した論考として、松宮孝明「過失犯における正犯概念（1）～（3完）」立命1994年3号349頁以下、1994年6号1263頁以下、2001年5号1355頁以下。
27 本書第1講注14）参照。
28 島田・前掲注22）115頁。ただし、背後者の設定した物理的危険が結果において直接実現した場合には、第三者の「不作為の介入」があっても背後者への結果の帰属を認めうるとされ、すぐ後の本文で述べるような事例では狙撃者の正犯性を肯定する結論がとられている。同書344頁以下。

犯性は否定されないため、従業員の不適切誘導行為が過失によるものであったときの放火犯人については、正犯性が否定されないことになろう[29]。しかし、行為後に他人の行為が介在しなければ結果が発生しない場合にまで「排他的支配」があるとすることは用語上無理があるように思われる。従来「排他的支配」の語は、物理的条件や能力などを考慮して、行為者以外に法益を保護する者がないという意味に用いられてきた。その用語法に従えば、排他性は正犯性とは別個のものであると解さざるをえないのではなかろうか。

そもそも、作為犯においても、行為者は必ずしも因果経過を排他的に支配しているとはいえない。たとえば、行為者が殺意をもって白昼の大通りで被害者を狙撃して逃走したとする。誰かが救急車を呼べば被害者は救助されるはずであるとき、行為者の目的が実現するかどうかは、目撃者の全員が見て見ぬふりをするかどうかにかかっている。このような事例では、誰も法益に対する「排他的支配」をもっていないといわざるをえない。それにもかかわらず、また、たとえ目撃者らが被害者の死亡を予見して立ち去ったのであっても、ここでは狙撃者のみに殺人罪を適用すべきであろう。この結論を認めるならば、「排他的支配」は正犯性を認めるための必要条件でも十分条件でもないことになる。誰を犯人とするかは、排他性とは別の基準によって定められなければならない。

3 作為義務と排他性

2で言及した見解は、排他性を正犯性との関連において理解し、これが作為犯にも共通する要素であるとしていたが、有力な学説は、排他性を不真正不作為犯における作為義務の要素として位置づけている[30]。そのような理解では、因果性や正犯性の一般的要件が満たされる場合、作為犯として処罰することはできるが、不作為犯の成否が問題となる際には、「排他的支配」が

---

[29] 出火原因が過失による失火行為であるときの背後の経営者についても同じことがいえるが、この説のような消極的な定式化によって正犯性を広く肯定すべきかにはなお検討の余地があるように思われる。

[30] 代表的な見解として、西田典之「不作為犯論」芝原邦爾ほか編『刑法理論の現代的展開［総論Ⅰ］』（1988）89頁以下（ただし規範的に認められる「支配領域性」によっても作為義務が根拠づけられるとする）、佐伯仁志「保障人的地位の発生根拠について」香川古稀（1996）108頁以下。

ないために作為義務が否定される余地があることとなろう。これも論理的に成り立ちうる考え方であり、論者は、「不作為が作為と同価値であるためには、不作為者が結果へと向かう因果の流れを掌中に収めていたこと、すなわち、因果経過を具体的・現実的に支配していたことが必要」である[31]ことを根拠としている。

しかし、この見解にも疑問がある。不作為が作為と等価値でなければならないとしても、このような排他性は論理的にも実際的にも必要でないと思われるからである。

まず、2で「白昼の大通りで被害者を狙撃して逃走した」例に関して述べたように、作為犯の成立には「排他的支配」は要求されておらず、「誰も救助しない」ことが相当性の範囲内であったことで十分である。確かに、不作為は物理的な原因設定を行っていない場合ではあるが、それを埋め合わせるために「排他的」といいうるほどの強固な支配までが要求されることにはならないと思われる。

さらに実際上も、この見解では作為義務の肯定される範囲が狭すぎるという問題がある。子供が溺れており、救助に出ることが可能な者として親と他人とがいるとき、通説は親に作為義務を認めるが、この見解の論者は作為義務を否定している[32]。だが、周りに誰もいないときは作為義務があり、周りに誰かがいると作為義務がなくなる、という結論に説得力があるとは思われない[33]。両者の違いは、「ほかに助けることのできる者がいる」ことだけである。その他人が自己よりもさらに強い保護義務を負う者であるならば、その者の存在によって自己の義務が否定されるとする実質的理由があるといえるが、無関係な他人が現場に存在するだけで、親の義務がつねに否定されるとしたのでは、偶然的な事情によって法益保護が不十分になるおそれがある。

4 排他性の意義

結局、「排他的支配」という要素は、正犯性を定める基準としても、作為

---

[31] 西田・前掲注30) 90頁。
[32] 西田・前掲注30) 92頁、佐伯・前掲注30) 110頁以下。
[33] 鎮目征樹「刑事製造物責任における不作為犯論の意義と展開」本郷法政紀要8号(1999) 350-51頁参照。

義務を定める基準としても、適切でないように思われる。特に、厳密な意味でこれを要求するときは、不作為犯において誰にも作為義務が認められない場合が続出し、法益保護が図られなくなる。そのような帰結を避けるには、誰かが法益を保護する義務を負うことが望ましく、そのための「主体の選別」という発想が必要になってこよう[34]。

ただ、「排他的支配」という要素が学説によって重視されてきたことには理由がある。それは、これが肯定される場合には、行為と結果との間に相当因果関係が肯定できるためであろう。すなわち、他に誰もおらず、法益の運命が1人の者に排他的に依存しているときは、その者が救助すれば結果が回避され、しなければ結果が発生するという関係が明確である。だが、それは相当因果関係を肯定しうる場合の1つであって、すべてではないと考えるべきである[35]。

IV 作為義務

1 作為と不作為の等価値性

IIにおける理解を繰り返すと、作為と不作為とは、表現の上ではいずれとも言い換えることができる。しかし、刑法上、あらゆる行為に「作為」の記述を与えて処罰の対象とすることは予定されていない。法益に対する関係に着目して、作為と不作為との区別を行うことが必要である。これにより、作為犯は、法益侵害に向かっていない事実経過をこれに向かわせるものであり、不作為犯は、侵害に向かっている法益の状態を改めないものであると定式化できる。

そして、不作為犯の主体が作為義務のある者に限定されるのは、定式化におけるこの違いによるものであることになる。つまり、「事実的に評価するならば法益状態が悪化に向かっているが、法的に評価するならば、作為義務のある者が法益を保護するはずであるから、法益状態は悪化に向かっていな

---

[34] この観点を明確に示す見解として、鎮目・前掲注33) 354頁。
[35] 本書第1講 V 1 参照。

い」といえるとき、不保護が可罰的評価の対象となるのである。「乳児のそばに大人が1人だけいる」という物理的状況が同一であっても、その大人が通りがかりの他人であるときは、乳児は保護を欠いた状態で危険にさらされていると考えられ、保護者であれば危険はないと考えられる。不作為犯が処罰されるのは、「法的に見れば」事実経過が結果発生へと向かっていないはずであるにもかかわらず、これを結果発生へと向けたことによる。「親による乳児の不保護の開始」がその例である。作為犯と不作為犯とを同じ条文で処罰する場合には両者の等価値性が必要だといわれるが、それはこのような意味において理解されるべきである[36]。

この「法益を保護するはずである」と評価される者が、「保障人」として作為義務を負うことになる。その内容がここでの検討の対象である。あらかじめ本稿の結論を示せば次のようになる。

まず、「法益を保護するはずである」という期待は、道徳的なものでは足りず、法的なものである必要がある。不作為が問題となるのは、保護を期待できることを前提にすれば危険がなく、前提にしなければ危険があると評価される場合であるが、たとえば、親が幼児を世話しない場合に、隣人による不保護はなお危険を基礎づけているといえるだろうか。確かに、道徳的には隣人の保護を期待することも可能であるから、「隣人がいる限り乳児の生命に危険はないはずであり、したがって隣人の不作為は危険を根拠づけている」との言明も不可能ではない。しかし、法的にはそうでない。法は幼児の保護を親に期待しているのであり、危険を根拠づけるのは保護者による不保護だというべきである。

ここから、なぜ他の領域の法令における義務が刑法上の作為義務を根拠づけるかも説明できると思われる。従来、「作為義務の根拠を刑法以外の法源に求めることによってその範囲の安定化を図ろうとした」見解については、

---

[36] この理解からは、ドイツ刑法のように「保障人的地位」と「等値性」とを別々に掲げるのは適切でないことになる。この点につき、岩間康夫「同価値性論」刑法雑誌36巻1号107頁以下参照。ドイツでこの点を指摘するものとして、Klaus Roxin, Die Entsprechungsklausel beim unechten Unterlassen, Festschrift für Lüderssen, 2002, 580ff. 立法経緯の検討として、岩間康夫「不真正不作為犯の成立要件としての構成要件の同価値性について（1）（2・完）」愛媛法学18巻1号29頁以下、2号91頁以下（1991）がある。

「それぞれの法分野の法的義務が、何故、刑法上の作為義務にまで高められるかについては必ずしも明らかではなかった」との指摘があった[37]。しかし、その理由は、法が人間関係をどのように定めているかが、危険の法的な評価にとって重要な意義を有するからだと考えるべきであろう。たとえば、物理的観点のみからすれば、乳児はそのままでは死んでしまうが、法的観点を入れて評価するときは、親の保護の下にある場合危険にさらされていない。これに対し、赤の他人が救助しうるだけの場合には危険にさらされている。それは、親と赤の他人とで法的に異なる地位が与えられているためであり、「道徳的に見れば万人が乳児を救助すべきである」といえるからといって万人を同列に扱うべきことにはならないのである。犯罪の不法内容の実質が他の法領域から基礎づけられるということは、たとえば財産犯の成否が民法その他によって構成される財産秩序を基礎として判断されるのと同様である。

2 作為義務の体系的地位

作為義務の実質的意義を以上のように理解しうるとして、では、それは体系上どこに位置づけられるだろうか。通説は構成要件段階であるとする。これに対して、相当因果関係があれば構成要件該当性までは肯定でき、あとは違法性阻却の問題であるとすることも考えられる[38]。この構成によれば、たとえば、山中で行き倒れの人に出くわしたが、救助せずに立ち去ったためにその人が死亡したというとき、ほかに救助する人がいないのであれば、立ち去りと死亡結果との間に相当因果関係がある以上、構成要件該当性も認められることになる。しかし、赤の他人に対する一般的な救助義務は認められないから、ここでは行為者の行動の自由が優先し、実質的な違法性がないとされるのである[39]。

だが、構成要件該当性と違法性との関係についてさまざまな学説があることを前提としても、結論として、少なくとも作為義務は構成要件該当性の問

---

37 神山敏雄「保障人義務の理論的根拠」森下古稀（下）(1995) 193頁。
38 日本で「違法性」説をとるものとして、木村亀二『刑法解釈の諸問題 第1巻』(1948) 253頁。
39 従来の「違法性説」の多くは、本文で言及した見解のように違法性阻却を論じるのではなくて、構成要件の違法推定機能を否定して違法性段階で違法性の有無を積極的に検討するという

題として解決すべきだと考えられる。なぜなら、構成要件該当性が認められるにもかかわらず違法性が否定される理由としては、「法益性の欠如」と「優越利益の保護」の２つしかなく、作為義務が欠ける場合はそのいずれにもあたらないからである。すなわち、今の例で、通りかかった人が赤の他人であるからといって、行き倒れの人の生命の要保護性が失われるわけではないから、法益性は欠如していないし、また、「生命」と「一般的な行動の自由」とを比較して後者のほうが優越するとはいいがたいから、優越利益が保護されることにもならない。一般の違法性阻却事由との比較でいえば、正当防衛で他人の生命を侵害することが許されるのは、その他人が急迫不正の侵害者である場合のみであって、単に行き倒れになっている者はそうでないから、その者の法益を侵害するだけの根拠はない。さらに、緊急避難との対比でも、急迫不正の侵害を行っていない者の法益については、補充性の要請により、救助の手段を尽くさなければならないから、放置して死なせることを正当化する理由はない。

　では、作為義務を構成要件該当性において扱う場合には、その中のどこに位置づけるべきであろうか。これを因果関係の問題だとする見解もある。確かに、先に、不作為犯は、法的に見れば法益状態が悪化に向かっていないはずであるにもかかわらず、これを悪化させた場合に成立すると考えた。それならば、作為義務が欠ける場合には、法的に見ても法益状態がすでに悪化に向かっているのであるから、何もしなかったとしてもそれは法益状態の悪化ではなく、不作為には因果性が認められない、ともいえそうである。

　しかし、Ⅲ 1 の末尾で述べたように、因果関係はあくまで事実的に理解されるべきである。「行き倒れになった人のもとから立ち去ったのが親であったときは立ち去りと死亡結果との間に因果関係が肯定されるが、赤の他人であったときは否定される」といった解釈は、因果関係の内容をいたずらに複雑化することになろう。作為義務は、最終的な結果の帰属としての「正犯」性の問題として論じられるべきである。ただし、本稿では、不作為をめぐる

構成をとっていた。詳しくは、日髙義博『不真正不作為犯の理論〔第２版〕』（1983）24頁以下、名和鉄郎「不作為犯論の歴史と現代的課題」名古屋大学法政論集123号（1988）128頁以下などを参照。

正犯と共犯の問題そのものには立ち入ることができない。たとえばプールの監視人と親とのいずれもが救助しなかったために幼児が溺死した場合、両者を「保障人」とし、それぞれに正犯性を認めて同時犯とするか、一方のみを正犯とするか、その場合に一方のみを「保障人」と呼ぶか、主たる作為義務と従たる作為義務とを区別するかなどは、学説上争いのある問題であり、本稿で扱いうる範囲を超える。ここではさしあたり、単独正犯の成立要件としての作為義務について検討する。

3 効率性説

作為義務が正犯性の要素であるとすると、1つの法益侵害については原則として1つの正犯性のみを認めるべきであるから、作為義務も最終的には1つだけ肯定されることになる。本稿のように正犯性の個数を限定する見解は一般的ではないと思われるが、刑法の謙抑性の見地からは、1個の処罰を認めておけば足りるのがその根拠である[40]。実際、結論としては、「排他的支配」を作為義務の基準とする説も、やはり作為義務を0個または1個しか認めておらず、その背景には、いくつもの正犯性を認めることへの抵抗感があるように思われる。

それでは、最終的に作為義務を負う者の数を1か0に絞るプロセスとしては、どのような方法が考えられるであろうか。作為義務の基礎づけに関する伝統的な見解は、この「選定」の視点を欠いていた。これに対して、排他性説は、定義上この絞り込みを含んでいたわけである。だが、この立場に問題があることはⅢで論じたとおりである。

近年、「結果回避措置を最も効率的に為しうる主体のみが保障人的地位に該当する」とする注目すべき見解[41]が唱えられている。論者によれば、結果回避命令の名宛人の画定は「法の下の平等からの要請に照らしても合理的な選別でなければならず、かつ、不明確性を最大限払拭しうる事実的関係に基礎を置く選別でなければならず、また、刑法の目的とは無関係な社会倫理・道徳的な考慮を排除した選別でなければならない。このような要請を満たす

---

[40] 鎮目・前掲注33) 354頁。本書第1講Ⅲ3も参照。
[41] 鎮目・前掲注33) 355頁。

結果回避命令の名宛人とは、法益が危殆化された状況下で、結果回避命令を遵守することによって負担しなければならないコストが、最も小さい行為者である。それは、最も効率的に（低コストで）結果回避措置（期待される作為）をなしうる主体」である[42]。ただし、命令規範は「行為者から、行為選択の自由を著しく奪い取る」ものであるから、「行為時に確実に剥奪される行為選択の自由を、行為時以前に保障すべき」であり、「行為者が自らの意思に基づいて、結果に実現した危険と行為者との間に、他者が介入する可能性を減少させる関係が成立することを受け入れたという事情が存在しなければならない」のだとされる[43]。

この2段階の判断のうち、後の部分は、先行行為や引き受けを基準とする説に通ずる考慮であり、作為義務の数を限定する契機を含まない。数の絞り込みが行われているのは前半部分においてである。そして、この見解が正犯性の数を限定する点は支持しうるものの、効率性を基準とする点には疑問がある。

まず、経済効率による選別がなされれば、能力の高い者ほど多くの義務を負わなければならないこととなり、正義に反する帰結を導きかねない。その反面、効率性において第1位以外の者には作為義務が認められる余地がないことから、第1位の者について後半部分の行為選択の自由が肯定されない場合には、誰にも作為義務がないこととなり、法益保護が不十分になるおそれもある。「刑事責任の判断においては『効率性は2番目だが、予防や応報の観点から見て、彼こそがやるべき』という場合があってもおかしくないのではなかろうか[44]」との批判は正当なものであるように思われる。

さらに、論者は効率性の基準を「不明確性を最大限払拭しうる事実的関係に基礎を置く選別」だとしているのであるが、誰が最も効率的に結果を回避しうるかの判断がはたしてどれほど明確であろうか。むしろ反対に、ここでは立証上の困難が予想されるのみならず、「刑罰法規の明確性の原則」にかなうほど処罰範囲の事前的な明確化が図られているかという疑問もある。

---

[42] 鎮目・前掲注33）354頁。
[43] 鎮目・前掲注33）355-56頁。
[44] 島田・前掲注22）116頁。

この見解や排他性説のように、作為義務を負う候補者を初めから1人に限定してしまうと、誰も義務を負わないケースが多くなるという問題がある。より望ましいのは、作為義務の発生根拠のある候補者が複数ありうるものとし、その中で優先順位を考える方法であろう。このようなプロセスは、作為義務を正犯性の要素として位置づけることに整合する。たとえば、ある者が被害者を攻撃したが、第三者の故意行為の介在によって、法益侵害結果がその第三者のほうに帰属する、というとき、当初第1の行為者に認められそうであった正犯性が、優先する第三者のほうに移動したと見ることもできる。これと同じように、最終的には作為義務が1つに絞られるのだとしても、比較の結果としてそうなる場合を認めるべきだと思われる。そこで、作為義務の発生根拠に関する従来からの議論に目を転じることとする。

4　先行行為説

　日本では伝統的に、「法令」「契約（・事務管理）」「条理（・慣習）」に作為義務の発生根拠が求められてきたとされ、これが明確でないために、その後いくつか新たな基準が提唱されるに至っている。その1つが、従来「条理」の一部として作為義務の根拠と認められてきた「先行行為」を、作為義務の統一的な基礎とする説である。この見解によれば、「不作為者の故意・過失によって法益侵害に向かう因果の流れがすでに設定されている場合には、当該不作為による犯罪の遂行と作為による犯罪の遂行とが構成要件的に等価値となる」のに対して、「原因発生形態が、(1) 自然現象による場合、(2) 被害者の故意・過失による場合、(3) 第三者の故意・過失による場合は、不真正不作為犯が成立しない」とされる[45]。

　しかし、この基準に対しては、すべての過失犯が故意犯に転化するとの批判が向けられている[46]。確かに、この見解が、他者の法益に対する危険を有責に創出した者にその危険を除去する義務を認める点は、一定の説得力を有すると思われるが、その義務の履行を直ちに故意犯の処罰によって担保すべ

---

[45]　日髙・前掲注39) 157-158頁。
[46]　西田・前掲注30) 87頁参照。日髙・前掲注39) 157頁は単純なひき逃げが殺人罪を構成しうることを認める。

きことにはならないであろう。過失で人をはねた者は、被害者の命を助ければ、業務上過失致「死」罪の責任を負わなくてすみ、また道路交通法上の救護義務違反の罪でも処罰されなくてすむのであるから、法益の保護は、すでに業務上過失致死罪や救護義務違反の罪によって図られているというべきである。これらの罪の範囲で結果回避義務が認められているからといって、そこから殺人罪による処罰までが根拠づけられることにはならない。この見解は「過失によって人をはねた者は、被害者を救助しない限り、殺人罪で処罰されうる」ことを認めるものであって、先行行為と事後の「故意」とを合わせて故意犯とするに等しく、「行為と責任との同時存在の原則」に実質的に反するおそれがあるといえよう。

　また、この説の論者はこれに加えて、先行行為がなくとも、「母親が故意に授乳しないで嬰児を餓死させる場合などは、不作為者が故意に法益侵害に向かい因果の流れを設定した場合であ」り、「母親の授乳しないという不作為は、餓死に対する直接の原因」であって、これには「殺人罪の不真正不作為犯が成立する」とも述べている[47]。しかし、嬰児が自己の力によって生命を維持することができないのは自然現象であり、Ⅱでも触れたとおり、その生命は物理的にいえば初めから危険にさらされているのであるから、ここで母親の不作為が因果の流れを設定したというためには、母親に保護が期待されていることを前提としなければならない。それならば、論理的には隣人の不作為もまた餓死の直接の原因であることになり、殺人罪の成立範囲は物理的救助可能性のあるすべての者に拡大するであろう。

　なお、最近、先行行為説の進化型ともいうべき新たな見解として「物理的危険創出行為」説が唱えられている。従来の先行行為説の多くは、先行行為に故意または過失を要求していた。それは、故意・過失が違法要素であることを前提に、先行行為としての対象を違法な行為に限定するためだと思われる[48]。これに対し、日本で近年有力化しているのは、適法な先行行為も作為

---

[47] 日髙・前掲注39) 157頁。
[48] ドイツの通説はこの立場を採用するようである。この問題を詳細に検討した論考として、岩間康夫「先行行為に基づく保障人的義務の成立範囲について」犯罪と刑罰4号（1988）83頁以下がある。

IV 作為義務

義務を基礎づけるとする立場であり、故意・過失が不要であるとされる[49]ほか、正当防衛のような権利行為を行った者にも作為義務が発生するとされる[50]。

だが、この見解に対しては、「行為と責任との同時存在の原則」からの疑問がいっそうよくあてはまるように思われる。すなわち、この立場によれば、過失で人をはねた者が被害者の死亡の可能性を認識しつつ逃走した場合に殺人罪が成立するばかりでなく、無過失によって人をはねた場合にも、単純なひき逃げが殺人罪を構成しうることになる[51]。このような結論は、自ら事故を起こしたのでない同乗者が救護義務に反した場合が1年以下の懲役または10万円以下の罰金でしか処罰されない（道路交通法72条、117条の5第1号）こととの間に著しい不均衡を認めるものである。さらにこの見解では、無過失で人をはねた者が、被害者の死亡の結果を認識しなかった場合においても、過失致死罪が成立しうることになる。

また、単にけがさせる認識しかない一般の傷害致死の多くが「事後の故意」によって殺人に転化するおそれもある。実務において殺意の認定が慎重に行われているのは、まさに、傷害行為の時点で殺意がなければ殺人と評価しえないからであろう。もし先行行為と事後の認識とで殺人罪を成立させてよいのであれば、このような事実認定の努力も全く不要であることになる。

さらに、正当防衛などの権利行為から発生した危険について、これを除去しなければ刑事責任を問われるというのでは、実質的には権利行使そのものを制限つきでしか認めないことになり、疑問がある。放し飼いにされた犬に襲われて、これを傷害し動けなくした者は、犬が死なないように世話をしなければ器物損壊罪の責任を問われかねないのである。

---

[49] 島田・前掲注22）117頁。[49] 島田・前掲注22）117頁。
[50] 佐伯仁志「防衛行為後の法益侵害防止義務」研修577号（1996）9頁は、先行行為が正当防衛である場合にも、排他的支配が備わったことを条件として救助義務を肯定する。これに対し、日髙義博「不作為犯（2）」法教111号（1989）48頁は作為義務を否定している。
[51] 岩間康夫「不作為犯」法教202号（1997）12頁は正当にも、「ひき逃げ事犯では後続する被害者の自車への引き入れ行為のみに着目し、これを比較的問題のない発生根拠とされている『保護の事実的な引き受け』と見て単独で作為義務を構成すれば済んだことではなかったか」と指摘する。

5 事実上の引き受け説

　もう1つの新しい見解として、行為者の意思に基づく「事実上の引受け的行為」に作為義務発生の根拠を求める説がある[52]。ここで「事実上の」とされる趣旨は、「誰が引き受けるべきか」という規範的ないし法的な関係ではなく、「誰が現実に引き受けているか」という実態が基準になるということである。そして、これを肯定するためには、①法益の維持・存続を図る「結果条件行為」（結果の発生を阻害する条件行為）の存在・開始、②「行為の反復・継続性」、そして③「排他性の確保」が必要だとされる。

　この説は、先に検討した排他性説や、効率性説における行為選択の自由の基準にも影響を与えたと考えられる。また、その実質的内容は、伝統的に根拠とされてきた「契約・事務管理」を具体化したものともいえ、自己の意思によって法益の保護を引き受けた者はこれを貫徹しなければならないとする発想には説得力がある。

　問題は、これだけでは作為義務の範囲が狭きに失しないかということである。排他性を基準とすべきでないことはすでに論じたが、さらに、法益の維持・存続を図る行為が現に反復または継続されていることを要求するのは厳格すぎるように思われる。しかし、それはこの見解の根本にかかわる点である。なぜなら、「結果条件行為」がまだ開始されていないときに、ある者がこれを開始すべき地位にあるか否かを決めるのは、事実状態ではなく規範であり、規範的判断を排除するのがこの説の出発点だったからである。したがって、この説によれば、子を産んだ親が殺意をもってこれを放置して死なせても、殺人罪が成立しないことになるが[53]、いくばくかの時間保護した後で放置した場合には成立することになる。だが、これでは両者の限界があいまいであるばかりでなく、結論も均衡を失しているのではなかろうか。まだ保護を開始していない者にも保護を義務づける余地を排除すべきではない。

52　堀内捷三『不作為犯論』(1978) 254頁以下。
53　堀内・前掲注52) 255頁。鎮目・前掲注33) 356頁も同じ結論を支持する。島田・前掲注22) 118頁は、妊娠を継続し出産したことを継続的保護関係の作出・維持と評価する余地を認めているが、中絶費用すら調達できない者は不本意な妊娠を継続するしかないのではあるまいか。

6 規範による根拠づけ

一方で、親が子を産んだ場合のように、事実的な保護が開始されていない時点ですでに作為義務を認めることは、法規範のみによる作為義務の発生を承認することを意味する。また他方で、先に述べたように、本稿は排他的支配も作為義務の要件ではないと理解するものであり、たとえば、溺れる子を親と他人とが見ている場合には、親にのみ作為義務が発生するという結論も認める[54]。すなわち、作為義務を基礎づけるのは規範的な関係のみであるとするのが本稿の立場である。これに対しては、「法令」「契約」「条理」を作為義務の根拠とする伝統的な形式的法義務説に対するのと同じ批判が向けられうるであろう[55]。しかし、規範による作為義務の根拠づけも、注意深く行うことによって、適切な結論を導きうるのではないだろうか。これまでの批判を検討することとしたい。

第1に、「条理」が包括的で無限定であるとの批判がある。これによって作為義務を根拠づけることは、罪刑法定主義に照らして疑問があり、この批判は正当である。したがって、5の結論もふまえ、先行行為も含めて「条理」は根拠から外すべきである。

第2に、「契約」については、その射程が狭すぎて不十分であるという指摘がある。たとえば、契約が法的に無効であったとしても、事実関係に基づいて作為義務を肯定すべき場合があるといわれる。これに対しては、「事務管理」（民697条）を根拠に含めれば、間隙がカバーされるといいうる[56]。

---

[54] 中森喜彦「作為義務・保障義務・保障人的地位」法セミ1982年11月号51頁が「法益保護が不作為者の積極的介入に依存していたかどうかで作為義務の存否を決めることは妥当だとしても、その判断は、当該具体的状況下で不作為者と被害者との関係を見た場合、作為への期待が他の者でなくもっぱら不作為者に向けられていたといいうるかどうかによる他ないのではあるまいか」としているのは正当である。中森喜彦「保障人説－その推移と意義－」現代刑事法41号(2002)7頁も同旨。

[55] 佐伯・前掲注30) 98頁は「法令、契約、条理を挙げることは、解釈論上意味のあることではない」とする。

[56] 民法697条1項は「義務ナクシテ他人ノ為メニ事務ノ管理ヲ始メタル者ハ其事務ノ性質ニ従ヒ最モ本人ノ利益ニ適スヘキ方法ニ依リテ其管理ヲ為スコトヲ要ス」、同700条本文は「管理者ハ本人、其相続人又ハ法定代理人カ管理ヲ為スコトヲ得ルニ至ルマテ其管理ヲ継続スルコトヲ要ス」と規定している。佐伯・前掲注30) 104頁は「『自分で始めたことは最後まできちんとやりとげよ』というのは、せいぜい道徳的規範でしかない」とするが、民法上はそうではないと思われる。

第3に、「法令」については、民法上や行政法上の義務の根拠、あるいは特別法上の処罰の根拠にはなっても、それ以外の犯罪を成立させる理由にはならないと論じられる。確かに、この指摘にも正当な面がある。たとえば、道路交通法上の救護義務は、直ちに殺人罪の作為義務を根拠づけるものでない。また、「信義誠実の原則」（民1条2項）や「善管注意義務」（民644条）に反する不作為が直ちに刑法上の違法性を基礎づけるとも考えるべきではなかろう[57]。しかし、少なくとも、何の法令上の根拠もないときには刑法上の作為義務がないことは認めてもよいと思われる[58]。刑罰法規の明確性の要請からも、非法的な作為義務の範囲の拡大に対する歯止めが必要である[59]。

　結局、「条理」は根拠として認めるべきでなく、「契約」「事務管理」も、民法に規定されているという点では広い意味での「法令」に含めてもよい[60]とすれば、作為義務の統一的な発生根拠は「法規範」に限られるべきことになる。1で述べたように、作為義務は法的な義務である以上、何らかの形で義務の根拠が法令上明示されていることに積極的意義を認めうるのである。

　むろん、法規範の存在は刑事責任を認めるための必要条件ではあるが十分条件ではない。法令による義務づけがあっても、その他の犯罪成立要件が欠ける場合はある。たとえば、民法上の扶養義務者が遠隔地におり、被扶養者を救助しうる立場にない場合、その者に殺人罪の成立を認めるわけにはいかない。それは作為可能性がなかったり、あるいは、故意・過失がなかったりするためである。

　そして、他の法規範がいかなる場合に刑法上の作為義務の根拠として十分であるのかの判断は、一義的に明確であるわけではない。問題となるのは、他の法領域における義務が反対解釈によって刑法上の義務を否定する趣旨

---

[57] Petra Kamberger, Treu und Glauben（§242 BGB）als Garantenstellung im Strafrecht?, 1996, 208ff. は、不作為による詐欺罪における告知義務が「信義誠実の原則」により基礎づけられるとすると、その範囲が不明確であり、刑法の断片性・謙抑性の点からも疑問があるとしている。Vgl. auch Anette Grünewald, Zivilrechtlich begründete Garantenpflichten im Strafrecht?, 2001, 18.

[58] Manfred Seebode, Zur gesetzlichen Bestimmtheit des unechten Unterlassungsdelikts, in: Spendel-FS, 1992, 345.

[59] たとえば、行政法における不作為の違法に関する判断が単純でないことからもわかるように、法令による義務づけのないところで明確かつ妥当な限界づけを行うことは容易でない。

[60] 慣習が法律と同じ効力をもつ場合には、慣習も根拠たりうることになる。法例2条、民法92条参照。

あるのか、それとも、両者の義務が重畳的に課されているのかの区別である。法令上の義務違反について、民法・行政法上の法律効果や、特別刑法上の罰則が定められている場合にはとりわけ注意を要する。

　前者の反対解釈の例としては、「自己の占有する場所内に、老幼、不具若しくは傷病のため扶助を必要とする者又は人の死体若しくは死胎のあることを知りながら、速やかにこれを公務員に申し出なかつた者」を拘留または科料に処するとする軽犯罪法1条18号がある。ここからは、自己の占有する場所以外にこれらの客体のあることを知ったにすぎない場合に通報義務がないことが導かれ、さらに一般的な救護義務のないことも導かれる。また、同8号も、「風水害、地震、火事、交通事故、犯罪の発生その他の変事に際し、正当な理由がなく、現場に出入するについて公務員若しくはこれを援助する者の指示に従うことを拒み、又は公務員から援助を求められたのにかかわらずこれに応じな」いことを犯罪行為としており、公務員からの協力要請がない場合には援助義務がないことを前提としている。さらに、交通事故の場合に負傷者救護義務が課されているのは、「当該車両等の運転者その他の乗務員」のみである（道路交通法72条1項、117条）から、その他の者は救護義務を負わないことになる[61]。消防法上の義務も業務上過失致死傷罪の成立を認める根拠にはならないと考えられる[62]。

　これに対し、後者の重畳的義務の例としては、「車両等の運転者は、当該車両等のハンドル、ブレーキその他の装置を確実に操作し、かつ、道路、交通及び当該車両等の状況に応じ、他人に危害を及ぼさないような速度と方法で運転しなければならない」という道路交通法70条の安全運転義務があげられる。これは、作為か不作為かにかかわらず、運転している者に安全運転の義務を一般的に課している規定だと考えられるが、もし仮に、その反対解釈によって他の刑事責任が否定されるのだとすると、安全運転義務に違反する不作為によって事故を起こした者は業務上過失致死傷罪（刑211条）では処罰されないことになってしまう。だが、安全運転義務違反の罪の法定刑は3月以下の懲役または5万円の罰金（道交119条9号）と軽いものであり、5年

---

[61] 中森・前掲注54) 49頁、神山敏雄「ひき逃げ」法セミ1982年11月号63頁参照。
[62] 反対、日髙義博「ひき逃げの罪責をめぐる問題点」刑雑27巻1号（1985）63頁以下。

以下の懲役もしくは禁錮または50万円以下の罰金を法定刑とする業務上過失致死傷罪の成立を排除していないと見るべきである。「自動車の運転中に、道路上に歩行者が飛び出してきたというとき、そのままブレーキをかけなければひき殺してしまうことになるのにあえてそのままにしたというとき」、「やはり保証者的地位は肯定されるべきであろう[63]」。これは、殺人罪に対する救護義務違反の罪（道交72条）の関係とは対象的である。救護義務違反の罪の罰則は5年以下の懲役または50万円以下の罰金（117条）という重いものであり、救護しなかったことによって死傷結果が発生した場合を含む趣旨であると解釈できるのである。

いずれにしても、作為義務の画定が最終的には各論の問題となりうることに留意すべきである。

そればかりでなく、法令や契約によって作為義務者とされる候補が複数ある場合、相互の優越比較を行って「正犯」を決定することがさらに必要となる。結果の認識のある者とない者、作為者と不作為者、プールの監視人と親、あるいはそれらが組み合わせられた者の間で、最終的に誰の行為に結果が帰属されるかが検討される。その結論が事前に明確でないのは、作為犯における結果の帰属の場合と同じである[64]。不作為に関しては、作為の場合以上に学説の対立が激しいが[65]、本稿では判断基準のいかんを扱うことができない。同時犯をどの範囲で認めるかなどの問題も含め、正犯性の決定は、最終的には、刑法の任務をどのように理解するかにかかっていると思われる。

---

[63] 井田良「不真正不作為犯」現代刑事法3号（1999）94頁。
[64] たとえば、第三者がやってきて被害者を刺し殺した場合には、因果関係が中断するとされるが、それは事後的に定まることである。第三者が登場しなければ死亡結果との関係では第1の行為者が正犯となり、第三者が刺し殺した場合はその者が正犯である。
[65] たとえば、他人が子供を池に突き落として去った後に、親が通りかかって何もしなかった場合に、作為の後の不作為であるから正犯にならないとする立場、親であるから不作為の正犯になるとする立場、先行者や親の故意・過失を考慮する立場などが考えられる。不作為の後、または不作為と同時に他人の作為が介在する場合に関しても争いがある。

Ⅴ　おわりに

　本稿の主張は次のようにまとめられる。
　①行為は作為の形式でも不作為の形式でも記述されうるから、文言上の制約を理由として不真正不作為犯の処罰が罪刑法定主義に反するということはできない。作為と不作為との区別は、行為の記述形式によってではなく、法益との関係に着目して行われるべきである。すなわち、そのままでは結果発生に向かっていない事実経過をこれに向ける行為が作為、結果発生に向かっている事実経過を結果回避へと向けない行為が不作為である。しかし、社会的事情をふまえて行為の危険性を評価するときは、不作為によって初めて危険が発生すると考えられる場合もあり、不真正不作為犯の処罰は実質的にも罪刑法定主義に反するものではない。
　②法益に対する「排他的支配」という要素は、正犯性を定める基準としても、作為義務を定める基準としても、適切でない。結果の帰属は、「排他的支配」のない場合にも認められるべきである。ただし「排他的支配」も、因果関係の相当性を導くという点では意義を有する。
　③作為義務の判断は、結果の帰属が誰のどの行為について認められるかに関するものであり、「正犯性」の要素として理解されるべきである。行為と結果との間の条件関係および相当因果関係は、これとは別の要件である。
　④作為義務は構成要件段階に位置づけられる要件であり、それは事務管理や契約をも含む法規範によってのみ基礎づけられると考えるべきである。これに対し、先行行為を含む条理や排他性といった事実的な事情は作為義務の根拠とはならない。
　⑤行為を義務づける法規範があっても、それが刑法上の作為義務の根拠となるか否かは、個別の規範の解釈として各論的に判断される必要がある。さらに、複数の者の行為が問題となりうる場面では、正犯性の決定が重要である。
　フォイエルバッハは、不作為犯が成立するには、「法律（Gesetz）」または

「契約（Vertrag）」という、作為義務を根拠づける特別の法的理由(besonderer Rechtsgrund)が必要であるとしていた[66]。形式的法義務説は不十分であるというのが今日の定説的理解であるが、本稿はこの立場を見直そうとするものである[67]。

なお、作為義務を「危険源監視義務」と「法益保護義務」とに分ける理解が一般的になっているが[68]、本稿の立場からは、前者が「行為」に近いところで課され、後者は「結果」に近いところで課されるという相違はあるものの、いずれも法規範による義務づけを要する点では共通であり、これが原理的な区別を導くものではないと理解される[69]。

最後に、これまでの裁判例の評価を述べて本稿を閉じることとする。殺人罪の成立は、契約により預かった嬰児の放置について肯定しうる[70]一方、単なるひき逃げについては認められず、引き受けが事務管理となる限度でのみ[71]肯定できる。自己が傷害を負わせた者に対する医療の不給付[72]も、事務管理が認められない場合には、殺人罪でなく、傷害致死罪と評価されるべきである。放火に関しては、「既存の火力を利用する意思[73]」は作為の代替にはならない。事務所[74]などについて、契約上の管理責任があると考えられる場合

---

[66] Paul Johann Anselm Feuerbach (Hrsg. Karl Joseph Anton Mittermaier), Lehrbuch des gemein in Deutschland gültigen peinlichen Rechts : mit vielen Anmerkungen und Zusatzparagraphen, 14. Aufl., 1847, 50.

[67] ドイツでも、Seebode (Anm. 58), 40ff.は、作為義務の発生根拠を「法律」と「契約」に限定し、罪刑法定主義を満たす基準はこれ以外にないとする。Auch Kamberger (Anm. 56), 201.

[68] この区別を明確に打ち出したのはArmin Kaufmann, Die Dogmatik der Unterlassungsdelikte, 1959, 283であるとされている。

[69] これとは異なる考え方として近年注目を集めているのが、先行行為などを含む「組織化管轄」に基づいて刑事責任が発生する場合には正犯・共犯のいずれの成立の余地も認めるが、子に対する親の義務などを含む「制度的管轄」の場合には原則として正犯性が認められるとするヤコブスの見解である（平山（豊田）幹子「不真正不作為犯について（3・完）」立命265号（1999）104頁以下、「『義務犯』について（1）」立命270号（2000）128頁以下参照）。反対説につき、たとえば、松生光正「不作為による関与と犯罪阻止義務」刑法雑誌36巻1号（1996）162頁参照。日本の実務もこのようになっていないことにつき、平山「『義務犯』について（2・完）」立命273号（2000）251頁参照。

[70] 大判大4・2・10刑録21輯90頁。

[71] 東京高判昭46・3・4判タ265号220頁の事案。

[72] 東京地八王子支判昭57・12・22判タ494号142頁。

[73] 曽根威彦「ひき逃げの罪責」植松正ほか著『現代刑法論争Ⅱ〔第2版〕』(1997) 22頁は、「故意を責任要素と解する場合はもちろん、これを（主観的）違法要素と構成するにしても、違法の客観面での不足分を主観面で補充することはできない」と指摘する。

には作為義務を認めうるものの、「神棚事件[75]」のように自己の家である場合には、火をつけた時点の責任だけを問題とし、失火罪（刑116条）または業務上失火・重過失失火罪（117の2条）で処罰すれば足りるとも思われる。特に、「燃木尻事件[76]」のように火をつけたのが他人であるときは、作為の先行行為に対する不作為による関与であるから、これに正犯性を認めうるかどうかには議論の余地がある。ドイツの「革スプレー事件[77]」のような無過失の先行行為に関しては、製造物責任法の解釈が問題となる。確かに同法は、一般の不法行為にいう意味での過失が立証されなくても損害賠償責任を認めるものであるが、製造者らは、引渡し時に科学的にもおよそ結果の予見可能性がなかったことを証明すれば免責されるのであるから（4条1号）、同法で刑法上の回収義務が基礎づけられるかには疑問がある。免責規定の勿論解釈から、回収を怠った企業は社会的制裁を受けるにとどまると考えることも可能であろう。

---

[74] 最判昭33・9・9刑集12巻13号2882頁（股火鉢事件）の事案。
[75] 大判昭13・3・11刑集17巻237頁。
[76] 大判大7・12・18刑録24輯1558頁。
[77] BGHSt 37, 106.

(第2講) 議論のまとめ

和田俊憲

1

　髙山論文は、不真正不作為犯の処罰の可否に関して、以下のように論ずる。即ち、①あらゆる行為は、表現のしかた次第で作為とも不作為とも為し得る、②①を前提としつつ、刑法上作為義務を問題とすべき不作為犯の場合とそうでない作為犯の場合とを区別する基準は、因果の流れがそのままでも結果発生に向かっていたのか、行為によって初めて結果発生へと向けられたのか、に求めるべきである、③因果関係や危険の判断は、物理的な観点からではなく、社会的な事情を踏まえた仮定的な予測に基づいて為されるべきものであるから、②からは物理的原因力を有しないことになる不作為にも、因果性を肯定することはできる、④不作為は、形式的には①のように作為との区別が相対的なものであり、また、③のように作為と同様の実質を有するものでもあるから、その処罰は罪刑法定主義に反しない、と。そして、以上の主張について、参加者の中に異論は見られなかった。
　もっとも、結論としてはそうであるとしても、そのような考え方を採るためには、本来、以下の問題に答えなければならないはずであることが指摘され、その点を巡って議論が為された。それは、そもそも、何故不作為犯において作為義務が特別の要件として要求されるのか、という問題である。ドイツのように不作為犯の特別の処罰規定が存在するのであればともかく、そのような規定を欠き、不作為も各本条で処罰される我が国の刑法においては、不作為犯に作為義務が要求されている根本的な理由が説明されない限り、近年主張されている次のような見解、即ち、作為犯を犯罪の原型と解し、不作為は自然的・事実的に見たときに作為と同視できる場合にのみ処罰対象にな

るとする見解を、批判できないのではないか、というのである。ここで検討対象とされた上述の根本問題を敷衍すれば、次のようになる。第1に、(不作為義務を否定することで作為犯の不成立を導くとも言える見解が一部で主張されてはいるが、一般には) 作為犯においてはことさら不作為義務を言うことがないにもかかわらず、何故不作為犯においてのみ作為義務が問題となるのか、という作為と不作為の非対称性の問題である。第2に、作為と実質的に等価値の不作為について作為義務が認められる、とすることがそのような非対称性の理由とされ得るとしても、そもそも不作為の処罰においていかなる意味で作為との等価値性が要求されるのか、という問題である。

2

　犯罪の原型としての作為と自然的に同視できる不作為を処罰対象とする見解は、作為と不作為の対応性を徹底して事実的に捉えようとするものであると言うことができる。いわゆる排他的支配説も、作為義務の有無をなるべく事実的に判断しようとする点で同様の方向性を有するものであると言える。そこでは、他人による救助の可能性を排して不保護を継続する行為は、拳銃で射殺する行為と同視できる、とされている。しかし、妥当な処罰範囲を確保しようとすればそのような事実的な判断を徹底させることはできず、現に徹底してもいない。出産の時点から母親に作為義務を認めるのであれば、そこには、何らかの意味で、法的な観点が入らざるを得ないのである。そして、髙山論文は、むしろ徹底して法的観点を前面に出し、事実的には因果の流れが結果発生に向かっていても、法的に見て法益が悪化していない場合に、作為と同様に法益状態を悪化させる行為として、不作為を処罰対象とする。
　しかし、一旦、法的な観点を入れると、事実的には作為と同等でない不作為について、作為との等価値性、作為義務をいかなる意味で問題とするのか、明らかにする必要が生ずる。それが明らかにできなければ、作為義務の範囲を画定することもできない。髙山論文は、作為義務が認められる場合に初めて不作為の因果性を肯定し、作為義務の問題を因果性判断の中に包摂させようとするものであると言えるが(もっとも、因果関係を事実的なものに純

化させる立場を採るため、作為義務は、正確には、結果の帰属性の判断となる)、物理的には侵害結果に向かっている X の生命が、Y との関係では状態が悪化していないと法的に評価される、ということが、果たしていかなる意味で認められるのかは、必ずしも明らかではない。それ故、様々なレベルで認められ得る法的義務の中から刑法上の作為義務をいかに切り分けるかも、困難な問題となる。特別刑法に不作為を軽く処罰する規定があるとき、それが刑法上の作為義務を排除する趣旨か、重畳的な義務を認める趣旨かは、必ずしも一義的に決定できるものではないであろう。ここでは、そのような個別の各論的解釈を超えた、より高い視点が必要である。

そして、その意味で、刑法上の作為義務の範囲を画定する際には、いかなる国家観を採るかが重要な問題である、との指摘がなされた。即ち、法益の保護と自由の保障との間でいかなるバランスをとるべきかという観点に立って、作為義務の範囲を定めるべきであると言うのである。自由保障を徹底して軽くすれば、一般的な救助義務を認めることにもなり、そこまで求めなくても、必ず一人は作為義務者を確保すべきことになるが、逆に自由保障をあつくすれば、誰も作為義務を負う者がいない事態が生じても仕方がないということになる。その観点に立ち、法益保護を重視する立場から、危険物が多い時代であるから、危険を創出した者はそれを取り除かなければならず、無過失の先行行為からも作為義務は発生するとすることもできる、との見解が示された。

③

そのように国家観に基づいた解釈をするにしても、それは処罰の合理性の問題であり、真正不作為犯の立法論としてはともかく、現行法の解釈論として罪刑法定主義の問題をクリアできるのかが問題とされたが、文理の限界を超えなければ問題ないであろうとの結論に達した。

さらに、文理の限界と等価値性との関係について、以下のような議論が為された。作為と不作為の等価値性を問題とするとき、そこには、まず構成要件該当性が認められる作為を基準として定め、次いでそれとの比較により等

価値性が肯定される不作為を考える、という思考が見られる。そのため、本来構成要件該当性が肯定されない不作為を、実質的根拠のみに基づいて処罰対象としている、という印象を与えることになる。しかし、不作為による殺人を、作為によって「殺した」場合に照らして、それと等価値の場合に処罰対象とするというのではなく、作為との関係を離れて、端的に当該不作為が「殺した」に該当するかを問題とすれば足りる。確かに、不作為による「暴行」などを認めることには抵抗があり、その場合には、作為による「暴行」との等価値性を問題としなければ不作為犯処罰ができず、罪刑法定主義の問題が立ち現れるようにも思われる。しかし、そもそもそのように行為態様が限定されている犯罪については、我が国の判例は不作為犯を認めることに消極的である。そうだとすると、結局、作為との等価値性が不作為犯処罰の根拠となる場面は、存在しないか、極めて限定されており（ドイツでも、行為態様が限定されている犯罪についてのみ等価値性を問題とする見解が有力である）、等価値性は、少なくとも不作為犯処罰一般に罪刑法定主義からの疑念を生じさせる要因となるべきものではない、と言うことができる。

④

次に、排他性について、以下のような若干の確認が為された。

第1に、排他性の概念が次第に拡大してきたことである。当初は物理的・空間的なものであったが、そこから閉鎖性の要素が失われ、さらに、知識による支配があれば足りるようになり、より広く、自律的行為が介在しないことだけで排他性を肯定する見解も主張されるに至っている。これに対しては、もはや「排他性」という用語は表現の問題として妥当でないのではないかという指摘がなされた。

第2に、排他性の理解如何にかかわらず、不作為犯においていかなる場合に正犯性が認められるべきかを考える必要があることである。特に、他人の背後の過失不作為犯の正犯性をどのように考えるかは難しい問題であることが確認された（この点の詳細に関しては、本書第3講を参照）。

第3に、製造物が既に小売店に渡り、狭く解された排他性が失われた場合

に、製造者の回収義務を否定する見解に関連して、回収が事実上困難であることを結論に影響させたいか否かは、感覚が分かれることが確認された。また、排他性は過失犯を念頭に置いたものではないため、過失不作為犯を考える際には重視しすぎないよう注意が必要であろうことが指摘された。

5

最後に、作為義務に関して若干の議論が為された。

まず、法益保護義務と危険源管理義務という異質のものを、そのまま別個独立に並べるべきではなく、両者を統一した説明をする必要があることが指摘された。

このうち、危険源管理義務から始めて作為義務の範囲画定を図る見解は、出産直後の子供に対する母親の義務のように、典型的な保護義務をいかに説明するかが難しい課題になる。この点、妊娠中絶しないという自律的決定に基づき、子供自身に対する危険を創出したと言うこともできなくはない、という見解が示された。

逆に、髙山説は、法益保護義務の方に基点を置くものである。そうすると、一方では、失火後の不作為による放火のような、危険源管理義務が問題となる場合の処理において困難に直面する。他方で、法益保護義務としての説明に無理がない場合においても、法令の全てを作為義務の発生根拠とするのは広すぎるのではないかと指摘された。そこでは違法一元論的な作為義務が構想されているが、可罰的違法性を要求するように作為義務も限定する余地があるのではないかが問題とされた。しかし、そこで、強い保護義務と言っても基準が明らかでなく、質的な断絶に対応した基準を提示して作為義務の妥当な範囲を画することは、どの立場からも困難な課題であることが、改めて確認された。

まとめとして、不作為犯における作為義務についてはこれまで様々な見解が主張されてきたところであるが、いきなり個別具体的な実質論に行くのではなく、また国家観や裸の政策論というわけでもないレベルで、全てを相対化し整理する決め手が必要なのではないかとの指摘がなされた。

第3講

管理・監督過失における正犯性、信頼の原則、作為義務

島田聡一郎

I　はじめに

1　議論の背景

　1970年代以降のわが国の過失犯論において、実務的・学問的に最も注目を集め、最も激しい議論を引き起こしたのは、直接結果を発生させた者の過失責任のみならず、その背後におり、その者を監督すべき立場にある者の過失責任をも問う、いわゆる「管理・監督過失論」であろう。この問題は、森永ドライミルク事件、北大電気メス事件等の、いわば高度産業化時代の「副産物」としての性格をもつ事故を契機として、本格的に議論されるようになった。そして、これらの事件に対する責任追及の動きとあたかも歩を合わせるかのようにして、ホテル・デパート等における大規模火災事故において、防火管理体制を整えなかった経営者・防火管理者等に業務上過失致死罪の罪責を問う下級審判例が登場し始めた[1]。こうした上位者、間接的関与者への責任追及の方向性は、平成2―5年の火災事故に関する一連の最高裁判例によって一応の実務的承認が得られたとされている。しかし、それに前後して、無罪判決[2]や有罪ではあっても注意義務の範囲を縮小した最高裁決定[3]も登場していることが注目される。このことは、こうした事案における過失犯の成立範囲について、実務的にもなお見解の分かれる部分が残っていることを意味しているように思われるからである[4]。

2　これまでの学説による判例批判とその問題点

　判例がこのようにして展開してきた管理・監督過失論に対しては、批判的な学説も有力である。そうした学説は、これまで主に以下のような批判をし

1　初期の裁判例として、例えば、和歌山地判昭51・3・30判時832号112頁、神戸地判昭53・12・25判月10巻11＝12号1481頁。未公刊判例も含めた火災事故に関する判例・裁判例の網羅的な紹介として、やや古いが、三井誠・森本宏「対談・防火管理責任を考える（3）」近代消防23巻7号141頁。
2　例えば、札幌高判昭56・1・22判時994号129頁（白石中央病院事件、病院長について）、最判平3・11・14刑集45巻8号221頁（大洋デパート事件）。
3　例えば、最決昭63・10・27刑集42巻8号1109頁（日本アエロジル事件）。

I　はじめに

てきた。それは、主に大規模建造物の火災事故における建物所有者、防火管理者等の罪責を念頭に置いて、こうした場合は、通常、火災発生の確率が低い以上、背後者の（例えば、防火管理体制を確立しなかったという）問責対象行為時における結果発生の蓋然性が低く、（その主観面への反映である）結果予見可能性も低いのだから、実行行為性、刑法上の予見可能性が否定されるべきであるのに、判例がこれを肯定しているのは不当ではないか、というものである[5]。

しかし、判例に対して、このような批判だけを向けることは、現状では、もはやあまり生産的でないように思われる。まず第1に、これは、あくまで蓋然性の程度に関する「量的」問題であり、「質的」なものではないから、理論的な線引きは難しく、決定的な批判とはなり得ない。第2に、こうした自然科学的な蓋然性の程度と予見可能性の関係の問題は、関与者が一人しかいない場合であっても、全く同じように問題となるのだから、それは管理・監督過失に特有の問題とはいえない。このため、このような批判は、他の場面における判例の予見可能性に関する基準と整合性が保たれていない限り、判例に対して説得力を持ち得ない。しかし、他の場面においても、判例はそれほど高度の蓋然性を予見可能性の要件として要求してはいないのである[6]。

もちろん、だからといって判例、裁判例の論理、結論が全て支持されるというわけでもない。そこにはなお検討を要する多くの問題が残されているよ

4　さらに、近時、いわゆる薬害エイズ事件に関して、製薬会社に対して危険な薬品の回収措置を命じなかった厚生省の課長に業務上過失致死罪の成立を認めた地裁判決が出て、こうした間接的な関与者の処罰範囲をめぐる議論は新たな展開を見せようとしている（東京地判平13・9・28判タ1097号84頁）。しかし、この判決に関しては、監督官庁所属公務員個人の作為義務の有無という行政法理論も交錯する重要問題について更なる検討が必要であるので、本稿では扱わず、他日の検討を期したい。同判決については、例えば、林幹人他「特集　薬害と過失」刑雑42巻3号49頁以下参照。

5　例えば、松宮孝明「火災事件と管理監督過失」立命218号1頁、芝原邦爾「監督過失」『刑法理論の現代的展開・総論II』（1990）102頁、町野朔「『管理監督過失論』の確立？」法教139号12頁、大塚裕史「監督過失における予見可能性論（一）―（一〇）」早大法研48号69頁、50号113頁、52号27頁、54号57頁、海保37巻2号11頁、38巻1＝2号67頁、39巻2号1頁、41巻1号8頁、42巻1号1頁、43巻1号1頁、北川佳世子「ホテル・デパート火災事件における実務の動向と管理・監督者の刑事過失論（一）―（三・完）」早大法研63号109頁、65号55頁、66号105頁、甲斐克則「火災死傷事故と過失犯論（一）―（七）」広法16巻4号131頁、17巻4号115頁、18巻3号1頁、19巻2号61頁、19巻4号19頁、20巻3号49頁、21巻1号27頁、山口厚『問題探究刑法総論』（1998）171頁等。

うに思われる。こうした状況において、現在必要とされているのは、一方で、管理・監督過失において、実務的に有罪・無罪の結論を分けている事情をより詳細に分析し、他方で物理的現象に対する予見可能性以外の過失犯の成立要件に関して理論的解明を行い、より肌理の細かい議論をすることであるように思われる。本稿は、こうした問題意識の下、管理・監督過失について、若干の理論的検討を加えるものである。

3 問題の所在

　管理・監督過失として論じられている事例群の特性は、いうまでもなく、事象に複数人が関与している点にある。例えば、ホテルの防火管理体制の不備のため、客の寝煙草から出火した火災を消し止めることができず、その結果多数の宿泊客が死亡した場合を考えてみる。この場合、直接失火した客のみならず、現場で火災を発見したが消火に失敗した者、防火管理体制の不備を認識しながら放置していた防火責任者、建物の管理権原者、さらにはそうした不備の改善を管理権原者に進言しなかった取締役会の構成員等々、多くの人物が事象に関与している。このように複数人が事象に関与した場合に、誰が、どのような根拠に基づいて、どのような範囲の注意義務を負うべきなのだろうか[7]。前述した無罪判例・注意義務の範囲を縮小した判例が、後述

---

[6]　こうした自然科学的因果経過の予見可能性に関する判例理論は、おおむね以下のようにまとめられる（佐伯仁志「予見可能性」刑雑34巻1号116頁も参照）。①すでにその法則性が知られている因果経過によって結果が発生した場合には、結果発生の蓋然性の低さそれ自体によって予見可能性が否定されることはない、②従来法則性が知られていなかった事情が因果経過に介入したことによって結果が発生した場合には、その事情が予見不可能であることによって、②―1最終的な結果発生が予見不可能となる場合には予見可能性が否定されるが（例えば、東京地判昭58・6・1判時1095号27頁、東京高判平2・4・24東高時報41巻1＝4号43頁）、②―2なお最終的結果が予見可能な場合には、原則として予見可能性が肯定される（例えば、最決平12・12・20刑集54巻9号1095頁）。管理・監督過失が問題となる主要な場面の一つである大規模火災事故は、①に当たるから、火災発生の頻度が稀であることのみを理由として予見可能性が否定されることがないのは、判例の立場からすればごく自然なことと言えよう。

[7]　また、このような場合には、行為者の行為が単独で結果を回避することができず、他人への働きかけにより、あるいは他人の適切な行為と相まって結果を回避することが初めて可能になる場合も少なくない。そのような場合の因果関係・結果回避可能性の判断が具体的にどのように行われるべきかも重要な問題である。この点については Ⅲ4 で若干の検討を加えるが、より詳しい検討は別稿に譲る（重要な文献として、石塚章夫「捜査・訴追及び裁判上の立証」刑雑28巻1号36頁以下、井田良『犯罪論の現在と目的的行為論』（1995）208頁以下、原田國男「判解」『最高裁判所判例解説刑事篇（平成2年度）』（1992）276頁等）。

I はじめに　83

するように、いずれも他人に対して働きかける注意義務の欠如や、他人の行為に対する予見可能性の欠如を理由としたものであることに鑑みると、この点についてある程度一般化しうる解釈の指針を示すことは、現在のわが国の過失犯論における1つの重要な課題となっているように思われる。本稿の第1の課題は、こうした過失犯における第三者[8]の行為の介入と注意義務——より具体的には予見可能性と作為義務——の問題について検討することである。

　しかし、話はここで終わりではない。管理・監督過失が問題とされる事案には、もう1つ重要な問題が隠されている。それは、過失犯における単独正犯成立の限界の問題である[9]。故意作為犯において、複数人が事象に関与した場合には、正犯・共犯論が問題となることが争いなく認められている。そして一般に、故意作為犯においては、錯誤もなく強制下にもない故意行為者の背後の者には、通常、単独正犯は成立せず、せいぜい共犯が成立するのみであるとされている[10]。では、先ほどの寝煙草の事例を修正し、ホテルに恨みのある客が、他の客を殺す故意をもって放火した場合には、防火管理者等の罪責はどうなるのだろうか。故意作為犯に関する議論を形式的にあてはめると管理者等は過失単独犯ではなく、過失片面的共犯にとどまることになりそうである。そして、過失犯においては狭義の共犯は処罰できないというのがわが国の通説であり、また、このような場合には管理者と放火犯との共同正犯関係も認められないから[11]、管理者は被害者の死については責任を問われないことになりそうである。しかし、わが国の裁判例の中には、放火者が介在した疑いが払拭できない場合や、さらにそのように積極的に認定された場合にそれにもかかわらず背後者に業務上過失致死罪を認めたもの[12]がある

---

[8]　被害者の行為の介入に特有の問題については、本書第4講参照。
[9]　この点を意識されているのは、例えば、林幹人『刑法の現代的課題』(1991) 35頁、内田文昭「判批」ひろば42巻2号71頁、米田泰邦「刑事過失論の今日的課題（三）」警研63巻8号19頁、町野朔『プレップ刑法（第二版）』(1995) 202頁、松宮孝明「過失犯における正犯概念（一）—（三・完）」立命235号349頁、238号1263頁、279号1355頁、山中敬一『刑法総論Ⅰ』(1999) 347頁。
[10]　詳しくは、島田聡一郎『正犯・共犯論の基礎理論』(2002) 250頁。
[11]　本稿は過失単独犯成立の限界を明らかにしようと試みるものであり、過失共同正犯についての検討は別稿に譲る。

し、最高裁調査官解説においても、そうした場合に防火管理者に同罪が成立する可能性を示唆するものがある[13]。

さらに、最近、新宿歌舞伎町の雑居ビル3階のエレベーターホールから出た放火の疑いの強い火災のため44名の死亡者が出たことについて、ビルを所有する会社の実質的所有者、社長、3階マージャン店の元実質的経営者、同店関係者、元同店店長、4階飲食店の経営者の6名が、防火管理体制の確立を怠ったことを理由に、東京地裁に起訴されている[14]。新聞報道によれば、同ビルにおいては、ビル3階と4階のテナントの防火戸が、ロッカーなどが障害となり閉まらず、1つしかない階段には3階から4階にかけ多くの可燃物がうずたかく放置され、避難器具は不設置あるいは使用不可能であり、自動火災報知設備の煙感知器は機能していなかった、とのことである。この事件について裁判所がどのような判断を下すかはわからないが、もし、これらの者を業務上過失致死罪で処罰するのであれば、正犯論との関係を検討する必要がやはり生じてくる。

また、わが国とかなり近い共犯規定を持ち、それをめぐる議論が、わが国の正犯・共犯論に多大な影響を与えているドイツにおいても、(火災防止の観点からの)建築基準に違反した屋根裏部屋を建設し、被害者に賃貸した者は、火災が発生し被害者が死亡した場合、たとえ火災が故意の放火行為による場合であっても、過失致死の罪責を負う、とした帝国裁判所の著名な判例がある[15]。

では、以上のような場合の背後者に業務上過失致死罪を認めることと、通常の故意作為犯における単独正犯の成立範囲に関する議論とは矛盾しないのだろうか。矛盾しないのだとしたら、それはなぜだろうか。あるいは矛盾するのだとすれば、その矛盾は理論的にどのように正当化される(あるいはさ

---

12 神戸地判平5・9・13特殊過失刑事事件裁判例集(三)561頁、横浜地判平7・10・30判時1575号151頁。なお、防火管理体制について責任を負っていたと思われる社長が公判継続中に死亡し、他の者は別の理由から無罪とされたため問題は顕在化しなかったが、前掲最判平3・11・14も、米田弁護士によれば「放火の疑いが強」かったとのことである(米田・前掲注9)19頁)。

13 原田・前掲注7)279—280頁。

14 2003年3月11日付け。2003年3月12日毎日新聞朝刊参照。

15 RGSt61, 318.

れない)のだろうか。

　以上のようにして、過失犯における第三者の行為の介入と予見可能性、作為義務、正犯性を検討することによって、第三者の行為の介入が過失単独犯の成立にいかなる影響を及ぼすかを明らかにすることが本稿の課題である。

II　管理・監督過失の類型化

　現在のわが国の学説の多くは、管理・監督過失を一定の視点から類型化する。こうした類型化は、事案の個性を明かにし、それに即した理論構成をする手がかりとなりうるものであり、本稿もそのような手法を取り入れたい。学説において比較的広く支持されている類型化は、三井教授によって提示された「管理者等による物的設備・機構、人的体制等の不備それ自体が結果発生との関係で刑事過失を構成しうる場合」を管理過失と定義し、「人に対する指揮監督等の不適切さが過失に結びつく」場合を監督過失と定義するものである[16]。

　このような分類に対しては、前者の内「人的体制の不備」に関する過失と後者の区別が困難であるとの批判もなされている[17]。しかし、前者の「人的体制の不備」は、例えば、事前に消火訓練等を行わなかったために、火災発生後に人的体制が適切に機能しなかった場合に、事前にそうした体制を確立しなかったことについて問われる責任であり(介在する人の行為が結果と結びつく物理的原因を直接引き起こしていない場合)、後者の「不適切さ」は、例えば、危険物の取り扱い等について十分な指示を与えなかったために直接行為者が危険物の取り扱いを誤って事故を起こした場合等に、直接行為者への監督が不十分であったことについて問われる責任なので(介在者が作為によって直接結果発生の物理的原因を作り出した場合)、両者はなお区別しうるように思われる[18][19]。本稿も、管理過失、監督過失の定義は、この説に従うことと

16　三井誠「管理・監督過失をめぐる問題の所在」刑雑28巻1号18頁。
17　林・前掲注9) 36頁。
18　斎野彦弥「管理監督過失における実行行為の主体」刑雑34巻1号87頁参照。

する。また、本稿においては、①背後者が直接行為者を監督し、その結果実現と結びつく行為を防止する作為義務を負うか否かが問題となる場合や、②背後者が防火管理体制を確立する作為義務を負うか否かが問題となる場合だけではなく、③背後者が危険物の管理義務等の作為義務を負うか否かが問題となる場合、④背後者が作為によって直接行為者の結果実現と結びつく行為に影響を与え結果を発生させた場合をあわせ、監督者的地位にある背後者が直接行為者の行為を介して結果を発生させた場合についても検討を加えることとしたい（従来、過失の競合といわれてきた事案の一部を含むことになる）。③④も検討対象とするのは、そのことによって、①②に対する分析がより深みを増すと思われるからである。

Ⅲ 背後者の行為が作為の場合

1 総説

まず、背後者の行為が作為の場合（④）に検討を加える[20]。後述するように、本節で述べる正犯性・予見可能性に関する要件は、不作為の場合にも満たされている必要がある。

背後者が、作為によって直接行為者の結果実現行為を促進するような影響を与え、その点を（認識しあるいは）認識可能であった場合、背後者に過失犯が認められる場合があることは誰も否定しない。例えば、ガス会社がガスの熱量変更計画を実施した際、ガス器具に調整漏れがあったため、一酸化炭

---

[19] なお、学説の中には、監督過失を、「直接過失の存在を前提とし、直接行為者が過失を犯さないように監督すべきであったという監督上の注意義務の懈怠が直接過失を介して結果と結びついている場合」である間接防止型と、「直接過失が加わっても加わらなくても、被監督者に一定の措置をとらせるべきであったという監督者としての注意義務の懈怠が結果と直接に結びついている場合」である直接介入型とに分類するものもある（佐藤文哉「監督過失」芝原邦爾編『刑法の基本判例』(1988) 48頁）。そして、前者の場合には信頼の原則が適用される余地が後者よりも広いとするのである。後述するように、本稿も、一般的な傾向としてはそのように言いうると考える。ただ、本稿では、物理的設備・機構等に対する管理過失の事例も射程に含めて議論したいので、三井教授の分類を用いることとする。

[20] 管理・監督過失においても作為犯と構成することが可能な場合には、原則通り作為犯とすべきである（芝原・前掲注5）100頁参照）。

素中毒によって死傷者が出た場合に、作業員のミスを誘発するようなゆとりのない変更計画を立案し、それを「過誤発生必至の状態」で作業員に実施させた熱量変更本部長と営業技術課長に業務上過失致死罪が認められた裁判例があるが、この結論に対しては異論はほとんど見られないのである[21]。

では、介在者がそこまで追いつめられた状況になく、背後者の行為と結果との間に条件関係及び（行為によって、現実に生じた具体的結果発生の蓋然性が高められたという事実的意味の）相当因果関係があるにとどまる場合、それに加えてさらにどのような要件があれば、背後者の罪責が肯定されるのだろうか。ここでは2つのことが問題となる。1つは正犯性の問題であり、もう1つは信頼の原則の問題である。

2 正犯性

(1) 過失犯における正犯概念　この点については、議論の前提として、まず過失犯においても限縮的正犯概念を採用すべきか、それとも故意犯の場合であれば共犯としかならないような関与をも正犯とする統一的正犯概念を採用すべきかが問題となる。わが国の正犯・共犯論に多大な影響を与えているドイツにおいては、過失犯においては行為支配の概念は妥当せず、あらゆる注意義務違反行為は正犯となる、として統一的正犯概念を採用する見解が多数説である[22]。そして、このような学説はわが国でも有力な支持を得るようになってきている[23]。しかし、故意があれば幇助にしかならない行為を、過失しかない場合には正犯として処罰するのは妥当とは思われない[24]。例えば、この見解からは、喧嘩をしようとしている者に事情を知って犯行に使うためのナイフを売れば傷害幇助にしかならないが、事情を知らずにただそれを推測させる兆候があるに過ぎない場合に売れば過失致傷の正犯となる。しかし、故意犯の場合であれば、必要的減軽を受けることができるのに、過失犯

---

[21] 札幌地判昭61・2・13刑月18巻1＝2号68頁。管理・監督過失の処罰に謙抑的な態度をとられる松宮教授も同判決の結論を支持される（松宮孝明「判批」芝原邦爾他編『刑法判例百選総論（第4版）』(1997) 119頁）。
[22] Statt vieler, Leipziger Kommentar zum StGB, 11. Aufl., 1993, §25Rn217, 218（Claus Roxin）.
[23] わが国では、高橋則夫『共犯体系と共犯理論』(1988) 86頁、山中・総論 I 371頁。
[24] 平野龍一『刑法総論II』(1975) 393頁。

の場合には、正犯として、減軽されずに処罰されてしまうのはアンバランスな結論であろう。従って、そのような行為は過失による幇助と評価すべきである。さらに、そのような過失による狭義の共犯に当たる行為を処罰することは、それ自体、「過剰な刑事的コントロール」[25]であり、日常生活への刑法の不当な介入となるから、そのような行者は38条1項を根拠に不可罰とすべきであろう[26]。それ故、こうした行為を正犯として処罰する、ドイツの多数説には賛成できない。

もっとも、このような批判に対しては、「過失犯の法定刑が低いのは、幇助的な場合も正犯として処罰する趣旨だからである」という反論があり得よう。しかし、このような反論は成り立ち得ない。まず、このような反論の言う「法定刑が低い」、は法定刑の上限ではなく、下限が低いことを意味するものと考えざるを得ない。なぜなら、幇助的関与は、同じ過失犯の中でも、正犯的関与よりも類型的に当罰性が低いものだからである。そして、確かに、過失犯の法定刑の下限は低いものが多いが、故意犯であっても、例えば傷害罪の法定刑の下限は科料にすぎない。しかし、傷害罪に統一的正犯概念が妥当すると考える人はいないだろう。そもそも、刑法64条は「拘留または科料にのみ処すべき」犯罪の「教唆、幇助」は処罰しない、としており、法定刑が最も低い犯罪類型においても正犯と共犯とを区別した上で限縮的正犯概念を採用することを前提としているのである。

また、過失犯に統一的正犯概念を妥当させる見解からは、過失による自殺関与行為を一定範囲で可罰的とせざるを得なくなるが、それも不当な結論と思われる[27]。わが国でも、ドイツでも[28]、被害者の意識的自殺行為を過失により促進する者を処罰すべきではないと考えられている。しかし、統一的正犯

---

25 西田典之「過失の共犯」法教137号20頁参照。
26 過失による狭義の共犯は処罰できないと解するのがわが国の多数説であるが、可罰性を肯定する見解もないではない。例えば、佐伯千仭『四訂刑法講義総論』(1981) 354頁、内田文昭『改訂刑法Ⅰ』(1986) 309頁、332頁。
27 最近では、松宮教授がこのような批判をされている（例えば、松宮孝明「被害者の「自己答責性」と過失正犯」『渡部保夫先生古稀祝賀論文集』(2000) 523頁以下）。
28 ことにドイツでは、故意の自殺教唆・幇助が処罰されていないから、過失による自殺教唆・幇助を処罰することは、重大な評価矛盾となる。そこでドイツの判例も、そのような行為を不可罰としている（BGHSt24, 342）。詳しくは、本書第4講参照。

概念を採用し、過失による関与を全て単独正犯と扱えば、過失による自殺「共犯」的関与も過失致死の「正犯」として処罰されることになりかねないのである。

　もっとも、そのような場合は、被害者の同意の法理によって生命については利益の欠缺を認めた上で、自殺関与罪において（生命と別個に）保護されている法益の侵害について過失しかない以上、38条1項を根拠に無罪とできるので、統一的正犯概念を採用しても不可罰とできるという反論がなされている[29]。確かに、当該自殺行為が被害者の意思に完全にかなっていた場合にはこのような説明も不可能ではない。しかし、強制が加えられる等の事情により、被害者の意思に何らかの意味で反する自殺の場合には、そのような利益欠缺原則に基づく説明は困難なように思われる。いかに軽微な強制であっても、被害者の同意付与あるいは自己侵害行為と条件関係にある限り、それは被害者の意思に何らかの意味で反しているといわざるを得ない。そして、生命の重大性に鑑みれば、そのような行為はやはり生命侵害との関係で違法と解すべきであろう。そうだとすれば、このような場合にまで、利益欠缺原理をあてはめ、関与行為を生命侵害との関係で適法と扱うことには疑問が残る。しかし、そうではあっても、故意犯においては、強制が一定程度に達していない場合には、そのような自殺行為に関与した者は、殺人罪ではなく自殺関与罪にとどまると解すべきであろう[30]。もし、そのように考えるのであれば、それはそのような行為は違法ではあるが正犯性が満たされない行為だということである。そして、過失犯の場合に、このような行為を不可罰とすべきだと考えるのであれば、そこでも同様の考慮を働かせることが必要となる。つまり、過失による自殺関与を、違法ではあるが正犯性が満たされず、過失共犯的関与で、「正犯者」の構成要件該当性がない行為として、不可罰とするということである。そして、以上のような結論を採用するためには、やはり、過失犯においても、限縮的正犯概念を採用することが必要なのである[31]。

[29]　深町晋也「危険引受け論について」本郷法政9号126頁参照。もっとも、深町助教授は過失犯において統一的正犯概念を妥当させるべきと積極的に主張されてはいない。
[30]　わが国の判例もそのように考えているようである（広島高判昭29・6・30高刑集7巻6号944頁参照）。

(2) 単独正犯の成立要件　限縮的正犯概念を前提とすると、次に過失単独正犯の具体的成立要件が問題となる。前述したように、過失犯において限縮的正犯概念を採用する実質的論拠が故意犯の場合との均衡にある以上、少なくとも故意があっても共犯にしかならない関与は過失犯においても共犯にとどまると解すべきであろう。そして、故意作為犯の単独正犯性は、別書において詳論したように、直接行為者に自律的決定（結果を認識し、強制されることなく自由に結果実現行為に出たこと）が認められる場合には、その背後の者の単独正犯性が原則として否定されるという枠組みを用いて判断すべきであった[32]。従って、ここで問題となっている背後者が過失作為の場合にも、少なくとも直接行為者が背後者の設定した状況を意図的に利用して故意の犯罪行為を行ったような場合には、背後者は過失単独犯ではなく、過失による共犯として、共同正犯に当たらない限り、38条1項を根拠に、不可罰とすべきである[33]。

　学説の中には、過失単独正犯の成立範囲を、正犯性の観点からさらに限定しようとする試みもある。それは、直接行為者が過失しかない場合であっても、場合によっては背後者の正犯性を否定する見解である。近時、このような見解は、ドイツにおいて少数ながら有力に主張され[34]、わが国においてもその影響を受けて主張者が登場してきている[35]。

31　もっとも、ドイツでは、過失犯においても正犯と共犯の区別の可能性を認めた上で、立法者が教唆・幇助を故意になされたものに限ったことによって、第三者の利用で過失共犯に当たりうるものは過失正犯として処罰するという決断をした、という説明をして、統一的正犯概念を採用しながら、以上に述べた被害者利用に関する問題点は回避しようとする見解が主張されている（Günter Jakobs, Strafrecht Allgemeiner Teil, 2. Aufl., 1991, S. 653）。しかし、教唆・幇助が（立法または解釈によって）故意になされたものに限定されていることは、過失による教唆・幇助を不可罰とする趣旨とも解釈できるから、このような解釈は必ずしも説得力がない。
32　島田・前掲注10）275頁以下。
33　このような考え方からは、著名な最決昭42・10・24刑集21巻8号1116頁（米兵ひき逃げ事件）の結論も支持される。この決定に対しては、同乗者が被告人の同僚であることを考慮すると、被害者を引きずり下ろす行為は客観的に予測可能であったのではないか（中山研一「判批」平野龍一編『刑法判例百選総論（第2版）』(1984) 49頁）、さらに、被告人と同乗者との人的関係を考慮すると、同乗者が被告人に対して一種の従属関係にあったのではないか（井上祐司『刑事判例研究その二』(2003) 636頁）という指摘があり、それらにも一理はある。しかし、そのようにして、決定の判断とは異なり、予測可能性を肯定したとしても、それでもなお、被告人は、死の結果との関係では、過失による片面的幇助的関与として不可罰とすべきであるように思われる（なお、当初の怪我が致命傷である場合は、死の結果についての正犯性も肯定される。島田・前掲注10）350頁。すでに、町野朔「判批」警研41巻2号109頁以下参照）。

Ⅲ 背後者の行為が作為の場合

　こうした見解の主張を最大公約数的にまとめると、それは背後者が過失ある直接行為者に対して優越的な地位にある場合にはじめて背後者を過失正犯とできる、とするものといえよう。そして、そのような優越性を基礎づける具体的な事情として、例えば、背後者が行為の危険性について専門知識を持っており直接行為者が背後者の指示の正しさを信頼してよい場合[36]、背後者が直接行為者に対して法制度上あるいは職務上の命令権限を持っている場合[37]、直接行為者が責任無能力であったり緊急状況に置かれている場合[38]があげられている。

　これらの見解の過失犯の処罰範囲を限定しようとする問題意識には確かに傾聴すべきものがある。では、その理論構成は支持されるべきものなのだろうか。具体的に見てゆこう。例えば、ドイツにおけるこうした見解の代表的論者の一人であるレンツィコフスキは、過失犯の正犯性は故意犯の場合とパラレルに、注意義務違反行為に対する「支配」によって決まり、間接正犯としての支配を基礎づけるためには、背後者の注意義務違反行為に対する優越的回避能力が必要だとする[39]。

　しかし、こうした見解には疑問がある。まず第1に、このように過失犯をいわば注意義務違反行為の結果的加重犯的に理解するのは、過失犯における不法内容の重要部分を構成するのがあくまで（人の死等の）最終的な構成要件的結果の惹起であることを軽視するものであり、妥当でない。第2に、ドイツにおけるこのような学説は、直接正犯と間接正犯とは異なるという前提に立っているが[40]、間接正犯について明文規定のないわが国においては、そのような解釈は前提を欠く。そうすると、わが国の解釈論として、間接正犯についてこのような要件を要求すると、直接正犯における他人の行為の介入

34　Z. B. Heribert Schumann, Strafrechtliches Handlungsunrecht und das Prinzip der Selbstverantwortung der Anderen, 1986, S. 113 ; Joachim Renzikowski, Restriktiver Täterbegriff und fahrlässige Beteiligung, 1997, S. 273.
35　松生光正「過失による共犯（二・完）」論叢117巻5号47頁、安達光治「客観的帰属論の生成と展開（四・完）」立命273号134頁。
36　Schumann, a. a. O. (Anm. 34) S. 114 ; Renzikowski, a. a. O. (Anm. 34) S. 277.
37　Schumann, a. a. O. (Anm. 34) S. 121.
38　Renzikowski, a. a. O. (Anm. 34) SS. 279-280.
39　Renzikowski, a. a. O. (Anm. 34) S. 277.

といわれている場合にも同じ要件を要求することにならざるを得ない。そして、このことは、そうした場合の背後者に最終的結果を帰属する余地をほとんど認めないことを意味する。例えば、自動車運転手甲が自動車専用道路上で誤ってXを轢いて重傷を負わせたが、これを放置したところ、数分後に別の自動車運転手乙が、倒れているXに不注意にも気づかずに轢き殺してしまった、といういわゆる二重轢過の事案においては、従来、甲が業務上過失致死罪の罪責を負うことは当然とされてきた[41]。しかし、このような見解からは、甲の行為が車がどれほど頻繁に走っている道路上でなされたとしても、甲には業務上過失致傷罪しか成立しないことになってしまう。これはいかにも不当な結論であろう。以上のような点に鑑みると、過失犯においても故意犯の場合と同様、過失行為の介入によって正犯性は否定されないとした上で、こうした見解があげる諸事情は、後述する予見可能性・(不作為犯の場合の) 作為義務等を検討するに当たって考慮するにとどめるべきと思われる[42][43]。

3 予見可能性・信頼の原則

(1) 総説　では、そのような過失行為の介入の場合、背後者の側にどのような要件が満たされていれば過失犯が成立するのだろうか。このように作為犯で他人の過失行為が介入している場合には、他人の過失行為に対する予

40　現に、レンツィコフスキは、過失行為の介入にもかかわらず背後者に過失正犯が認められる場合として、以上のような過失間接正犯の場合に加えて、さらに、交通事故における見通しの悪い場所での停止義務を例に挙げて、立法者が他人の注意義務違反を防止するための義務ではなく、他人の注意義務違反（例えばスピード違反）を想定した上で、そこでの他人の注意義務違反を埋め合わせて結果を回避する義務を課している場合には、その義務に違反した者は、他人の過失行為にも関わらず（直接）同時正犯となるとする（Renzikowski, a. a. O. (Anm. 34) S. 278）。ここでは、彼は明らかに間接正犯と直接正犯の成立要件を異なるものとしている。
41　例えば、東京高判昭36・9・27東高時報12巻9号175頁。
42　このような解釈の方が故意犯と過失犯との客観的構成要件、さらには正犯性が基本的に同じ要件で認められるべきと考える旧過失論の基本的発想に忠実と思われる。
43　なお、この点と関連する興味深い裁判例として、被告人が車両運転の途中、無免許者に車両の運転を委ねて助手席で仮眠したところ無免許者が事故を起こした事案で、被告人に無免許運転「幇助」と業務上過失致死「正犯」の罪責を認めたものがある（東京高判昭40・11・15東高時報16巻11号261頁）。これは、一見、故意犯と過失犯の正犯成立要件を変えた判例のようにも見えるが、そうは言い切れないだろう。正犯成立要件を両者とも本文に述べたような内容のものと考えれば、このような結論になるからである。

見可能性の有無が処罰の決め手となる場合が多い[44]。そして、この予見可能性の判断に当たっては「反対の兆候がない限り、他人が適切な行動を取ることを信頼してよい」とする、いわゆる信頼の原則が重要な役割を果たす。周知のように、同原則の体系的位置づけについては、過失犯の構造論と関連して激しい議論があるが、①わが国の判例・多数説は、行為者に行政取締法規上の義務違反があっても、それが結果発生の危険を増大させ、かつ行為者がその点を認識可能でない限り[45]、信頼の原則は適用されると考えており、そのことは行政取締法規と刑法との違法の質的相対性の観点からみて妥当であること、②結果発生の予兆が存在し、それが行為者に予見可能な場合には信頼の原則の適用がないとされていること、からすると（刑法上の過失犯成立要件としての）結果予見可能性を認定するための補助基準と考えるべきと思われる[46]。このように信頼の原則が（道路交通の円滑といった政策的利益を実現するための手段として結果回避義務を制限するものはなく）あくまで予見可能性を認定するための補助基準だとすると、それは基本的に管理・監督過失の事案にも適用可能ということになる[47]。現に、判例もそのように解しているのである[48]。

(2) 具体的事例における適用　では、信頼の原則を適用した上で、どのような場合に他人の過失行為に対する予見可能性を肯定することができるか。信頼の原則の出発点は、「独立した責任主体は原則として結果実現行為には

---

[44] 無過失行為の介入の場合については、実際上は、因果関係と、物理的因果経過についての予見可能性の有無によって罪責が決まることになり、人の行為の介入に特有の問題は生じないので、本稿の検討対象から外す（注6も参照）。

[45] 例えば、最決昭45・7・28判タ252号227頁は、バスから降り、道路を横断しようとした4歳児を轢いた自動車運転手に業務上過失致死罪の成立を認めたが、原審が「被害者が4歳の幼児であることを理由にして、信頼の原則の適用を否定した」ことを、「正当でない」として、「本件事故現場付近の道路および交通の状況からみて、バスを下車した人がその直後において道路を横断しようとすることがありうるのを予見することが、客観的にみて不可能ではなかったものと認められる」として、信頼の原則をあくまで予見可能性の問題として扱っている。今井猛嘉「判批」芝原邦爾他編『刑法判例百選総論（第5版）』（2003）107頁の分析も参照。

[46] 学説として、例えば、平野・総論Ⅰ197頁、西原春夫『刑法総論』（1977）180頁、内藤謙『刑法総論講義下Ⅰ』（1991）1150頁、町野朔『刑法総論講義案Ⅰ（第二版）』（1995）293頁、山口厚『刑法総論』（2001）207頁。

[47] 西原春夫「監督責任の限界設定と信頼の原則（上）」曹時30巻2号15頁参照。適用を否定するのは、例えば、危惧感説に立つ土本武司『過失犯の研究』（1988）138頁以下。

[48] 前掲最判昭63・11・27。

出ない」という点にある。人は、様々な行動に出る可能性があり、その意味では「人はいつ何をするかわからないから、ミスを犯すこともあり得る」といえないではない。しかし、その程度の事情で予見可能性を認めてしまうと、人の行為が介在する場合には、ほとんど全ての場合に予見可能性が肯定されることになってしまう。そのように他人の行動に万全の注意を払っていなければならないとすると、人々の行動の自由は大幅に制約される。そこで、他人の行為を介して初めて予見可能性を肯定しうる程度の物理的危険が創出される場合には[49]、その他人が独立した責任主体である以上、原則として（本稿が問題とする第三者の行為の介入の場合には）法秩序の期待するとおりに行動することを想定してよい、というルールを設ける必要がある。比喩的に言えば、「人は自由だからいつ犯罪をするかわからない」という（事実上の）推定から出発するのをやめて、「人は自由だから原則として犯罪を犯さない」という推定から出発するのである。

　信頼の原則の内容が以上のようなものだとすると、まず、(1)彼がミスを犯すと構成要件的結果が生じるような行為を行っている直接行為者[50]が、結果回避のための生理的あるいは規範心理的能力が低いためにミスを犯す蓋然性が高く、背後者がその点を認識可能な場合には、そのような生理的・心理的能力の低さを補うような特別な措置が施されていない限り、信頼の原則は適用されないというべきである。このような場合には、直接行為者は背後者にとって信頼に足りる独立した責任主体とは言い難いからである[51]。もっとも、そのような能力の低さを補う措置が施されている場合には、そのことによっ

49　これに対して、行為者の行為によって被害者に対して直接結果を生じさせるような危険が創出された場合には――過失犯の予見可能性を肯定するためには現実に生じた因果経過の予見可能性は不要であるとする立場（島田聡一郎「判批」ジュリ1219号168頁参照）に立つ限り――予見可能性は、そのこと自体によって肯定される。

50　介在者が複数の場合には、さらに誰の行為に対する「信頼」を問題とすべきか、という問題が付け加わる。自らが直接監督すべき相手方について本文中のような要件が満たされていれば監督権限を発動させるべきだから、それだけで予見可能性を肯定できるという考え方もあり得るが、中間介在者の過失が直ちに結果発生と結びつく蓋然性がない場合にも、それだけの事情で「結果」の予見可能性を肯定することになりかねず、妥当でない。むしろ、このような場合にも結果惹起と直接結びつきうる行為を行っている者の瑕疵についての予見可能性を問うべきであり、さらに中間介在者に対する信頼があることが（彼が直接行為者に働きかけてくれるだろうという信頼を介して）、予見可能性を否定する一事情となると考えるべきであろう。

て直接行為者の不自由な部分がいわば埋め合わせられるので、適切な行動を期待することが許される[52]。最高裁は、液体塩素を工場の貯蔵タンクに受け入れる際に、作業を担当していた未熟練作業員がタンクの受け入れバルブを閉めようとして、誤ってパージバルブを開け大量の塩素ガスを放出させ、付近住民等に傷害を負わせた、いわゆる日本アエロジル事件において、受け入れ作業担当班の責任者および製造課長に未熟練作業員を技術班に配置したことについての過失を認めたが、その際に、未熟練作業員に安全教育を徹底して行い、熟練作業員の指導監督の下でなければバルブ操作をしないように指示し、熟練作業員にも監督すべき旨の注意をすれば、それ以上の注意義務は負わないとした。これは以上のような場合である。

また、(2)直接行為者が、ミスが誘発されやすい緊急状況に置かれていた場合や、結果回避行為を行う動機を減少させるような錯誤を誘発されやすい状況に置かれていた場合にも、背後者がその点を認識可能である限り、信頼の原則は適用されない[53]。このような場合には、直接行為者の自由がいわば制約され、ミスを犯すように方向付けられているからである。前述した北ガス事件はこうした緊急状況の観点から予見可能性が肯定されるべきである。

また、作業員が塩ビモノマーの製造工程のタンクに続く除塵装置を清掃中に、液化塩ビモノマーの漏出を発見し、それを止めようと不当に大きいハンドル回しで吸入弁を締めて破断させ、噴出した液化塩ビモノマーが引火、爆発し、死傷者を出したいわゆる信越化学事件[54]においては、作業員に対してハンドル回しの使用に関する教育がなされておらず、同工場が制定した安全標準動作に反して作業がせかされていたこと等を根拠に、工場長、課長に、作業員の過失行為に対する予見可能性が肯定されたが、これも同様の観点か

---

51 直接行為者が処罰されるか否かは無関係である。規範心理的能力（あるいは法益尊重心）の欠如のために結果が生じた場合には、直接行為者は免責されない（詳しくは、松宮孝明『刑事過失論の研究』（1989）226頁、大塚・前掲注5)（七）3頁以下）。また、生理的能力の欠如の場合には、直接行為者は、直接の結果惹起行為については免責されうるが、引受過失を理由に処罰される可能性は残る。

52 香城敏麿「判解」『最高裁判所判例解説刑事篇（昭和63年度)』（1991）420頁。

53 このような緊急状況、錯誤を誘発されやすい状況を行為者が作出していることがここでの前提である。この要件を欠く場合には、不作為犯の罪責が問題となり、予見可能性は肯定されても後述する作為義務が否定される余地がある。

54 新潟地判昭53・3・9判時893号106頁。

ら支持できる[55]。

　錯誤の誘発に関する具体例としては、いわゆるヌペルカイン事件があげられる。その事案は、病院の薬剤師甲が劇薬であるヌペルカイン溶剤を製剤し、容器に青インクでヌペルカインと書いたが、劇薬の表示をしないままブドウ糖注射液の容器数本とともに同一滅菌器に入れた、翌日薬剤科事務員乙が、右容器を製剤室格納棚に整理した上、ブドウ糖注射液の交付を求めに来た内科看護師丙に交付した、丙はヌペルカインであることに気づいたが、内科措置室の措置台の隅に片寄せたのみであったところ、看護師丁がそれをブドウ糖注射液と誤信して患者に注射し、患者が死亡した、というものである[56]。この事案においても、容器のそのような記載の不備が丁の錯誤に基づく注射の可能性を誘発しており、甲にはそうした不備が丁の結果回避行為を取る動機を減少させることが認識可能である以上、甲に丁の過失行為に対する予見可能性を肯定できると思われる[57]。

　以上の点と関連し、ドイツにおいては、直接行為者よりも背後者の方が危険回避能力が高い、危険源に関する情報を多く持っているといった事情があり、直接行為者が、背後者が適切な指示を与えてくれると信頼してよい場合にはじめて背後者の側が直接行為者の適法行為がなされることを信頼することが許されなくなるとする見解が有力である[58]。この見解にはやや曖昧な部分が残っているが、もし直接行為者が信頼してよい場合というのが、直接行為者が免責される場合のみを意味しているのだとすれば、過失の競合を事実上否定することになり、現在のわが国においては到底受け入れられない結論と思われる。そうではなくて、直接行為者が誤信を誘発されやすい状況におかれており、背後者にはそのような状況がない場合で足りるのだとすれば[59]、以上に述べた私見と結局同じことになろう。

55　内藤・総論下 I 1181頁参照。
56　最判昭28・11・22刑集7巻13号2608頁。
57　大塚教授は、丙の行為が過失行為と言えれば、その介入が予見不可能である以上、甲の予見可能性を否定すべきとされる（大塚・前掲注5）（六）92頁）。これは、現実に生じた因果経過の重要部分の予見可能性を必要とされる大塚教授の見解からは一貫しているが、その前提には疑問がある（島田・前掲注49）168頁参照）。
58　Vgl. Theodor Lenckner, Technische Normen und Fahrlässigkeit, Festschrift für Karl Engisch, 1969, S. 503f.; Schumann, a. a. O. (Anm. 34) S. 114 ; Renzikowski, a. a. O. (Anm. 34) S. 276.

さらに、(3)直接行為者あるいは別人であっても当該直接行為者と同程度（ないしそれ以上）の能力を持っている者によって、すでに何らかのミスが犯され、それがその後の事故に結びつく予兆となりうる場合にも予見可能性は肯定できる。このような場合には、すでに「信頼」の前提が崩れているからである[60]。

以上のような類型にあたらない場合には、背後者には、他人の過失行為に対する予見可能性が否定されるべきである。（後述する不作為の場合ではあるが）病院の火災の際に、当直看護師、夜警が当然果たしてくれるものと予想される避難誘導活動が実施されなかったため死傷者がでた事案で、院長と事実上の事務長の予見義務違反を否定した白石中央病院事件の控訴審判決[61]は、このような場合であった[62]。

なお、わが国の学説の中には、信頼の原則の例外を以上に述べた場合よりも広い範囲で認める見解もある。例えば、石塚判事は、①直接行為者のミスが単純なミスである場合、②定型的な危険があるとして、法令等であるいは自主的な安全対策として事故防止の手段が定められているときに直接行為者がそれに違反して結果を発生させた場合、③同種事故の報告や初期的異常の発生報告等の事故発生を予見しうる特別事情が存在する場合、に予見可能性を肯定される[63]。③は、前述した私見の(3)と対応するものであり、賛成でき

---

59 Lenckner, a. a. O., S. 508は、この趣旨であろう。
60 前掲新潟地判昭53・3・9においては、このような事情も指摘されている。もっとも、それは主に事故発生の物理的原因の予見可能性を認定する事情として用いられているが。
61 札幌高判昭56・1・22判時994号129頁。一審判決は、火災の際の事前の具体的対策、行動準則の定立とその周知徹底を欠くことを理由に両者を有罪としていた（札幌地判昭54・11・28判時971号130頁）。井上教授は「末端の直接担当者に期待しうる行動、信頼の原則の前提たりうる行動とは、期待する側とされる側において、予め明確に分担せしめられたザッハリッヒな特定の行動のみ」として、この一審判決を支持される（井上・前掲書（注33）453頁）。しかし、火災の際にとるべき行動は、その都度異なることもあるだろうから、それをあらかじめ事前に網羅的に規定しておくことは不可能に近い。教授のように考えるときには、実際上、信頼の原則による免責は殆ど認められなくなるように思われる。
62 本件では、防火管理体制がある程度整えられており、「当時の当直人員の質及び量並びに当時の物的設備の下」では、火災発生後に死傷結果が発生することが回避可能であったとされていることに注意を要する（森本消防署長は、「この訓練状況は病院としては一般的には平均像」であるといわれる（三井誠・森本宏「対談・防火管理責任を考える（13）」近代消防24巻3号126頁））。もし、この点が異なっていれば、院長等に後述する管理過失が問われる余地があったように思われる。

るが、①、②には疑問がある。大塚教授が適切に指摘されるとおり、①については「監督者であれば直接行為者のミスが常に予見可能であるとするのでは危惧感説と何ら変わるところがな」く、②についても「安全規則違反があれば（中略）一律に予見可能性を肯定するのは予見可能性の擬制」[64]だからである。また、②については自主的な安全対策を詳細に定めれば定めるほど予見可能性が肯定されやすくなってしまうという問題点もある。信頼の原則の例外は、やはり、(1)ないし(3)の場合に限られるべきであろう。

Ⅳ 背後者の行為が不作為の場合

1 総説

背後者の行為が作為の場合には、以上のような要件が満たされていれば、通常は過失犯の成立が認められる[65]。では、背後者の行為が不作為の場合、言い換えれば、背後者が結果との関係で因果関係・客観的帰属要件の満たされる作為を行っていない場合はどうか。まず、Ⅲで述べた正犯性、予見可能性の要件は満たされていなければならないと解すべきであろう。ドイツの学説の中には、義務犯である不作為犯には統一的正犯概念が妥当するとして、作為犯では幇助になるような行為しか行わなかった者を原則として正犯として処罰する見解もある[66]。しかし、そのように不作為であることのみによって作為の場合と異なる解釈をすることは、少なくとも、不真正不作為犯の処罰根拠となる総則規定がなく、不真正不作為犯を作為犯と同じ条文のみを根

---

63 石塚章夫「監督者の刑事過失責任について（二）」判時946号3頁以下。もっとも、判事は、そのような場合予見可能性がある者にさらに予見義務がなければならないとして、不作為犯における作為義務の観点から処罰範囲に絞りをかけられる。
64 大塚・前掲注5）（二）121頁、井上・前掲注33）382頁参照。
65 もっとも、結果帰属論の問題は残る。特に合義務的代替行為の代置と結果回避可能性の問題は実務的にも、理論的にも重要である。しかし、これは人の行為の介入に特有の問題ではないので別稿に譲る。さしあたり、不十分ながら島田・前掲注49）169頁参照。
66 Statt vieler, Claus Roxin, Täterschaft und Tatherrschaft, 7. Aufl., 2000, S. 459ff. ただし、ロクシンはそもそも過失犯においては統一的正犯概念を妥当させている。さらに、彼は、ドイツ刑法13条但書の任意的減軽規定を用いて、不作為による故意作為犯への加功は、正犯であるが（処断）刑は幇助の範囲にとどめる余地を残してもいる。

拠に処罰するという解釈をせざるを得ないわが国では不可能といわざるを得ない[67]。

さらに、不作為犯の場合には、背後者に保証人的地位があることが可罰性の要件である。もっとも、わが国の判例は、過失不作為犯を処罰する際に、保証人的地位、作為義務を必ずしも明示的に認定せず、それを（作為犯の場合にも同様に問題となる）いわゆる注意義務違反の中に組み込んで認定する傾向がある。確かに、過失犯においては作為と不作為の区別を明確にすることがやや困難な場合もある。ことに、判例のように過失作為犯の場合であっても一定の合義務的代替行為を想定し、それを行った場合の仮定的因果関係を問題とする時には、この区別はより一層相対化するように見える。しかし、そうではあっても、判例のような認定手法ではやはり保証人的地位の検討がおろそかになり、過失不作為犯の処罰範囲が拡張される危険が残らないではないように思われる[68]。過失不作為犯においても、故意不作為犯の場合と基本的に同様の観点から保証人的地位が基礎づけられねばならず、それは積極的に認定されるべきであるように思われる。

では、このような保証人的地位は、具体的に、どのような根拠によって、どのような場合に認められるか。この点の大まかな指針としては、まず、管理過失の場合を基本形とし、監督過失をそこから派生するものと位置づけるべきと思われる[69]。なぜなら、管理・監督過失が現実に問題となる場合には（例えば、被監督者が犯行癖が極めて強い責任無能力者の場合などとは異なり）被監督者それ自体は危険源ではなく、彼が危険な作業を行うことによってはじめて危険が生じるからである。このため、監督過失の保証人的地位の発生根拠としても、人それ自体の危険性ではなく、行っている業務の危険性を問題とせざるを得ない[70]。そして、そこでの業務の危険性はまさに管理過失を認める根拠なのである。そうだとすれば、監督過失の場合の保証人的地位の発

---

67 山口厚「プロバイダーの刑事責任」曹時52巻4号9頁。
68 過失不作為犯における注意義務と作為義務の区別の重要性を強調されるのは、例えば、神山敏雄「過失不真正不作為犯の構造」『福田平博士・大塚仁博士古稀祝賀論文集（上）』（1993）50頁。
69 最近のドイツの学説においても、このようなアプローチをとる見解が有力である。z. B. Joerg Brammsen, Entstehungsvoraussetzungen der Garantenpflichten, 1986, S. 275 ; Andreas Ransiek, Unternehmensstrafrecht, 1996, S. 36.

生根拠においても危険源の管理の観点が重要となると考えるべきである。

このように考えると、まず、管理過失における保証人的地位の発生根拠とその具体的内容を確定する必要がある。次いで、そのような保証人的地位が具体的に誰に帰属すべきかが問題となる。そして最後に、以上のような観点から本来保証人的地位に立つべき者が、他人に作為義務の履行を委ねる体制を作っている場合に、監督過失の問題が登場することになる[71]。以下、このような順序で論じることとする。

2 管理過失の場合

(1) 管理過失における保証人的地位の発生根拠　現在有力な見解は、このような場合の保証人的地位の発生根拠を「危険源に対する支配」に求めている[72]。単独正犯か否かを決める基準である「支配」という概念を、保証人的地位一般を基礎づけるために用いることには必ずしも賛成できないが、確かに、危険源[73]の管理を自らの意思で引き受けた者は、その危険物から危険が生じ、他人に被害が及ぶことがないように配慮しなければならず、そのような配慮を怠った場合には、危険源から生じた結果について責任を負うべきで

70　林・前掲注9) 11頁が、被監督者の「危険な業務」の遂行に対する監督者の「命令権限」に基づく「支配」を問題とされるのもほぼ同旨であろう。
71　香城・前掲注52) 427頁。
72　例えば、林・前掲注9) 10頁、井田・前掲注7) 223頁。
73　どの程度の危険があれば「危険源」といえるかについては、特に火災事故を念頭に置いて、以下のような対立がある。最も厳格な見解は、火災が発生した後であってはじめて刑法上の不真正不作為犯の作為義務を基礎づけるに足る「危険」が生じるとする（神山・前掲注68) 62頁、同「ホテル・デパートの火災致死事故の実行行為性」中山研一他編『火災と刑事責任』(1993) 45頁）。第2の見解は、第1の見解が認める場合に加えて（法益侵害に向かう）「因果の流れが発生しているのと同視しうるほどの「危険な状況下」に立ち至っている場合」にも危険源となりうることを認める。例えば、火気を扱う改装工事中といった出火の危険性がかなり高い状況下での防火体制の不備が必要とするのである（北川・前掲注5) (二) 63頁、67頁。同様の方向性のものとして、芝原・前掲注5) 102頁、松宮孝明「火災事件と管理・監督過失」立命218号448頁）。判例の大勢が採用していると思われる第3の見解は、以上の見解よりも広く、当該建造物が一般的に火災発生の危険をはらんでおり、かつ防火・防災対策が人的・物的に不備であれば、そのことによって危険源となるとするものである（学説として、例えば、林・前掲注9) 11頁、佐伯・前掲注6) 118頁）。この点は、人の行為の介入に特有の問題点ではないから、本稿ではこれ以上深入りしないが、問責の対象となる行為の時点で必要な危険性を因果経過の相当性の起点となるような危険性で足りると考え、かつ相当因果関係を極めて異常な結果惹起を除く程度のものと考えるのであれば、第3の見解を採用するのがもっとも自然であるようには思われる（林幹人「判批」判評437号240頁も参照）。

IV 背後者の行為が不作為の場合　101

あるとはいえよう[74]。このことは、典型的な管理過失の場合に限らず、広義の監督過失の内の②の場合（例えば、爆発物等の管理者）にも当てはまる。

しかし、ホテルやデパート等の火災によって客が死亡した場合に保証人的地位を基礎づける根拠には、このような危険源の引き受けに加えて、さらに客等の被害者を事実上引き受けている点も含まれているように思われる[75]。つまり、こうした大規模建造物の客等[76]は概して建物の構造・避難経路等に不案内であり[77]、火災が発生した際には狼狽して危険な行動に出てしまう蓋然性が高い。その意味で、こうした場合の被害者には知識の欠如に基づく「脆弱さ」[78]があり、そうした事情に通じているホテル等の側は被害者を引き受けたことによって宿泊・滞在中の建物内の安全性を保証すべき立場に立っているのである[79]。

(2) 正犯性　以上のような保証人的地位の発生根拠は、正犯性の判断にも影響する。前述したように、過失犯の正犯性も基本的に故意犯の場合のそれと同様に考えるべきであった。そうすると、例えば、危険物の管理義務のみを負う主体の過失不作為により危険物が故意の犯罪行為に使われた場合には、管理義務者は過失犯の罪責を負わないと言うべきであろう。彼の義務内容は危険物の管理につきるので、その点に関する作為義務違反行為後の故意行為の介入により、当該不作為の正犯性が否定され、過失による幇助として

74　この点の理論的根拠については、島田聡一郎「不作為犯」法教263号117頁参照。
75　林・前掲注9) 10頁、内藤・総論下Ⅰ1178頁参照。この点の理論的根拠についても、島田・前掲注74) 117頁参照。
76　被害者が一般の従業員の場合には、個別事情に応じて判断すべきである。例えば、従業員に対する避難訓練等が十分に行われていなかった場合（例えば、前掲最判平3参照。同判決においては、従業員に対する消火、通報、避難訓練が実施されたこともなかった、とされている）には、客と同じに扱うべきであるが、それが十分であれば「引き受け」を認めることはできない。
77　吉本徹也「判解」『最高裁判所判例解説刑事篇（平成2年度）』(1992) 222頁、内田・前掲注9) 71頁参照。
78　Vgl. Bernd Schünemann, Grund und Grenzen der unechten Unterlassungsdelikte, 1971, S. 229.
79　どの程度の作為を行っていれば作為義務を尽くしたと評価できるかも重要な問題である。抽象的には注73で述べた状況が払拭された場合に作為義務が尽くされたといえるが、具体的な判断に当たっては、より詳細な下位基準が必要である。ことに、はたして、またいかなる場合に行政取締法規において命じられていない行為まで義務づけることができるかは重要な問題である（前掲最決平2・11・29のデパートの管理課長の防火シャッターの閉鎖義務についてはこの点が問題である）。この点の本格的な検討は別稿に譲らざるをえない。

最終的結果については罪責を負わないのである[80]。例えば甲が、違法に所持する銃の管理を怠ったところ、乙がそれを盗み、丙を故意に殺すことに用いた場合、甲には銃刀法違反しか成立しないと解すべきである。このような場合の甲に過失致死の正犯性を認めるためには——作為犯と不作為犯との単独正犯成立要件を同じと考え、作為犯において私見のような正犯基準を採用する場合には——乙の行為の介入後にさらに甲に（負傷した）丙を助ける義務が存在していると構成するほかない。そして、このような場合に甲に作為義務を認めることは、他人（乙）の故意行為を介した間接的な先行行為のみによって救助義務を認めることを意味する。しかし、そのような他人の故意行為を介した間接的な危険創出行為が存在し、その後、作為可能性が存在すれば直ちに保証人的地位を認めてしまうと、教唆、幇助は、殆どの場合、不作為による正犯となってしまい、刑法61条、62条の規定が実際上無意味になってしまいかねないように思われる[81]。

　これに対し、保護の引き受けの要素が付け加わる場合には、異なった解釈をすべきである。前述したホテル・デパート等において管理義務を負う者の義務の内容には、火災を発生させないことのみならず、火災発生後に（避難経路等に不案内な）被害者を保護することも含まれている。それ故、例えば、放火者がいたとしても、その行為の介入後に保証人による作為義務違反行為がなお継続しており、その点について正犯性が認められる余地がある。それは、ちょうど、母親Xが、我が子Yが他人甲に重傷を負わされているのを陰で見ていた、甲が立ち去り、Xしかいない状況で、XがYを救助すればYは一命をとりとめていたと思われるにもかかわらずあえて放置した、という事案で、Xには不作為による殺人単独犯が成立すべきである（当初の甲の行為に対する不作為による殺人（片面的）幇助は、これに吸収される）こと[82][83]と理論的には同じである。

80　山口厚他『理論刑法学の最前線』（2001）42頁（山口執筆部分）。ただし、山口教授は後述するホテルの防火管理者等の管理過失の場合にも管理者の正犯性を否定される点で後述する私見とは異なる。
81　西田典之「不作為犯論」芝原邦爾他『刑法理論の現代的展開総論I』（1988）87頁、島田・前掲注74）120頁参照。
82　島田聡一郎「いわゆる故意ある道具の理論について（二）」立教58号85頁およびそこに引用した文献を参照。これに対し、近時内海講師は、行為支配説を前提に（甲の）「実行行為自体が終

そして、このような義務は、火災発生後に問題となるのだから、義務違反の時点では火災はすでに物理現象となっている。それ故、火災がいかなる性質の行為によって発生させられたかは問題とならないというべきである。このように考えると、火災の「質」は平準化されるから、監督過失の場合とは異なり、予見可能性の対象も当該具体的火災ではなく火災一般に抽象化され[84]、火災発生が想定される時間的範囲もホテル等の同じ状態での営業が想定される期間全体ととらえられる。従って、現実に生じた火災が犯罪行為に由来するものでも、信頼の原則によって予見可能性が否定されることもないというべきである[85][86]。

このような説明に対しては、「結果回避義務の内容を、このような事案で訴因とされることが多いスプリンクラー等の設置義務に求める場合はもちろん、たとえ火災発生後の救助義務に求めるとしても、通常、火災発生後には防火管理者等が結果の回避行為に出ることを期待できず、結果回避義務違反を認めることはできないのではないか」という批判があり得よう。しかし、このような批判に対しては、以下のように反論することができるように思われる。確かに、結果回避行為に出る可能性、作為可能性が存在しない時点の

了したとしても、故意による因果統制はそこで終了するわけではなく故意により惹起された全因果統制が対象となりうるのだから、行為支配は結果発生まで作為者に掌握されている」として、このような場合のＸをも幇助とされる（内海朋子「不作為の幇助を巡る問題について」論究56号12―13頁。しかし、なぜ「故意による因果統制」が行為者が事象経過を手放した後も存続するかについての理論的根拠は必ずしも明らかでない。また、仮にそのようにいえるのだとしても、一般に行為支配の競合は認められているのだから、甲の行為支配の存在はＸの正犯性を否定する決定的な論拠とはならないように思われる。なお、私見からも甲も既遂の正犯となる（島田・前掲注10）350頁）。

83 ドイツにおいては、不作為犯の正犯性について、作為義務違反を法益保護義務の違反と危険源監督義務の違反に分け、前者の場合には不作為者は原則として正犯となるが後者の場合には、間接正犯の要件が満たされない限り共犯にとどまるとする見解が有力である（z. B. Adolf Schönke/Horst Schröder, Strafgesetzbuch, 26. Aufl., 2001, Vor§25Rn103（Peter Cramer/Günter Heine）が、その考え方の根底にも以上のような発想があるように思われる。さらに山中敬一「不作為による幇助」『斉藤誠二先生古稀祝賀論文集』（2003）358頁も参照。

84 すでに、井上・前掲注33）448頁はそのように指摘していた。

85 吉本・前掲注77）224頁、原田・前掲注7）279―280頁参照。

86 山口・探究183頁は、「拡張された「予見のスパン」において肯定される予見可能性は「およそ出火することがありうるか」という抽象的なものにとどまらざるをえない」とされる。信頼の原則の働く監督過失の場合にこのような予見可能性では足りないことはその通りであるが、管理過失については作為義務の内容を本文中のように解する限り、それでもかまわないということになろう。

不作為を問責対象行為とすることは通常はできない。しかし、作為可能性が不作為時に存在しなかった経緯を全く無視して一律の扱いをすることには疑問がある。作為可能性がない場合は、大別して、①作為可能性がない状態が行為者の意思に基づかずに生じた場合、②行為者が作為可能性がない状態を自らの意思で作り出した場合、③自らの意思で作為可能性を失わせたのみならず、そのような行為がなければ、当然に回避行為に出ることが予測される他人が結果回避行為に出ることをも意図的に不可能あるいはきわめて困難にした場合、が考えられる。このうち①においては、作為可能性がない状態を問責行為とすることができないのは当然であろう。②は、いわゆる「原因において自由な不作為（omissio libera in causa）」[87]の場合である。この場合、確かに、①と比べ行為者の当罰性は高いが、その不法内容はやはり原因行為により作為義務の履行を不可能にしたことにつきるから、正犯性については原因行為を基準として考えるべきであろう。例えば、繁華街で、救助可能な人が多数いる状況で、自動車事故を起こした者が、被害者が死ぬかもしれないと思って現場から離れた場合は、②に当たるが、この場合を不作為による殺人正犯とすべきではない。

これに対し、③は、単に自らの義務を履行しなかったのみならず、本来、行為者の不作為時に行なわれるはずであった他人の救助行為をも事前に意図的に排除するものである。このような行為は、単なる作為義務の不履行を超えた不法内容を有している。このように、自らの意思で、自らの作為義務の履行を不可能にし、さらに他人の救助措置をも排除するような危険な状況を作り出した場合には、不作為時に作為義務の履行が不可能であったことを理由に当該行為を問責対象行為から外すことはできないというべきであろう[88]。このような場合には、行為者の自ら及び他人の想定される救助行為を意図的に排する行為がいわば媒介となって、事前の行為と作為可能性のない時点の不作為とが一体となると考えられるからである[89]。

そして、本稿が問題としている管理過失は、まさにこの③に当たる。つま

---

[87] 「原因において自由な不作為」とは「作為能力がない時点での作為義務の不履行が、その原因行為を考慮して処罰される」（町野・総論Ⅰ142頁）ことである。
[88] 金谷暁「判解」『最高裁判所判例解説（刑事篇）平成5年度』（1995）187―188頁は、管理過失と原因において自由な行為との共通性を指摘される。

り、管理義務者が火災に備えた措置をとらなかったため、彼自身の行為時の義務履行が不可能となったのはもちろん、従業員等の消火、避難誘導等も不可能あるいは極めて困難になってしまったのである。そうだとすれば、火災発生時の作為可能性の不存在を理由に、管理義務者の火災発生後の義務違反を否定すべきではなく、そうした不作為が、事前の安全体制確立義務違反行為と一体となって処罰されると構成すべきであろう[90]。

以上のように考えれば、防火管理体制を直接整えるべき主体が火災発生時に結果回避不能あるいは極めて困難な状況を作り出した場合には、火災発生時の義務違反まで取り込んだ安全体制確立義務違反を根拠として、彼に不作為による過失正犯が成立しうるというべきである[91]。なお、防火管理体制不作動の後に、さらに火災現場での不適切な消火行為等の介入によって結果が拡大する場合もある。しかし、以上のような要件が満たされている場合には、そのような消火活動の誤りは、不十分な防火管理体制によって引き起こされた行為といえ[92]、そのような行為の介入によって背後者の罪責は影響されないというべきである。これに対し、現場の者が適切な救助活動を行うことが可能な程度の防火管理体制が整えられていたにもかかわらず、現場の者

---

89 このように考えると、事前の状況設定の時点では故意がないが、作為義務の履行が不可能な時点では故意がある場合に故意犯と扱うべきではないかが問題となる。しかし、この場合、事前の行為と事後の不作為とが別個の問責対象行為となるのではなく、あくまで、事前の行為と不作為とが一体となって処罰されるにとどまるのであるから、故意・過失は事前の行為時においても必要とすべきと思われる。なお、管理過失における事前の行為時における予見可能性については注 6 とそれに対応する本文参照。

90 なお、この点と関連し、ドイツにおいて、遡及禁止論と類似した正犯成立要件を採用するオットーは、つとに、このような場合に関しては、「危険な状況を創設することが、まさに、将来生じうるさらなる結果を阻止する観点から禁止されており、さらに、その結果が偶然の因果経過を通じて引き起こされたか、回避可能な因果経過を通じて引き起こされたか、意識的に実現された因果経過を通じて引き起こされたかを問うていない」（最新のものとして、Harro Otto, Grundlagen strafrechtlicher Haftung für fahrlässiges Verhalten, Gedächtnisschrift für Ellen Schlüchter, 2002, S. 92）として、背後者に過失正犯の成立を認めている。私見と基本的発想は類似するが、彼が、そのような結果発生の防止を目的とする行政取締法規の違反だけで、このような関係を認める点には疑問がある。

91 山中教授は、具体的危険が発生した後に結果防止機能を果たすように予定されている防止装置の設置義務違反を「危険状態拡大源設定行為」と名付けられ、このような事前的潜在的実行行為が事後的に危険実現判断を経て顕在化すると構成される（山中敬一「因果関係（客観的帰属）」前掲『火災と刑事責任』84頁以下）。本稿も山中教授のこの分析から示唆を受けている。しかし、山中教授が、危険状態拡大源設定行為のみを実行行為とされ、統一的正犯概念の採用により正犯性を肯定される点には疑問が残る。

の異常な行為[93]が介在して結果が発生した場合には、そもそも③の要件が満たされていないから、正犯性が否定されるし、それ以前に因果関係、予見可能性が否定される余地もあろう。

もっとも、以上の議論は、管理責任者に保護の引受けがあることを前提としていたから、そのような前提を欠く場合には、一見③の要件が満たされているように見えても、故意有責な行為の介入によって背後者の正犯性は否定される。例えば、前述したドイツ帝国裁判所の判例の事案のように、被害者が建物に現実に居住・生活している場合には、被害者の居住部分以外の被告人が管理下においている場所に、火災発生時の避難を困難にしあるいは火災を拡大するような特別な状況が存在しない限り、過失（不作為）正犯の成立を認めるべきではない。例えば、最近のドイツの判例には、古い建物内の部屋を賃貸していた者が、その建物の入り口部分に改装のためにでた燃えやすいごみをおいておいたところ、近所で多発していた放火の犯人である限定責任能力者がそれに故意に放火し、その結果、居住者7人が死亡し、14人が負傷した事案において、前述した帝国裁判所の判例との相違を強調して、賃貸人を無罪としたものがある[94]。判旨では、おいてあったゴミが（直ちに火をつけられないように）包装されていた点、出入り口が容易に通行可能であった点、故意放火の予見可能性がない点が過失致死否定の理由とされた。この事案では、被害者は、建物の居住者であり、建物の構造に不案内ではなく、ゴミの存在や、出入り口の状況等も十分理解していたのであるから、賃貸人には保護の引受けに基づく保証人的地位を認めることはできない。それ故、仮に過失犯（あるいは不作為犯）において統一的正犯概念を採用したとしても、判旨の言うように、故意放火の予見可能性がなければ処罰すべきでないし、私見からは、仮にその点が予見可能であったとしても、過失共犯として処罰を否定すべきことになる[95]。

(3) 保証人的地位・作為義務の帰属主体　ここまでの議論においては、専

92　例えば、前掲最判平 3・11・14 は、初期消火活動の判断を誤った三階の売場課長の過失責任を否定している。
93　例えば、前掲札幌高判昭 56・1・22 の夜警の行為がそうである。
94　OLGStuttgart21.11.1996（NJW1997, 190）.
95　なお、鈴木左斗志「刑法における結果帰責判断の構造」学習院 38 巻 1 号 292 頁は、危険物の管

ら建物管理者側とそれ以外の者（放火者、失火者等）との関係を論じてきた。しかし、管理過失を検討するに当たっては、管理義務が、管理者側の具体的に誰に帰属するかも重要な問題である。ここでは、管理権原者、防火管理者といった消防法上の概念と、作為義務を負う主体との関係が問題となる。まず、前述した「危険源の支配」の観点からは、建物等を現実に管理・支配している主体（例えば、所有者、賃貸借関係がある場合には賃借人、あるいは学校長のように包括的に権限を委譲された者）が本来的な義務の主体となるというべきであろう。これは、管理過失が実際上問題とされる複合用途防火対象物においては、消防法にいう「管理について権原を有する者」[96]と事実上一致することが多い。そして、管理権原者が法人の場合には、防火管理業務が日常的な業務であることから、日常的業務執行権限を有している代表取締役が管理義務を負うのが本来ということになる[97]。もちろん、ここで決定的なのは消防法上の義務ではなく、刑法上の義務なのだから、形式的には代表取締役として選任されていなくても、事実上同様の地位と権原を有している者は管理義務を負いうるし[98]、逆に、形式的に選任されていても実質的権原を有しない者[99]は義務の主体ではない。

しかし、通常、他の業務遂行の任務も負っている管理権原者自身が防火管

理義務違反の事案では、「結果に対する寄与度」が正犯を認めるに足りないが、防火管理体制を整えなかった場合には、「すくなくとも防火体制が整備されていれば助かった被害者に対する関係では、正犯としての処罰に値する「結果に対する寄与度（影響力の大きさ）」を認めることができる」とされる。その結論は妥当であるが、なぜそのように判断されるのかの理論的根拠は明らかでない。この見解の用いる「結果に対する寄与度」の内容はかなり抽象的なものであり、実際の適用において平等な法適用を達成しうるような基準とは思われない（例えば、本文中の事案は鈴木教授の基準からはいづれとなるのだろうか）。むしろ、問題は、そのような「寄与度」のより具体的な中身が何かを明らかにすることではないだろうか。本稿（および島田・前掲注10））は、そのような問題意識に基づいて書かれている。

[96] 消防法8条1項。
[97] 前掲最判平3・11・14参照。これに対し、米田・前掲注9）（二）警研63巻7号16—17頁は、防火管理は企業全体を管理する社長の付随業務に過ぎず、ことに多くの事業所を抱える企業では、社長に全ての責任を集中させることは無理があるとして、法人を防火管理面の権原の主体、社長をその代行責任者とすべきとされる。ただ、後述のように、本文のように考えても、権限の委譲があれば信頼の原則により処罰範囲は限定できるように思われる。
[98] 最決平2・11・16刑集44巻8号744頁（川治プリンスホテル事件）。
[99] 管理権原者として届けられていたが、実際上は、その地位から退いていた者が無罪とされた事例として、福島地判昭50・3・29判時779号40頁。なお、そのような者しかいない場合には代表取締役選任権を有する取締役会が義務を負うべきであろう。

理業務に専念することは困難だから、それにある程度専念しうる他人に管理業務を委ねることが望ましい。消防法も、管理権原者に防火管理者を定めて防火管理業務を行わせることを命じている[100]。前述のように、消防法上の義務と刑法上の義務とは必ずしも一致しないが、このように選任行為が行われ、かつ実際に防火管理者に防火管理業務を行うための権限が与えられていた場合には、防火管理者は日常的防火管理業務を行う刑法上の保証人ともなると考えるべきであろう。なぜなら、そのような場合には、防火管理者が防火管理業務という危険源の管理を自らの意思で引受けているからである[101]。ここでも形式的には防火管理者として届けられていなくても、実質的に同様の地位と権原を引受けていれば同様の責任が生じうるし、逆に形式的に届けられていても、実質的権限がない場合には、引き受けがない以上、保証人的地位、作為義務は生じない[102]。そして、このような実質的な防火管理責任者が選任された場合には、背後の管理権原者は、スプリンクラーの設置といった大規模で管理権原者であってはじめて履行できるような行為を行う義務は依然として負い続けるが[103]、それ以外の防火管理者が引受けた範囲から生じた結果については、後述する監督過失の責任のみしか負わないと解すべきであろう。これに対し、防火管理者が選任されていない場合や[104]、形式的には選任されていても実質的権限を与えられていない場合には、防火管理者による引受けがあったとは言えず、管理権原者はなお直接的な義務を負う。

3 管理過失の監督過失への転化

権限と能力を有する防火管理者が選任された場合には、管理権原者は、基本的には結果回避措置の履行を彼に委ねることが許される。しかし、防火管

---

[100] 消防法8条1項。
[101] 島田・前掲注74) 117頁参照。
[102] 前掲最判平3・11・14は「防火管理者」として届けられていたが実質的権限を有していなかった営繕課員の注意義務を否定して無罪とした。
[103] 最決平5・11・25刑集47巻9号242頁（ホテルニュージャパン事件）が、防火管理者が選任されている事案で、社長にスプリンクラー設置またはこれに代わる防火区画の設置義務を認めたのは、以上のような観点から支持できる。
[104] 前掲最決平2・11・16は、このような事案で、代表権こそないものの実質的な経営権を有していた者に防火管理上の措置をとる作為義務を認めている。

理者として選任された者が、能力が十分でなかったり、義務の履行を怠っている場合には[105]、管理権原者に、防火管理者に対して義務の履行を促し、あるいは自らが介入して義務違反状態を解消する義務を認めるべきである。いわば、管理権原者の義務の内容が、管理義務から監督義務へと転化するといってもよい[106]。このような義務の発生根拠は、本来自分が負っている義務を他人に履行させる場合には、その履行水準を低下させることは許されず、自分が義務を履行するのと同様の確実な履行がなされるよう監督すべきだ、という点にある[107]。もちろん、このように防火管理者に義務違反がある場合でも、その点に関する予見可能性は、前述した信頼の原則を考慮して慎重に認定されなければならない。しかし、例えば、キャバレーの代表取締役（管理権原者）が、防火管理者が救助袋の修理や取り替えが行われず放置されていたことや、適切な避難誘導訓練が実施されていなかったことを認識していた場合[108]、あるいは、ホテルの代表取締役（管理権原者）が防火管理者を選任してはいたものの消防計画の作成、消防訓練、防火用・消防用設備等の点検、維持管理等の防火防災対策も不備であることを認識していた場合[109]には、信頼の原則は働かず、予見可能性が肯定され、いわば管理過失に対する監督過失として処罰すべきである[110]。

4　いわゆる進言義務について[111]

ここまでは、組織内の上位者が下位者に働きかける義務について論じてきた。しかし、判例においては、その逆の場合、つまり下位者が上位者に働き

---

[105] しばしば、防火管理者の義務違反の「予兆」、「予見可能性」が、管理権原者の監督義務を基礎づけると説明されることがある（例えば、井田・前掲注7）231頁）。そのように考えても、結論は本稿とあまりかわらないが、客観的に義務違反が存在していれば保証人的地位は肯定でき、予見可能性の問題はそれとは別の要件と考える方が、何が国民一般にとって客観的に許されない行為であり、何が行為者の主観を理由に免責される行為かを明確に示すことができる点で理論的により優れているように思われる（林・前掲注9）9頁参照）。
[106] 井田・前掲注7）230頁。
[107] 香城・前掲注52）428頁。
[108] 最決平2・11・29刑集44巻8号871頁（千日デパート事件）。
[109] 前掲最決平5・11・25。
[110] このような場合、正犯性については管理過失について述べたことが基本的にあてはまる。防火管理者の行為が介在している点が通常の管理過失と異なるが、それは過失行為なので背後者の正犯性には影響しない。

かける義務である、いわゆる進言義務も問題とされている。本稿の最後にこの問題に検討を加えることとする。一口に進言義務と呼ばれているものの中には、大別して3つの異なる類型の義務が含まれている。第1の類型は、防火管理者等の作為義務を負う者が当該結果回避措置を自ら単独の権限でも履行できるが、上位者に進言して履行してもらうことも可能な場合に問題となる義務である。いわば進言が回避義務履行の1つの選択肢の場合である。このような場合に、進言も行わず、自ら直接回避措置もとらなければ、作為義務違反となることは当然であろう[112]。第2の類型は、防火管理者等の危険源の管理を引受けている主体が、当該結果回避措置を自分では履行できない場合に、履行するための方法として、上位者に進言する義務である。千日デパートビル事件二審判決において管理部管理課長に認められた進言義務はこのような内容のものであった[113]。

このような場合に関しては、義務が「**a** 結果の防止に直結するものではなく、また、**b** 進言された相手方が進言を尊重して義務を履行する保証もないし、**c** 進言義務の範囲も、場合によっては企業の従業員全員に及ぶ可能性もある」(アルファベットは筆者) として[114]、進言義務をおよそ否定する見解も有力である。しかし、**a** に関しては、泳げない父親が、泳げる第三者に対して、溺れている子供を助けてくれるように頼む義務があるというのが一般的な見解であることからもわかるように、その履行が「結果の防止に直結」しない場合でも作為義務がありうることは一般に認められている、という反論が可能であろう[115]。**b** に関しては、齋藤助教授が言われるように、「結果阻止義務の履行可能性や因果関係において問題となることはあっても、それだけでは、結果阻止義務を否定する理由にはならない」[116]ように思われる。**c**

111　詳細な検討として、松宮孝明「『進言義務』と過失不作為犯」南山13巻1号93頁、齋藤彰久「進言義務と刑事責任」金沢44巻2号133頁。
112　井田・前掲注7) 230頁。前掲最決平2・11・29において、管理部管理課課長の防火区画シャッターの部分閉鎖義務に関しては、このように認定されている。この類型では、上位者が進言に従わなかったであろう場合にも直接の結果回避措置を行う義務がなお残るというべきであろう。
113　防火区画シャッターの全面的閉鎖を上司に進言する義務を認めた。
114　松宮・総論89—90頁。
115　北川・前掲注5) (二) 65頁。

Ⅳ　背後者の行為が不作為の場合　111

に関しては、防火管理者として、本来、管理権限を有している者に義務を認めたからといって、そのことから直ちに企業の従業員全員が義務者となるわけではない。そうだとすれば、このような場合に進言義務を全面的に否定することは妥当でないように思われる。もっとも、こうした場合には、進言義務を果たしたとすれば、上位者がそれを受け入れ、結果回避措置に出たことが確実に境を接する蓋然性で認められる場合に限って過失犯の成立を認めるべきであろう[117]。このような事情がない限りは結果回避可能性が認められないからである。もちろん、「進言義務を尽くした」といえるためには、単に形式的に情報を提供するのみならず、履行を説得するといった働きかけを行うことまでは必要と考えるべきであるから、進言により結果回避が可能であったか否かの判断においても、そのような働きかけを行ったことを仮定して判断がなされるべきであろう。

これに対し、原田判事は、この場合には進言義務違反が過失の内容となっているのではなく、進言の点は注意義務の主体が誰であるかを決定する事情なので、進言を行わない限りみずから義務を引受けたことになり、上位者が進言に従っていた蓋然性を問わず罪責を負わせるべきである（進言したにもかかわらず上位者が聞き入れなかった場合には義務は上位者に移転するので義務違反はない）[118]と主張される。確かに、消防法施行令4条1項においては防火管理者に「必要に応じて管理権原者の指示を求める」義務を認めている。これは、防火管理者に対し、管理権原者に情報を集める体制を作る義務を課すものではある。しかし、この規定はあくまで行政取締法規に過ぎないのであり、それ自体が直ちに刑法上の義務内容になるわけではない。そして、それを尽くしても結果が回避できないような行為を行うことを過失結果犯における作為義務として義務づけることは、少なくとも単独犯の論理としては認めるべきではないように思われる。そして、前述したように、過失による共犯

116　齋藤・前掲注111）149―150頁。
117　千日デパート事件の一審判決はこのような観点から管理部管理課課長を無罪とした。
118　原田・前掲注7）261頁。ドイツでも最近ロクシンが類似の考え方をとる（Claus Roxin, Strafrecht Allgemeiner Teil, Bd Ⅱ, 2003, S. 489）。しかし、BGH の判例は本文中のような考え方を維持している（BGH NJW 2000, 2757. ただし、保証人的地位自体が否定された事案なので傍論であるが）。

的関与は(共同正犯の場合を除き)、不可罰とすべきなのである。

　第3の類型は、防火管理体制に関与していない者の固有の進言義務である。例えば、管理権原者である代表取締役が防火管理を怠っていたことを認識していた(防火管理者でない)取締役人事部長の進言義務の存否が問題とされた大洋デパート事件はこのような類型に属する。このような義務は否定されるべきであろう。なぜなら、前述したように監督義務(作為義務)の発生根拠は、自らが負っている義務を他人に委ねた場合の履行水準の確保にあるが、このような場合には、下位者は、危険源の管理の関係ではそもそも作為義務を負っていないからである[119]。大洋デパート事件の上告審判決も、人事部長である取締役は「代表取締役に右(筆者注—防火管理)業務の遂行を期待することができないなどの特別の事情のない限り」義務を負わないとしている。出田判事の調査官解説によれば、ここにいう特別事情には、①「代表取締役が死亡しあるいは身体の疾病のため業務執行能力を喪失した場合」は含むが、②「業務執行が不当、不適正だというだけ」の場合は含まないとのことである[120]。①のような場合は、もはや進言義務の問題ではなく、一般的な安全体制確立義務違反の帰属主体の問題であるから、これは、実際上は第3類型の進言義務を否定することに帰着するだろう[121][122]。

　これに対し、学説においては、第3類型の中でも一定の場合には進言義務

---

[119] 進言義務を広く認めたとされる大洋デパート事件控訴審判決も、取締役会(構成員)こそが本来防火管理体制を整えるべき主体であるという(問題のある)前提に基づいていたがために取締役人事部長に義務を認めたのであり、第3類型の進言義務を正面から認めているわけではないことに注意を要する。

[120] 出田孝一「判解」『最高裁判所判例解説刑事篇(平成3年度)』(1993) 198頁。

[121] 出田孝一「構造的過失(1)」『現代裁判法体系(30)』(1998) 31頁は、進言義務の認められる場合を本文中の第2類型に限定されている(第1類型を排除する趣旨ではないように思われるが、それはあえて進言義務というまでもないと考えられているのであろう)。

[122] 最近、ドイツの連邦通常裁判所は、大学病院の血液凝固剤研究所において、輸血用製剤の製造、管理体制に瑕疵があったため、病原菌が混入し、それを用いた患者が死亡した事案で、研究所の所長代理の地位にあった女性医師が、所長に対し製造、管理体制の改善を進言しなかった不作為について、大学の所在する州の大学法からは、所長こそが所内の出来事について包括的な責任を負うことは引き出せても、代理は、所長がそのようなことを行うことを妨げられ、それをかわって行わなければならない場合にはじめて責任を負うこと、被告人は当該製剤の製造責任者であったことがないこと、引受がないこと、危険な先行行為を行ったとはいえないこと、等を指摘して、彼女の保証人的地位を否定して無罪とした(BGH, NJW 2000, 2757. さらに、注118で前述したように、不作為の因果関係も否定されている。本件は「有限会社の複数の取締役の共同した対等な義務」が問題となったいわゆる革スプレー事件(BGHSt 37, 106)とは異な

IV 背後者の行為が不作為の場合 113

を肯定する見解も有力である。例えば、井田教授は、「防火管理に関する権限を有する上位者（たとえば消防法上の防火管理者）が一定の重大な事情を知らなかったとかの（管理業務の適切な遂行を果たし得ない）状況があって、これまでにも上司の防火管理者に対し事実上の影響力を行使していた下位の者がそれを熟知しつつ放置した」場合には進言義務違反を認める余地があるとされる[123]。しかし、前述したように、管理・監督過失が問題となっている場合の監督義務は、人自体の危険性からではなく、人が行う業務の危険性から生じるのであるから、そのような危険な業務の管理についての作為義務を負うことのない主体に、人に対する働きかけの義務のみを負わせることは妥当でないように思われる。むしろ、このような状況がある場合には、下位者が防火管理業務を行うことをも引受けていることが多いのではないだろうか。そうだとすれば、その点をはっきりと認定した上で第2類型の問題として扱うべきと思われる。

また、近時、進言義務について本格的な検討を加えられた齋藤助教授は、他説の詳細な分析をふまえ、以下のように論じられる。助教授は、法益保護の依存性が保証人的地位、作為義務を基礎づける、という前提から出発され、進言義務が問題となる場合には、「結果阻止に必要な具体的な危険源についての決定権限を、まさに当該不作為者が有していなかった」のであるから、「原則として」保証人的地位は認められない、とされる。しかし、進言義務が問題となる場合には「組織として結果阻止に必要な措置を講じることを可能とするために」役割分担がなされているのであり、そうした役割分担の観点からは、「決定権限を有する者（筆者注、進言の相手方）に法益保護が依存しているとはかならずしもいえない場合もある」とされる。助教授はそうした義務が問題となる場合を、さらに、①結果発生の防止に特別な専門知識が不要な場合と、②結果阻止に必要な具体的措置に至るまでのプロセスにおいて特別の専門知識を要する場合に類型化される。そして、①の場合は、大規模な組織においては、組織として遂行すべき全ての任務を進言の相手方である決定権者自らが行うことは不可能であるから「法益侵害の危険性の認

るとされている）。
[123] 井田・前掲注7）229頁。

識や必要な具体的措置の判断のみを部下に委任する」場合があり得、そのような場合には、決定権者が部下を信頼することが正当であれば、「部下による進言がなければ、組織として結果阻止に必要な措置を講じる」ことが不可能となるので、部下に情報提供義務を認めるべきとされ、②の場合は、専門知識を有する部下に決定権限を有する上司に働きかけて必要な措置を講じさせるべき義務が課される、とされる[124]。

　助教授の言われる②は、私見の第２類型と同じことである。この見解の最大の特色は、①の場合に、「情報提供」を行う義務のみが生じる保証人的地位を認める点にある。確かに、この見解の、組織内における権限分配の実情に即して作為義務を考察されようとする姿勢には共感を覚える。しかし、この見解にもなお疑問がある。それは、なぜ、①の場合に、部下が、情報提供義務のみを負うにとどまるのかが、理論的に明らかでない点である。この点、助教授は「上司に働きかけて結果防止措置を講じさせることまで、刑法上部下に義務づける場合には、（中略）部下に上司を監督すべき義務を認めることになってしまう」[125]とされる。しかし、なぜこのような義務を認めてはいけないのだろうか。もし、そこまで認めることは酷である、というだけの理由だとすれば、それは助教授自身が認められるように「義務履行の期待可能性の判断において」考慮されるだけのことである。もちろん、①の場合に、上司が事情を知っていたのに放置していた場合には、さらに働きかけても上司がその通りに行動してくれる可能性は低いことが多いだろうし、また、部下の義務履行の期待可能性が否定される場合もあるだろう。しかし、それは、②の場合にも理論的には同様に当てはまることなのである。以上のように考えると、①、②に規範的な相違はなく、いずれの場合にも、不作為者が危険源の管理義務に関与している場合に、またその限度においてのみ（従って①の全ての場合に保証人的地位が認められるわけではない）、結果回避措置を行う権限を有する者に対し、危険性を進言し、または結果回避措置をとるように働きかける（あるいは両方を行う）義務を認めるべきと思われる。

　もっとも、以上のような場合には、義務履行の容易性（作為容易性）や不

---

[124] 以上は、齋藤・前掲注111) 159―163頁の要約である。
[125] 齋藤・前掲注111) 163頁。

作為の因果関係（結果回避可能性）が慎重に判断されなければならず、齋藤助教授が言われる①の（一部の）場合には、②の場合と比べ、これらが否定されることが事実上多いとはいえるだろう。

V おわりに

　本稿は、管理・監督過失と呼ばれている事例群を主たる素材として、過失犯において他人の行為の介入が正犯性、信頼の原則、作為義務に及ぼす影響について考察した。本稿の結論は、以下の通りである。①過失犯においても限縮的正犯概念が妥当する。②過失犯における単独正犯の成立要件は故意犯の場合と同じである。③判例において管理過失として問題とされている事例群においては、火災発生後に作動すべき防火管理体制を事前に整えず、出火以後にも負っている保護の引き受けに基づく作為義務の履行を不可能にし、さらに他者の救助行為をも困難にする体制を作っていたことが過失行為である。このため管理義務の主体は出火原因の性質を問わず、正犯となる。この場合、予見可能性の対象も火災一般に抽象化される。④管理過失が認められず、監督過失のみが問題となる場合には、被監督者の行為に対する信頼の原則が働き、予見可能性の認定を慎重に行う必要がある。⑤防火管理体制を整える作為義務を有する者はその義務の履行を他人に委ねることができる。しかし、その場合履行の程度を下げてはならないので、他人に対する監督義務が生じる。この場合も信頼の原則の適用がある。⑥防火管理業務を分担していない者に管理権限者に対する進言義務を認めるべきではない。

＊校正段階で、橋爪隆「過失犯（上）・（下）」法教275号76頁、276号39頁に接した。同論文は多くの興味深い提言を行っているが、それらについての検討は別稿に譲らざるをえない。

(第3講) 議論のまとめ

和田俊憲

1

　まず、過失犯においても限縮的正犯概念が採られるべきであるとすることの根拠について、若干の議論および確認がなされた。

　島田論文は、故意犯ならば幇助にしかならない行為の処罰は相対的に軽くすべきであるとし、故意犯の場合に刑の必要的減軽によって考慮されている類型的な当罰性の低さが、統一的正犯概念を採ることで過失犯において考慮されなくなるのは不当である、と主張する。これに対して、過失犯においては既に当罰性の低い共犯的関与も織り込んで下限の低い法定刑が用意されている（道交法などでは、故意犯と過失犯とが同じ法定刑の中で処罰されている）とも言えるという反論がある、との指摘が為されたが、法定刑の下限の軽さが統一的正犯概念の積極的根拠とならないことは、傷害罪規定や刑法64条に表れていると再反論する。正犯・共犯の区別を前提とした刑法64条が過失犯にも適用され得ることから（現に、拘留・科料のみを規定し刑法64条の適用を受ける過失犯処罰規定として、古物営業法37条等がある）、現行法が過失犯においても限縮的正犯概念を前提としていることは、結局否定しがたいであろう。

　さらに島田論文は、過失による自殺関与行為を全面的に不可罰にするという一般に認められた結論を導くためにも、限縮的正犯概念を採用する必要があると主張する。統一的正犯概念を採っても、自殺関与罪の保護法益を純粋な個人的法益としての生命以外のものに求めるのであれば、過失による関与をおよそ不可罰とする余地が生ずるが、そこでは、強制があっても同意による利益欠缺を認めることが前提とされ、それは理論的に不当であるとする。

そして、故意の自殺関与において、一定程度に達しない強制がある場合でも自殺関与罪にとどまると解すべきであるが、そこで殺人罪の成立が否定されるのは、生命について利益欠缺があるからではなく、むしろ生命侵害について正犯性が否定されるからであるとし、それが過失による場合に不可罰とするのであれば、同様に正犯性の欠如を根拠とする必要があり、結局、限縮的正犯概念を採るべきことになると主張するのである。

　以上の主張について、特に異論は出されなかった。

2

　次いで、信頼の原則の理解について、若干の議論がなされた。

　島田論文は、管理過失と監督過失とでは、信頼の原則の働き方が異なるため、両者の区別は事実上のものではないとする一方で、信頼の原則は予見可能性の事実的判断に関係するものであるとする。そこで、前者における信頼の原則に関する一定の理解、即ち、予見可能性は人の行為に対する場合とそうでない場合とで規範的に異なるべきであるという、信頼の原則の根拠は規範的なものであるとの理解と、後者における信頼の原則の位置づけ、即ち、信頼の原則は予見可能性の事実的な判断基準であるとすることとが、整合性を欠くのではないかとの指摘がなされた。これは、例えば、因果関係判断において、故意行為者が介入する場合に、事実的な問題として相当性が否定されるとするのか、相当性は認められるが規範的に遡及が禁止されるとするのか、ということと類似の問題である。島田論文は、予見可能性の判断は必ずしも明確に行えるものではないから、他人の行為が介在する場合についてのみその判断基準をルール化したのが信頼の原則である、とするが、それが何故正当化されるのかが問題であり、予見可能性が肯定される場合であっても、信頼の原則を根拠に過失を否定することを認めないのであれば、結局、信頼の原則は事実上のものにすぎず、その規範性を強調すべきではないとの指摘がなされた。

　そうすると、信頼の原則が働かない場合として挙げられている3類型は、事実上予見可能性が肯定される場合を類型化したものということになる。そ

こでの類型化が、介入行為者の主体的能力、介入行為時の客観的状況、介入行為の一般的性質、を根拠としてなされていることに対しては、賛同が寄せられた。

3

さて、最も議論が集中したのは、不作為の場合の理論構成についてである。

前提として、まず、危険源支配が作為義務を基礎づけることの根拠については、不作為犯論に譲られること、次いで、ドイツの学説における危険源の理解としては、スプリンクラー無しの建物を危険源とすると必ずしも明言されておらず、また、店内での傷害、強要に対して店の女主人の不作為共同正犯を認めた判例（BGHNJW1966, S. 1763）も必ずしも好意的に受け取られていないこと（近時の判例は、より限定的な傾向にある（BGHNJW1993, S. 76）。ただし、これらの判例は、建物自体には瑕疵がない事案である）、さらに、ある事情が危険源と言えるかは予見可能性とリンクした問題であること、そして、保護の引き受けも危険源を基礎づける事情の一つであると言うこともできるが、島田論文では引き受けに特別の意味を持たせていることもあり両者は区別されていること、が確認された。

典型的な火災事故による管理者の業過事件においては、故意の放火の疑いがある場合に、限縮的正犯概念を維持しつつ過失犯処罰を確保しようとすると、（放火行為の背後の行為の正犯性が否定され、過失による共犯は不処罰とする立場からは）放火行為の後の時点における管理者の行為を問責行為とする必要があるが、出火後の不作為は、その時点では防火管理体制の整備等の作為義務が既に履行不可能であるから、それを問責行為とすることはできない。逆に、作為義務が履行可能である時点における不作為を問責行為とすると、あり得る火災一般に対する抽象的で程度の低い予見可能性しか認められず、それで過失犯の成立を肯定してよいかという問題が生ずる。そこで、島田論文は、それが可能であった時点から出火後に至る防火管理体制の不整備等の不作為を、全て一体として問責行為とすることで、問題の解決を図ろうとす

る。即ち、管理者には、保護の引き受けによる作為義務が出火後にも継続して認められるが、出火後における義務を、事前に防火管理体制を整えなかったことにより自ら履行不可能にし、さらに予定された他人の介入可能性を排除したのであるから、その履行不可能性を援用することは許されないとして、出火後に問責行為を認めることの問題を回避する。と同時に、防火管理体制の継続的不整備が過失行為であるから、予見可能性の対象も、防火管理体制を整備することによって対処しようとするところの火災一般に広げられるため、いつか何らかの形で火災があり得るという抽象的な予見可能性が認められれば、過失犯処罰が可能であるとするのである。

　このような主張に対して、放火の場合にも統一的正犯概念によらずに過失正犯を肯定できるとする点が大きなメリットとして確認されたものの、予見可能性が火災一般に対するもので足りるとする点については、以下の３つの観点から、批判が加えられた。

　第１に、業務上過失致死傷罪という同一の規定が適用されるのでありながら、交通事犯では予見可能性を限定的に解し、火災事犯では広く認めるというのは、あまりに便宜的な解釈であるという批判である。これは、火災事犯で過失を否定しようとする見解の論者が最も強くこだわる点であり、管理・監督過失を処罰する独立の規定が存在するのであれば問題ないが（中国刑法にはそのような規定が見られる。なお、ドイツでも独立の秩序違反行為とされるが、島田論文中にあるように、重大な事案では過失犯処罰がなされる）、等しく業務上過失致死傷罪として処罰することを前提とすると、交通事犯においても火災事犯においても、予見可能性は同様の内容で要求されるべきであり、交通事犯で必罰主義を回避すべく予見可能性を限定的に解するのであれば、火災事犯における管理過失は不処罰とすべきであるというのである。

　これに対しては、予見可能性の対象の抽象化は、保護の引き受けがある場合にのみ認められるとするのであるから、交通事犯と火災事犯とは区別される理由があるとの反論がなされた。しかし、島田説において保護の引き受けに決定的な意味を付与する理論的根拠があるかということに加えて、保護の引き受けが意味を持つのは、それが、被保護者が自分では危険に対応できない状況を作出するものだからである（従って、同じ火災でも、部屋の実態を把

握している賃借人とデパートの不案内な客とは違う）としても、そのような保護の引き受けの有無で本当に交通事犯と火災事犯とを区別できるのかという疑問が呈された。

　第２の批判として、仮に要求される予見可能性の程度を、事案によって異ならせることができるとしても、抽象化された対象に対する低い予見可能性しか認められないのに過失犯処罰を認めてよいかが議論された。何らかの火災があり得るという程度の予見可能性は、常に認められるであろうからである（従って、島田論文では、具体的帰結の妥当性は、保護の引き受けによる限定で図られる）。この点は問題として残るものの、両罰規定における事業主の過失犯処罰は、極めて低い予見可能性で肯定されており、それは辛うじて責任主義の要請を満たし、憲法違反とは言えないことが指摘された。

　第３の批判は、予見可能性の対象を抽象化すること自体に向けられた。防火管理体制の整備によって図られるのは、火災一般との関係における保護義務の履行であるが、現に生じた具体的な死傷結果についての過失犯処罰が問題とされている以上、当該具体的結果に対する予見可能性が問われるべきであるというのである。これに対して、責任の内容は問責行為の内容によって変わりうるとの反論がなされたが、火災事犯で問責行為が一般的な防火管理体制不整備となるのは、個別の火災に対する個別的対応が不可能であるという事情によるにすぎないとの指摘が加えられた。

　こうして、管理・監督過失を厳格に処罰しようとする判例・実務を前にして現実主義的観点からあり得る理論的可能性を探る立場と、理論的な原則に対する強いこだわりを捨てない理想主義的立場との間で、結局、意見の一致を見なかった。

④

　最後に、作為義務の帰属主体と進言義務に関して、若干の確認がなされた。

　前者は、管理を担う組織が十全に働いていない場合は、働かせるべき者が義務を負うという点である。それは、日常の業務執行の実質的な担当者とい

う視点から判断されるべきであるとされた。

　後者については、進言しても意味のない場合に進言義務を課すべきではないこと、進言に効果が期待できる場合であっても、進言しうる者全員に義務を認めるのは広すぎること、そこで進言義務者を影響力ある補助者に限定するのは、結果との関係では義務を負わない者に他人への働きかけの義務を課すものであり、そのような不法共犯論的思考には賛成できないこと、結局、自ら管理義務を分担する者以外に進言義務を認めるべきではないこと、が確認された。

第4講

被害者による危険引受

島田聡一郎

I はじめに

　周知のように、千葉地方裁判所は平成7年に、未舗装路面を自動車で走行し所要時間を競うダートトライアルの練習中に、初心者である被告人が競技歴7年の同乗者の指示に従って、被告人がそれまで行ったことがなかった運転方法で走行し、事故を起こして被害者を死亡させた事案において、被告人の運転方法及び被害者の死亡結果は被害者が自己の危険として引き受けていた危険の現実化であり、また、社会的相当性を欠くものともいえないとして、業務上過失致死罪の成立を否定した[1]。

　そして、同判決を契機として、近年、被害者が危険な事象に関与し、結果発生に寄与した場合に、はたして、また、どのような要件の下で、危険を作出しあるいは被害者の行為を促進した行為者が、当該危険が実現して生じた結果を処罰根拠とした犯罪の罪責を免れることができるか、という問題が、主に過失致死傷罪を念頭に置いて、激しく議論されるようになった。

　この問題に関する日本の学説は、多岐に分かれているが、大別すると、以下の4つに分類できる。第1の見解は、一定の社会的ルールに則った（比較的低い）危険を被害者が認識して引き受けていた場合に、違法阻却を認めるものである[2]。第2の見解は、危険の程度を問わず、被害者の危険認識と積

---

[1] 千葉地判平7・12・13判時1565号144頁。なお、民事裁判においても、運転者Y_1および競技場を設置管理していた会社Y_2の損害賠償義務が否定されている（浦和地判平10・9・25判時1673号119頁）。しかし、そこでは、危険引受が根拠とされているわけではなく、Y_2に関しては、競技の実施に伴い発生することが通常予想される程度の事故に至っても、乗車している者に重大な傷害を与えないだけの安全性を具備する設備を備えていたこと、及びY_1の走行が予測できないものであったことを根拠に、民法717条1項の工作物責任が否定された。他方、Y_1に関しては、車両が改造、強化され、ヘルメットの着用が求められるダートトライアルにおいては運転者に要求される注意義務の程度は一般公道におけるそれより限定されるとした上で、本件事故の経緯、態様等からすると、Y_1が被害者の死を予見し得たと認めるのは困難であるとして民法709条の責任が否定された。

[2] 井田良「危険引受」西田典之・山口厚『刑法の争点（第3版）』（2000）78頁、佐伯仁志「違法論における自律と自己決定」刑雑41巻2号186頁以下（特に、192頁）。社会的相当性に依拠する見解も大別すればここに分類される。例えば、十河太朗「危険の引受と過失犯の成否」同法50巻3号340頁以下、奥村正雄「被害者による『危険の引受』と過失犯の成否」清和6巻1号108頁以下。さらに、小林憲太郎「判批」芝原邦爾他編『刑法判例百選総論（第5版）』（2003）

極的関与がある場合には、被害者がいわば正犯となり、そのことによって行為者の正犯性が否定され、過失による幇助と評価されて不可罰となるとするものである[3]。第3に、因果関係ないし（正犯性以外の）客観的帰属を否定する見解がある。ただし、ここに分類される見解は、具体的要件として、第1の見解に近い基準を示すもの[4]と、第2の見解に近い基準を示すもの[5]とに分かれている。第4に、危険引受に特別な意味を認めず、被害者の同意が認められない場合は、予見可能性が満たされる限り処罰されるとして、問題をもっぱら責任論で解決しようとする見解もある[6]。このように見てくると、すでにこの問題については、議論はもはや出尽くしてしまっているように思えなくもない。

しかし、結論から言うと、私には、これらの学説は、いずれも、なお以下の2点において不十分な点を残しているように思われる。第1の問題点は、いずれの学説も念頭に置いている事例が少なすぎ、理論的に問題となりうる争点の一部にしか解決を与えていない点である。第2の問題点は、第1のそれとも関係するが、「危険引受」の名の下に議論されている様々な事例群を、

113頁も参照。また、行為に積極的な有用性があることをもプラスして違法阻却を認める見解もある（例えば、猪口真一「同乗者の承諾と業務上過失致死罪」帝京21巻1号105頁）。

[3] 塩谷毅「自己危殆化への関与と合意による他者危殆化について（一）－（四・完）」立命246号543頁以下、247号351頁以下、248号645頁以下、251号67頁以下、吉田敏雄「『合意のある他者危殆化』について」『西原春夫先生古稀祝賀論文集第1巻』（1998）783頁以下、増田豊「共犯の規範構造と不法の人格性の理論」法論71巻6号1頁以下、松宮孝明「被害者の自己答責性と過失正犯」『渡部保夫先生古稀記念論文集』（2000）523頁以下。

[4] 山口厚「被害者による危険の引き受けと過失犯処罰」研修599号3頁は、被害者の危険引受により危険な行為の遂行が許され、その危険が現実化した場合には、相当因果関係を否定する（ただし、同『刑法総論』（2001）156頁は、引き受けられた危険な行為の遂行から回避不可能な結果が生じた場合に結果回避可能性あるいは過失を否定する。さらに、同「「危険の引受」論再考」『齋藤誠二先生古稀祝賀論文集』（2003）89頁以下も参照）。この見解は、結論的には、第1の見解に近い。

[5] 山中敬一『刑法総論 I』（1999）378-379頁は、被害者に危険に対する同意と事象経過そのものに対する支配がある場合には、客観的帰属を否定する。この見解は、結論的には、第2の見解に近い。

[6] 深町晋也「危険引受論について」本郷法政9号121頁以下（信頼の原則の枠内で被害者の危険認識を考慮する）、須之内克彦「スポーツ事故における同意と危険の引受け」『齋藤誠二先生古稀祝賀論文集』（2003）114頁。さらに、神山敏雄「危険引き受けの法理とスポーツ事故」『宮澤浩一先生古稀祝賀論文集第一巻』（2000）36頁は、「外部的・客観的に明らかに生命を侵害する危険行為」とまではいえない危険行為から生命侵害が生じた場合には、刑事責任の追及が「競技の性質上酷」であるとして責任を阻却する。

基本的に1つの原理を用いて解決しようとして、無理を来している点である。

ところで、危険引受論は、ドイツにおいては、かなり古くから議論されてきた問題である。そして、日本において現在主張されている学説の多くも、ドイツの学説から多大な影響を受けている。それにもかかわらず、この点に関するドイツの議論の紹介は——特に、近年の動きについてのそれは——必ずしも十分とはいえない。私には、第一の問題点が生じた一因はここにあるように思われる。そこで、まずは、ドイツにおけるこの問題をめぐる議論の状況を、大局的に概観しよう[7]。そのことによって、これまであまり問題とされてこなかったいくつかの争点も、自ずからあぶり出されてくるはずである。

II　ドイツにおける議論の状況

1　総説

ドイツにおいては、20世紀初頭から、過失犯における同意の対象が「行為」で足りるか、それとも「結果」まで含まなければならないか、という議論がなされていた。この議論は、例えば、次のような事案で問題となる。それは、乙が、甲が酒に酔っていることを認識した上で、甲の運転する自動車に同乗したところ、甲が事故をおこし、乙が重傷を負った場合である。この場合、同意の対象を「行為」で足りるとする見解からは、被害者である乙が酒酔い運転行為という過失の実行行為に同意している以上、甲は、過失致傷罪の罪責を負わないが、「結果」についての同意まで必要とする見解からは、同意が存在しないので、乙は過失致傷罪の罪責を負う、というのである[8]。そして、後述するように、現在でも、この議論はなお続いている。

---

[7]　すでに、塩谷・前掲注3)に、ドイツの判例・学説の紹介があるが、現在では、やや古くなっている。

[8]　この問題に関するドイツの議論をわが国に紹介した文献として、山中敬一「過失犯における被害者の同意—その序論的考察」『平場安治博士還暦祝賀上』(1977) 332頁、荒川雅行「過失犯における被害者の同意に関する一考察」法と政治33巻2号97頁。

II ドイツにおける議論の状況

　しかし、ドイツの議論において、より注目すべきなのは、1970年代に、この問題を新たな理論枠組を用いて解決する見解が登場したことである[9]。いわゆる客観的帰属論の一部をなす「構成要件の射程範囲」の理論がそれである。ドイツ刑法典においては、嘱託殺人は処罰されるものの、自殺教唆、幇助は処罰されていない（ドイツ刑法216条）。そこで、故意の自殺教唆、幇助が不可罰である以上、より軽い過失による自殺教唆、幇助は不可罰であり[10]、さらに、自殺よりも侵害性の低い、（危険性を認識した上での）自己の生命危殆化への教唆、幇助的関与は、より一層不可罰とすべきだから、過失致死罪の構成要件の射程範囲に含まれない、というのである[11]。この見解からは、例えば、Xが麻薬常用者Yに対して、ヘロインを注射するための注射器を渡したところ、Yがヘロインの危険性を認識しながらも、注射器を使ってヘロインを自己使用し、中毒死してしまった場合に、Xに死の結果は帰属されず、過失致死罪の構成要件該当性が否定されることになる。そして、ドイツ

9　それ以前のドイツの判例においては、いわゆる自己危殆化への関与の事案においても、同意による違法阻却が問題とされるか（同意を否定したものとして、例えば、BGHSt17, 359.（天然痘事件））、あるいは、注意義務違反の存否が問題とされていた（注意義務違反を肯定したものとして、例えば、BGHSt7, 112（オートバイ競走事件）。否定したものとして、例えば、RGSt57, 172（メメル川事件）。もっとも、後者においても実際上は（危険な行為に対する）同意の要件に類似した基準が用いられている。このため、「実体としては、ここでは、本来の意味での同意が問題となっている。ただ、皆、生命という法益に対する処分権限がない、という命題故に、この問題を違法性を阻却する同意に公然と位置づけることはできないと感じ、異なるレッテルを貼っているだけなのである」という評価がなされている（Strafgesetzbuch Leipziger Kommentar, 11. Aufl., 1994, Vor § 32Rn95（Hans‑Joachim Hirsch））。

10　過失による自殺教唆・幇助の不可罰性は、ドイツの判例においては、1972年に認められた。BGHSt24, 342. 最近でも、自殺を望んでいる者に対して麻薬を交付し、被害者がそれを用いて自殺した場合に、交付者に過失致死罪の成立を否定した判例がある。BGHSt46, 279なお、本書第3講Ⅲ2も参照。

11　この見解が多数説となるのに最大の貢献を果たしたのは、周知のとおり、Claus Roxin, Zum Schutzzweck der Norm bei Fahrlässigendelikten, Festschrift für Wilhelm Gallas, 1973, S. 246. であるが、すでにその数年前に、ルドルフィーが同趣旨の見解を主張していた（Hans‑Joachim Rudolphi, Vorhersehbarkeit und Schutzzweck der Norm in der strafrechtlichen Fahrlässigkeitslehre, JuS1969, S. 557）。さらに遡れば、すでにエクスナーは、1930年に過失犯においても限縮的正犯概念が妥当することを説き、そこから、過失による自殺幇助、自己危殆化の幇助の不可罰性を導いていた（Franz Exner, Fahrlässige Zusammenwirken, Festschrift für Reinhard Frank, 1930, S. 590）。しかし、ロクシンをはじめとする現代の客観的帰属論者は、過失犯において統一的正犯概念を妥当させながら、被害者への関与に限っては、このような議論を用いる点に特色がある。この点が一種の矛盾であることは、松宮・前掲注3）536頁の指摘するとおりであるが、この問題については、本書第3講Ⅲ2で論じたので、ここでは繰り返さない。

の連邦通常裁判所も、1984年に、この事案において、Xについて過失致死罪の罪責を否定した（以下、この判決を「84年判決」と呼ぶ）[12]。判旨を見よう。「自己答責的に欲され――積極的に追求された場合、確実なものとして予見された場合、あるいは、それでもかまわないと思った場合、いずれも含まれる――そして、実行された自己の危殆化は、危殆化によって意識的に引き受けられた危険が実現した（危殆化を行った者が、傷害を負ったあるいは死亡した）か否かにかかわらず、傷害、殺人の構成要件に該当しない。そして、自己答責的に欲された自己危殆化行為を（故意でも過失でも）誘致し、可能にし、あるいは促進した者は、――生命あるいは身体に対する罪が問題となっている限り――そのような構成要件に該当せず可罰的ではない事象に関与したにすぎない」[13]。

そのすぐ後に、判例は、被害者に注射器ではなく、（交付それ自体が麻酔剤法により禁止されている）ヘロインを交付した事案においても、この理論を用いて、その行為自体は不可罰な自己危殆化への関与として過失致死の構成要件に該当しないと判断した[14]。さらに、1988年には、この理論に従って、エイズ感染者A（男）が、被害者B（17歳の女）に、エイズ感染の危険を説明したが、Bの懇願に負けてコンドームをつけずに性交した（被害者の感染は確認されなかった）事案において、危険傷害の未遂で起訴されたAを無罪としたバイエルン上級裁判所の判例[15]が登場した。この判例は、自己危殆化への関与論が故意犯にも適用された点において[16]、理論的に極めて重要な意味を持つ。

12　BGHSt32, 262. そこでは、Roxin, a. a. O (Anm. 11), S. 246 が引用されている。なお、この事件において使用された麻薬が "Hunderter Hit" という名であるため、この事件は「百回ヒット事件」と呼ばれることがあるが、「（ふつうの麻薬の）百回分の効果があるやつ」（という麻薬の俗称）と訳すべきではないだろうか。
13　BGHSt, 32, 265.
14　BGH, NStZ1985, 319. 最近でも、例えば、BGH, NStZ2001, 20. ただし、後述するように、前者においては、被害者が意識を失った後、行為者に不作為による過失致死罪が認められた。
15　OLG Bayern, NJW1990, 131.
16　もっとも、HIVの感染率が極めて低率であることにも鑑みると、故意の意的要素を肯定することにはかなり困難があるし、逆に、この点が認定されたとすれば、HIV感染が必然的に死に至ると考えられている現在、殺人の未必の故意を否定するのは、理論的には相当に無理があるとは思われる（町野朔「エイズ対策と刑法」『中山研一先生古稀祝賀論文集（第一巻）』（1995）190頁）。

II　ドイツにおける議論の状況　129

　ここまで説明した議論は、わが国の学説においてもすでに紹介されてはいる。しかし、これは、実は、ドイツの理論の到達点ではなく出発点にすぎない。その後も、この理論の適用範囲、具体的要件、他の制度との関係等について、判例、学説において激しい議論がなされている。そして、ドイツの判例は、この理論に様々な制約を課し、客観的帰属論者が認めている不可罰範囲を相当程度狭めているのである。続いて、そうしたドイツの判例、学説の議論の状況に目を向けてみよう。

2　自己危殆化への関与と、同意、合意による他者危殆化との関係

　まず第1に、こうした自己危殆化への関与と同意との関係が問題とされている。そして、一見自己危殆化に見えるような場合を、同意の問題として扱い、不可罰範囲に一定の制約を課す判例が登場している。

　最近、デュッセルドルフ上級裁判所は、無免許の被告人が運転する車の屋根の上に、被告人が無免許であることは知っている4人の友人が、スリルを楽しむために、2人ずつ重なって、並んで寝ころがり、上にいる者は、隣の人と下の人にだけつかまることができるだけであったという状況の下で、被告人が時速70キロメートルで緩やかなカーブを曲がろうとしたところ、遠心力のため、上に乗っていた者の一人がとばされて大けがをした事案を、過失致傷に対する同意の問題として扱い、（旧）226条a[17]の「良俗に違反しない」かどうかを問題とし、それを行為の危険性の程度と追求する目的の価値との衡量によって判断する立場を前提に、この行為の危険性の高さと目的の価値の低さを理由に、同意による違法阻却を否定した[18]。この事案ではなぜ自己危殆化への関与の問題ではなく、同意の問題とされたのだろうか[19]。もし、

17　現228条。「被害者の同意を得て傷害を行った者は、当該所為が同意にもかかわらず良俗に違反する場合に限り、違法に行為した」。
18　OLG Düsseldorf, NStZ1997, RR325. なお、ここでは、同意の対象は行為で足りるとする見解が前提とされている。
19　例えば、Michael Hammer, "Auto‐Surfen"‐Selbstgefärdung oder Fremdgefärdung?‐OLG Düsseldorf, NStZ1997, RR325, JuS1998, S. 788は、被害者が屋根をたたく等して、被告人の行為を止めることができた（現に、被害者転落後、屋根の上にいた仲間が、屋根をたたき、そのことによって、被告人は停車している）ことを指摘して、バイエルン上級裁判所の判例との類似性を根拠に、この事案を自己危殆化への関与として無罪とすべきとする（なお、ハンマーは、（少なくとも執筆当時は）現役の検察官である）。

130   第4講　被害者による危険引受

　行為者が直接法益侵害行為を行っている、あるいは「行為支配」があること
がその理由だとしたら[20]、エイズの事案ではどうして自己危殆化とされたの
だろうか。このように、自己危殆化への関与と同意とが区別される基準は必
ずしも明らかではない。翻って考えてみると、自己危殆化への関与と同意と
で要件を異なるものとするのであれば、その理論的根拠が明らかにされる必
要がある。しかし、この点についても、ドイツの学説は必ずしも一致を見て
いないのである。
　これに対し、学説の中には、このような事案を、同意ではなく、合意に基
づく他者危殆化という概念を用いて解決しようとする見解もある。この見解
は、後述するように、合意に基づく他者危殆化が自己危殆化とあらゆる重要
な点において同視される場合には、自己危殆化と同じに扱い、客観的帰属を
否定するものである[21]。そして、ドイツの近時の地方上級裁判所の判例にも
この見解に明示的に従ったものも存在する[22]。この見解と多数説のいずれが
正当かは、なお検討を要する問題である。また、合意に基づく他者危殆化と
自己危殆化への関与との区別基準、合意による他者危殆化が自己危殆化と同
視される根拠およびその要件の当否も明らかにされる必要があろう。

3　自己危殆化の具体的要件

　第2に、被害者の自己危殆化を理由に行為者を無罪とする具体的要件につ
いても更なる検討を要する。ここで問題となる論点は3つある。まず、①自

20　ドイツの多数説である。z. B. Dieter Döllig, Fahrlässige Tötung bei Selbstgefährdung des Opfers, GA1984, S. 80ff.; Adolf Schönke/Horst Schröder, Strafgesetzbuch, 26. Aufl., Vor§32Rn102, 107 (Theodor Lenckner); Systematischer Kommentar zum Strafgesetzbuch, 7. Aufl., 1999, Vor1Rn81a (Hans‐Joachim Rudolphi); Susanne Walther, Eigenverantwortlichkeit und strafrechtliche Zurechnung, 1991, S. 246.
21　Statt vieler, Claus Roxin, Strafrecht Allgemeiner Teil Bd I, 3. Aufl., 1997, S. 342ff.
22　OLG Zweibrücken, JR1994, 518. 被害者が、被告人が当初拒絶したにもかかわらず、2人しか乗れない小型トラックに3人目として乗り込んで、助手席の後方の床に、席に背中をもたれかけて座ったところ、他車に衝突され（被告人にとってこの衝突は回避不可能であった）、被害者が、開いたトラックの後方扉から路上に落下して死亡した事案で、判決は合意による他者危殆化が、自己危殆化とあらゆる重要な点において同視される場合には過失犯の成立は否定される、と述べて、被害者が危険を運転者と同程度に認識していたこと、被告人の呈した疑念にもかかわらず同乗させるよう説得したこと、および、直接の原因となった衝突がもっぱら（被告人のではなく）第三者の責任によるものであったことを根拠に、被告人を無罪とした。

己危殆化を認める前提として、行為者にどのような能力が必要かが問題となる。例えば、麻薬交付の事案において、被害者が完全な中毒状態で責任無能力状態の場合には、自己危殆化が否定されることにはほぼ争いがない[23]。しかし、責任能力があれば足りるのか[24]、それ以上にどの程度の能力が必要かについては、なお議論がある。

　また、②84年判決は、そうした能力が認められる場合であっても[25]「関与者が事態に関する優越した知識に基づいて、自己を危険にさらした者よりも危険をよりよく認識している場合」には、関与者は可罰的となるとしていた。そして、現に、連邦通常裁判所は、同性愛者である被告人が、HIV陽性であったことを認識していたにもかかわらず、その事実を告げず、不特定多数とコンドームをつけずに性交（類似行為）をし、ヴィールスを感染させた事案で、被害者が、行為者が（同性愛者という）「危険なグループ」に属していることは認識していたが、感染の危険を具体的に認識していなかったことを理由に、危険な傷害罪（及びその未遂）の成立を認めたのである[26]。

　しかし、なぜ「危険なグループに属している」ことの認識だけでは自己危殆化が認められないのだろうか[27]。行為者が不可罰とされるためには、被害者にいったいどのような認識が必要なのだろうか。そもそも、行為者の「事態に関する優越した知識」という行為者側の事情が、被害者の「自己危殆化」の成否に影響するのは、いったいなぜだろうか。また、予見可能性が問題となるはずの過失犯において、なぜ、優越的な知識を持つ可能性ではなく、「知識」それ自体が要件となるのだろうか[28]。こうした点も、理論的になお明らかでないように思われる。

　さらに、③判例の中には、被害者が危険を認識していたにもかかわらず、自己危殆化を否定したものもある。それは、被告人が他人の家に放火したところ、放火当時は家の外にいた住人が、弟を助けるためか、あるいは、重要

23　Statt vieler, Roxin, ATBd I, S. 338.
24　Z. B. Dölling, a. a. O. (Anm. 20), S. 78.
25　より厳密に言えば、84年判決の事案では、答責能力がある合理的疑いが残るとされていた。
26　BGHSt36, 1.
27　例えば、Roland Derksen, Handeln auf eigene Gefahr, 1993, S. 224 ; Manuel Cancio Meliá, Opfer Verhalten und objektive Zurechnung, ZStW111, S. 378は、このような認識で足りるとする。
28　Wolfgang Frisch, Tatbestandsmäßiges Verhalten und Zurechnung des Erfolgs, 1988. S. 155.

な家財道具を持ち出すために、燃えている家の中に飛び込み、意識を失って倒れ、一酸化炭素中毒で死亡した事案で、行為者の犯罪行為が「被害者の共同関与も同意もない状況で、被害者あるいは被害者に近しい人の法益に対する危険を基礎付け、その危険を通じて、被害者に対して、危険な救助行為を行う理解可能な動機を作り出し、そのことによって、意識的な自己危殆化が行われる切迫した可能性を作り出した」ことを理由に、行為者に過失致死罪の成立を認めた連邦通常裁判所の判例である（以後、放火事例と呼ぶ）[29]。しかし、その理論的根拠については必ずしも明らかでなく、具体的基準の当否についても、学説において、なお激しい議論が続いている[30]。

4　外在的制約

　第3に、第2の観点からは、自己危殆化の要件が満たされているにもかかわらず、行為者の可罰性がなお肯定される場合が果たしてありうるのか、また、あり得るとしてそれはいかなる場合なのかも問題とされている。この点が問題とされる場面は大別して2つある。1つは、自己危殆化あるいは合意に基づく他者危殆化に起因して生じた個人的法益の侵害が、一定の社会的法益に対する罪の加重結果とされている場面である。連邦通常裁判所は、84年判決の後に、麻薬の密売人が、彼の売却した麻薬を使用して麻薬依存者が死亡した事案において、行為者に死の結果を帰属して、麻酔剤法30条1項3号[31]の結果的加重犯を認めた[32]。この場合、一般公衆の健康を守る構成要件が問題となっているので、被害者個人の自己危殆化のみを理由として結果帰属が否定されることはない、というのがその理由である。わが国の麻薬取締法に

29　BGHSt39, 322, 引用部分は、S. 325.
30　例えば、ロクシンは、判決理由に反対した上で、この事案において、被害者がアルコール酩酊状態にあり、危険を十分に認識していなかったと言わざるを得ないこと、また、もし弟を助けるためだったとしたら、35条の緊急避難に該当すること、を指摘し、これらの点を理由としてはじめて過失致死を認めた結論が支持できるとする（Roxin, ATBd I, S. 341）。
31　「麻酔剤を譲渡し、他人に投与し、若しくは直接の使用に委ね、そのことを通じて、軽率に、死を引き起こした者は、2年以上の自由刑に処する」
32　BGHSt37, 179. 近年のBGH, NStZ2001, 205も基本的にこのような見解を採用した上で、被害者が薬物依存状態になく、明らかに病気でもなかったこと、被告人が薬物の危険性について被害者に忠告していたことを理由に「軽率に」（leichtfertig. これは「重過失」を意味するというのが判例である（BGH, MDR1973, 728）の要件が満たされないとして、同罪の成立を否定している。

は、このような構成要件は存在しないが、例えば、前述した飲酒運転への同乗事例を修正し、甲が「アルコール……の影響により正常な運転が困難な状態」であり、乙がそのことを知って同乗したところ、事故により乙が重傷を負った場合に甲に危険運転致傷罪が成立するか否かは、問題となりうると思われる。実際、近時、危険運転致死傷罪に関し、被告人が犯行前に一般道において高速走行をするなどした際、被害者が「加速がいいな」などと言って他の同乗者と共にはしゃいでおり、被告人がそのような反応に気をよくしてアクセルターンや高速走行をして事故にいたった事案を扱った裁判例がある。同判決においては、被害者に「幇助行為や幇助の意思があったとか、被害者が身体の安全という保護法益を放棄したと評価することは到底できない」として、被害者の態度は被告人の罪責に影響しないとされた[33]。もちろん、この事案では、被害者に具体的な危険の認識が欠けると考えられるので、この事案とドイツ判例の事案とを単純に対比することはできない。しかし、こうした裁判例の登場は、わが国においても、今後、この問題を真剣に考える必要性があることを物語っているように思われる。

　もう1つの問題は、行為者が、自己危殆化への関与行為を行った後、被害者をなお救助することができた場合に、行為者に不作為犯の成立が認められるか否かである。そして、ドイツにおいては、これを肯定した判例がいくつか存在する。すでに、前述した84年判決は「自己答責的な自己加害行為（被害者に故意がある場合も過失の場合も含む）に対して、積極的に加功した者が、自己加害者の生命身体に対する保証人地位を有している場合に、どのような議論が妥当するかは、判断しない」[34]としていた。そして、この判決の後、被害者に麻薬を手渡した者を、麻薬を手渡したこと自体は、自己危殆化への関与として処罰されないとしても、それは不作為犯における先行行為には成り得、被害者が麻薬を摂取して、自己を制御する能力を失った後に、行為者が医者を呼んで死の結果を避けることができたのにそれを怠ったことを理由に、彼を不作為正犯として処罰する余地を認めた連邦通常裁判所の判例があ

---

[33]　函館地判平14・9・17判タ1108号297頁。この問題に検討を加えた最近の文献として、今井猛嘉「危険運転致死傷罪と危険の引受」現刑53号87頁以下がある。
[34]　BGHSt, 32, 265.

る[35]。このように、判例は、自己危殆化への関与の場合に不作為犯を比較的広く認めており、「自己答責的自己危殆化への関与者を不可罰とすることに、はっきりとした賛成票を投じるまでには、決して至っていない」[36]という評価すらなされているのである。もちろん、このような判例に対しては、自己危殆化による不可罰範囲を広く認める論者から、84年判決を骨抜きにするものであり妥当でない、との強い批判がなされている[37]。そして、最近では、このような批判を踏まえ、医者が（自己答責的に行為する）患者に薬を投与し、患者のその薬に対する依存状態を維持した事案において、「積極的な作為が処罰されない場合には、たとえ形式的に見れば保証人的地位があるように見えても可罰性が欠ける」として、医師に不作為による傷害罪の成立を認めた原判決を破棄した地方上級裁判所の判例[38]も登場した。もっとも、この事案においては、被害者が意識を喪失してはいないのだから、前述した連邦通常裁判所の判例と矛盾するとはいえない。しかし、いずれにせよ、自己危殆化への関与後の不作為犯の成立範囲については、判例、学説はなお一致を見ていないのである。

5 小括

以上の検討から、ドイツにおいては、危険引受に関して、以下の点が問題とされていることが明らかになった。①同意の要件、ことにその対象が行為

---

[35] BGH, NStZ1984, 452；BGH, NStZ1985, 319. また、最近も、ガス配管会社の経営者である被告人が、複数のグループが異なった場所で働くことが予定されていたにもかかわらず、呼吸保護具を1つしか配備していなかったところ、他の箇所から保護具をとってくることに時間をかけたくなかった被害者が、保護具を持たずに、ガス管接続工事のための穴に入り、一酸化炭素中毒で死亡した、被告人は以前、被害者に、保護具なしでガス管がむき出しになっている穴に入ることの危険性を伝えていた、という事案において、被害者による意識的自己危殆化を肯定しながらも、被害者が労働者として従属的立場にあることから生じる圧迫された状況を考慮し、経営者には民法618条1項に基づいて労働者に対する保護義務があるとして、被告人に過失致死罪の成立を認めた判例がある（OLG Naumburg, NStZRR1996, 229）。
[36] Derksen, a. a. O. (Anm. 27), S. 159.
[37] Statt vieler, Roxin, ATBdⅠ, S. 338; ders., Strafrecht Allgemeiner Teil BdⅡ, 2003, SS. 771－772（一般不救助罪（323C条）の成立のみ認める）。もっとも、このような判例に対して好意的な論者もいる。Z. B. Ingeborg Puppe, Strafrecht Allgemeiner Teil BdⅠ, 2002, S. 162
[38] OLG Zweibrücken, NStZ1995, 89. ただし、84年判決の前に出された自己危殆化に関与した医師に、医師であることを根拠として不作為による過失致死を認めたBGH, JR1979, 429には反すると、明示的に指摘されている。

II ドイツにおける議論の状況

か結果か、という問題、およびそのことと関連し、自己危殆化への関与と同意との関係、②自己危殆化への関与として不可罰となる要件（②—1被害者の能力、②—2危険認識の内容、②—3行為者が被害者を当該危殆化行為を行わざるを得ない状況に追い込んだ場合の扱い）、②—4また、合意による他者危殆化という概念を認めるのであれば、それが無罪とされる根拠、要件、③さらに、③—1公共危険罪の結果的加重犯の扱い、③—2自己危殆化に関与した行為者が被害者の生命、身体に対する保証人となる場合があるか、あるとしたらどのように扱われるべきか、といった関連分野。以上にあげた諸論点は、いずれも日本においても問題となりそうである。では、そうなったとしたら、これらの諸論点は、具体的にどのように解決されるべきなのだろうか。

これまでのわが国の学説は、こうした問題に直面した際、まず、被害者の「危険引受」の体系的地位の検討に向かった。しかし、ここで冒頭に述べた第2の視点を思い出して欲しい。危険引受論として、ひとくくりにされている事例群には、ここまでみてきたことからわかるように、被害者の認識の内容、行為者の関与の質、態様、主観的要件、行為が担う利益性等において、実に様々な事案が含まれている。こうした多様な事案を、1つの原理、原則のみで解決できると考えるのは粗雑にすぎるように思われる[39]。

結論から言えば、私は、被害者の態度は、犯罪論の三段階、構成要件該当性、違法性、責任、さらには（これも構成要件該当性の一要素をなすが）正犯性、いずれの場面においても意味を持つと考える。そして、さらに、これらのどの場面が問題となっているかによって、①—③の諸問題に対する解答も異なったものとなりうると考えている。小林助教授が適切に指摘されるように、危険引受論に関する様々な解決策は、「相互排他的なものではな」[40]いのである。以下、そのような問題意識の下、前述したドイツにおいて問題となっていたポイントを踏まえながら、日本およびドイツの判例、学説に検討を

---

[39] ドイツの論者の中では、すでに、Peter Frisch, Das Fahrlässigkeitsdelikit und das Verhalten des Verletzten, 1973, S. 51. がこの点を指摘している（彼の議論は、後述する「危険共同体論」ばかりが注目されるが、それは彼の議論の一部を構成するものに過ぎない）。もっとも、後述するように私は、彼の見解に全面的に賛成しているわけではない。

[40] 小林・前掲注2）113頁。

加え、私見を展開してゆくこととしよう。

III 被害者の同意

1 同意の効果

　被害者の関与が犯罪の成立を否定する場合として、まず念頭に浮かぶのは被害者の同意である。本稿では、紙幅の関係上、この問題について詳論することはできないが、他の制度との関係を考える前提として、私見を簡潔に述べておきたい。まず、被害者の同意が犯罪の成立を否定する根拠は、基本的には、被害者の有効な法益放棄によって、法益の要保護性が欠如し、不法結果が否定される点に求められる[41]。この場合は、有効な同意に基づく行為は適法行為である[42]。しかし例外的に、生命侵害は、202条の罪の存在からわかるように、同意があっても違法と言わざるを得ない。そして、同意による不法否定の根拠が客観的な結果の欠如にある以上、その違法性の判断は、行為者の主観的事情に影響されないから、行為者が過失であっても、生命侵害は同じく違法と考えるべきである。また、202条は未遂犯も処罰しているから、同意に基づいて生命に対する切迫した危険を生じさせる行為もなお違法と解される[43]。それ故、同意傷害も、それが生命に対する危険を生じさせる限度で、違法ではある。ただし、別書において詳論したように、そのような場合でも、有効な同意があれば、結果は被害者の領域において生じたものと評価

---

[41] 現在のわが国の多数説といってよいだろう。例えば、前田雅英『刑法総論講義（第3版）』(1998) 117頁、山口厚『問題探究刑法総論』(1998) 76頁。さらに、深町・前掲注6) 137頁。利益衡量を根拠とする説に対する批判も、これらの文献を参照。

[42] このような場合に、ことに傷害罪に関して、同意を与えた目的が違法なものであることを根拠に、同意による違法阻却を否定する立場（例えば、最決昭55・11・13刑集34巻6号396頁）には賛成できない。すでに指摘されているように、これでは、当該構成要件が保護している利益の要保護性が否定されたにもかかわらず、構成要件外の違法な動機を根拠に処罰を肯定することになり、刑法が各構成要件を分けて規定した趣旨を没却してしまうからである（例えば、山口・総論148頁）。

[43] これに対し、山口・前掲論文（齋藤古稀）99頁は、202条の例外性から「ここから生命の危険に対する同意の無効性までを引き出すことはできない」とされる。しかし、そのように考えると、生命に対する危険しか生じていない202条の未遂においては、同意は有効で犯罪が成立しないことになり、203条の明文に反することとなろう。

されて、行為者の行為の単独正犯性は否定され、また、被害者の行為に構成要件該当性もないため、行為者の行為は共犯にも当たらず、202条（およびその未遂）のような特別な処罰規定がない以上、可罰性が否定されるというべきである[44]。以上要するに、同意に基づく生命侵害あるいはその危険の惹起は違法ではあるが、その行為が処罰の対象となるのは、行為者に殺意がある場合に限られるということである（38条1項）。そして、202条が、外形的に見れば被害者自身が結果実現行為を行った場合（自殺教唆、幇助罪）と、行為者が結果実現行為を行った場合（同意、嘱託殺人罪）とを同視しており、また、同意の不可罰根拠が専ら被害者側の事情にある以上、以上のことは、いわゆる自己侵害への関与、同意に基づく他者侵害、いずれの場合にも妥当するというべきである[45]。

2 同意の主観的要件

以上のように、同意による不可罰根拠は、利益の放棄による結果無価値の不存在と自律的決定の存在による単独正犯性の欠如にある。そうだとすれば、同意の対象はいずれの場合も構成要件的結果と考えるべきであり、結果の認識がなければ同意は無効というべきである[46]。結果をわかった上で決断して処分した場合でなければ、「法益を有効に放棄した」とはいえないし、自律的決定の前提としても結果の認識が不可欠と考えるべきだからである[47]。そして、結果の認識の他、故意におけると同様、実現意思、甘受までは必要ではあるが[48]、さらにそれ以上の「積極的な意欲」は不要だというべきであ

---

[44] 島田聡一郎『正犯・共犯論の基礎理論』（2002）257頁。これに対し、鈴木左斗志「刑法における結果帰責判断の構造」学習院38巻1号259頁（2002）は、私見のこのような区別を「「実益」が存在しない」とされる。しかし、ある行為が適法な行為か、違法だが、正犯にも共犯にも当たらないために構成要件に該当しない行為にすぎないのかは、正当防衛の成否、不作為犯の成否等に影響しうるのであり、この点を区別する実益はなお存在するように思われる。

[45] 島田・前掲注44）255頁、山口・前掲論文（齋藤古稀）95頁。

[46] この限度では、深町・前掲注6）127頁に賛成しうる。なお、実体法の問題ではなく、事実認定の問題としては、被害者が一定の危険な行為に同意している事実から、その行為から必然的に生じるであろう結果についての同意があった（あるいは少なくともなかったことに合理的な疑いが残る）という事実を認定できる場合はあろう。ことに被害者が死亡した場合などは、このような手法は一定の意味を持つように思われる（山中・前掲論文（注8）346頁参照）。

[47] 島田・前掲注44）278頁。

[48] 島田・前掲注44）276頁、山口・前掲論文（齋藤古稀）92頁。

ろう。それは法益の有効な処分にも、行為者の自律性にも何ら影響を及ぼさないからである[49]。結局、同意それ自体を根拠として不可罰にすることができるのは、被害者に結果の認識とその甘受がある場合[50]に限られることになる。

なお、わが国においては、ドイツでは同意の要件として結果の認識を不要とし、行為の危険性の認識で足りるとする説が多数説だと紹介されることがある[51]。しかし、これは正確な理解とは言い難い。こうしたドイツの見解は、同意がある場合でも、傷害に関してはもちろん、過失致死に関しても、ドイツ刑法228条の制約を及ぼして、同意の存在のみでは行為者を無罪とせず、他の付加的事情を要求しているからである[52]。つまり、ドイツの多数説も、危険の認識に、わが国の有力説のいうような意味での同意と同じ効果を持たせているわけではなく[53]、その意味では、「行為＝同意」説ではないのである。

3　帰結

このように考えると、危険引受として問題とされている事例群のうち、いくつかの事例は、同意を根拠に不法構成要件の実現を否定し、あるいは、過失による同意殺人（あるいは未遂）として、構成要件該当性（あるいは犯罪類型該当性）[54]を否定することができる。例えば、路上の喧嘩において、甲が、乙を接近戦でナイフで刺すため、乙を挑発して怪我をすることを覚悟して、

---

[49] この点に関する詳細な分析として、小林憲太郎「被害者の関与と結果の帰属」千葉15巻1号149頁以下。そこでは、いわゆる利益衡量説からも意欲要件を直ちに導くことができないことが説得的に論証されている。

[50] もちろん、被害者に結果の意味を理解する能力があり、強制されてもいないことが必要である。その具体的内容に関しては、島田・前掲注44）276頁以下参照。

[51] 例えば、深町・前掲注6）127頁。

[52] Statt vieler, LKVor32Rn95（Hirsch）. 故意犯と過失犯との行為無価値の差を根拠に、216条の「真摯な嘱託」までは不要とし、本文中のように考えるのである。

[53] 危険認識すら不要として、被害者に結果の認識可能性と回避可能性があれば、行為者の注意義務違反を否定する余地を認める P. フリッシュも、生命、身体の侵害について、旧226条 a の制約がかかることを認めており、被害者に過失があれば直ちに行為者の罪責を否定するわけではない（P. Frisch, a. a. O.（Anm. 39）, S. 129）。

[54] 故意、過失まで含めて構成要件というのであれば前者、そうでなければ後者だが、実質は変わらない。

自分に対して殴りかからせ、その結果甲が怪我をした場合、喧嘩が「公序良俗違反」であったとしても、甲の同意の存在により乙に傷害罪は成立しない。また、ドイツの判例において問題となった、警察官が、車のダッシュボードに拳銃を放置したところ、気分が抑鬱していた交際中の同乗女性が、それを用いて自殺した場合[55]には、警察官の行為は違法ではあるが、過失による自殺幇助として不可罰となる。

　もっとも、以上のような行為後に、行為者の故意の不作為が存在する場合については、更なる検討を要する。同意によって不法の存在それ自体が否定される場合には、行為者の当初の行為は、いわば被害者を適法に手助けする行為に過ぎず、その行為を根拠に不作為犯を認めるべきではない[56]。これに対し、被害者が死の危険にさらされている場合には、行為者の当初の行為は、違法な危険創出行為であり、そのことを根拠に不作為による自殺関与罪の成立を認める余地があるように思われる[57]。

　しかし、以上のような法律構成は、危険引受が問題となる事例群のごくわずかな部分にしか解決を与えない。危険引受が問題とされる多くの事例においては、被害者に以上のような意味での同意は存在しないからである。例えば、前述した千葉地判の事案や、ドイツの84年判決の事案において、被害者が死の結果を認識、甘受していたとは到底思えない。それでは、同意論によって不可罰とできない場合、はたして、また、どのような観点から、どのような範囲で、被害者の関与を根拠として、行為者を不可罰とすべきなのだろうか。以下、ドイツ及び日本の学説に検討を加えるが、まずはドイツにおいて有力な、正犯論と関連づけられた客観的帰属論に検討を加えてゆこう。

---

[55] BGHSt24, 342. 被害者は前にも自殺未遂をしたことがあった。
[56] たとえ親子関係等の通常であれば保証人的地位を基礎づける関係があってもそのことは同じであろう。もっとも、子供が幼年者である場合には、そもそも同意能力自体が否定される場合があり、そのような場合には、保証人的地位を肯定し、不作為による殺人罪を認めることができる。
[57] 島田聡一郎「不作為犯」法教263号117頁、同「他人の行為の介入と正犯成立の限界（五・完）」法協117巻6号860頁以下。もちろん、作為可能性の存在が前提である。この問題に関するドイツの判例の紹介としては、塩谷毅「自殺関与事例における被害者の自己答責性（一）（二・完）」立命255号1125頁、257号65頁が詳しい。

Ⅳ 正犯論と関連づけられた客観的帰属論の検討

1 自己危殆化への関与と正犯論

　前述したドイツの通説は、被害者が事象を支配している場合、被害者に責任能力があり、かつ被害者が自分を危険にさらすことを認識していれば（いわば認識ある過失があれば）、原則として行為者を不可罰とする（自己危殆化への関与）。このことは、前述した故意による自己侵害への関与が不可罰であることから論証される。つまり、より重大な自己侵害への関与が自殺教唆、幇助として不可罰である以上、より軽い自己危殆化への関与も不可罰とすべきだ、というのである[58]。しかし、この論証には賛成できない。なぜなら、自己危殆化と自己侵害とを比べて、前者が後者よりも「軽い」と直ちには言えないからである。すでに指摘されているように[59]、少なくとも被害者の自己決定の観点からは、結果が生じると思っていない前者の方が、後者よりむしろ当罰性が高い（あるいは法益の種類によっては前者であって初めて可罰性が生じる）というべきであろう。

　もっとも、ドイツの一部の学説は、前者の方が「目標の方向性や、通常は、客観的な危険状態から見ても、生命をよりわずかにしかおびやかさな

---

[58] もっとも、この論拠の有力な主張者であるロクシンは、近年、この論拠をあまり重視していない。メリアによれば、ロクシンは、1994年に開催された研究会において、「自殺に対する共犯が処罰されている法制度においては自己危殆化への関与はどのように扱われるべきか」という質問に対し、「自殺への関与は、特別な犯罪類型として可罰的であるにとどまり、自殺の領域での異なる解決が、通常の生命に対する罪における帰属問題に影響しなければならないと考える必然性はない」と解答したとのことである（Meliá, a. a. O.（Anm. 27）S. 369.（Anm. 43））メリアは、「それでは、『共犯からの論証』はいったい何のためにあるのだろう」と疑問を呈している）。また、ロクシンの体系書においても、「この論拠が実定法に結びつけられているからといって、そのことによって、その背後にある規範的価値決断を覆い隠すことになってはならないのは当然である。その価値決断とは、つまり、自己の意思に反して危険にさらされた者がいない場合には、関与者の行動の自由を制約する根拠は全くない、ということである」と述べている（Roxin, ATBd I, S. 335（Anm. 176））。

[59] 山口・前掲論文（研修）6頁、曽根威彦『刑事違法論の研究』（1998）169頁、小林・前掲注49）158頁、深町・前掲論文（注6）131頁。ドイツでは、Urlich Weber, Einwände gegen die Lehre von der Beteiligung an eigenverantwortlicher Selbstgefährdung im Betäubungsmittelstrafrecht, Festschrift für Günther Spendel, 1992, S. 376がこの点を指摘する。

い」[60]として、前者の「軽さ」の根拠をその危険性の低さに求めようとしている。確かに、Ⅴで後述するように、危険性の程度は結果帰属において一定の意味は持つように思われる。しかし、このことが、自己危殆化への関与を一律に不可罰とする論拠となるとは思えない。まず第1に、被害者に実現意思がなくても客観的な危険性が高いことはあり得、危険性の程度と、自己危殆化と自己侵害の区別とは一対一対応ではない。第2に、このような危険性の程度の相対的な差異が、なぜ、関与類型論の観点から重要となるかについては、十分な説明がなされていない。以上のように、この自殺関与の不可罰性から自己危殆化への関与の不可罰性を論証する議論は、その結論はともかく、論証プロセスにおいて賛成できない。

2　合意に基づく他者危殆化

　これに対し、行為者に事象に対する支配がある場合（あるいは学説によっては、被害者に事象に対する支配がない場合）[61]の扱いに関しては、正犯論を意識した客観的帰属論者の中でも一致を見ない。学説は大別して3つに分かれる。第1の見解は、そのような場合には行為者の正犯性は肯定した上で、被害者の危険に対する同意を根拠に、さらに行為者の目的等の点に一定の制限をかけた上で違法性阻却を認める見解である（いわゆる加重同意説）[62]。第2の見解は、自己危殆化への関与と合意に基づく他者危殆化を区別せず、後者も前者と基本的に同じ要件で不可罰とするものである[63]。第3の見解は、この場面においても、なお正犯論との関係を意識して、合意に基づく他者危殆

60　Dölling, a. a. O.（Anm. 20）, S. 77.
61　両者の相違は、後述するように被害者―行為者双方に「支配」が認められる、いわば共同正犯型の事案（例えば、前出の OLG Bayern, NJW1990）において生じうる。
62　注20）に掲げた文献参照。
63　Bernd Schünemann, Moderne Tendenzen in der Dogmatik der Fahrlässigkeits- und Gefährdungsdelikte, JA1975, SS. 722-723. シューネマンは、合意による他者危殆化は、自己危殆化と、行為支配が最後まで行為者に残っている点において区別されるが、この場面では行為支配は意味を持たない、とする。なぜなら、被害者の危険引受後、行為者にさらに過失があれば合意による他者危殆化は否定されるから、合意による他者危殆化が肯定される場合には、（行為者が行為支配を有している）直接の行為は責任がない。そうすると行為者が「自由に原因を設定した」時点まで、問責対象行為を遡らなければならない。そして、その時点では、両者は有意に区別されない、というのである。

化が自己危殆化への関与と同視できる場合に結果帰属を否定するものである。なお、第2のそれと第3のそれとの区別は相対的なものではあるが、正犯論と関係する視点を導入しているか否かという点において、両者はなお有意差があると思われる。

　第1の見解については、違法阻却事由について検討するⅥにおいて検討を加えることとする。第2の見解については、被害者の同意がある場合には、そのこと自体が前述のように決定的な意味を持つので、自己侵害への関与と同意に基づく他者侵害とは完全に同視できるとしても、ここで問題としている同意が欠ける場合にまで、両者における被害者の危険制御可能性の相違を完全に無視する点に疑問が残る。この点については、Ⅴで詳論することとしよう。ここでは、もっぱら最後の見解に検討を加える。

　こうした見解を代表するロクシンは、合意に基づく他者危殆化が自己危殆化とあらゆる重要な観点において同視できる場合に結果帰属を否定する。もっとも、彼によれば、このような同視は一般的に可能というわけではない。なぜなら、自己の危殆化を他人に委ねた者は、危険を自分の力で支配しようと試みることが可能である自分自身を危殆化する者よりも、事象に身を委ねている程度がより高いからである。しかし、ⅰ損害が行為者が身をさらした危険の現実化であり、行為者の他の過ちが付け加わって生じたのではないこと、ⅱ危殆化された者が、共同して行った行為について、危殆化を行った行為者と同程度の答責性を引き受けていること、の2つの要件が満たされている場合には、両者が同視され、さらに、ⅲ自己危殆化の場合と同様、被害者に行為者と同等の危険認識があれば帰属が否定されるとする[64]。そして、前述したエイズに関するバイエルン上級裁判所の事例を、合意に基づく他者危殆化ではあるがこのような同視が可能であるとして、不可罰とするのである。

　しかし、ⅰは、自己危殆化と他者危殆化の同視のための要件としては、実際上、あまり意味がない。なぜなら、ⅰが否定される場合には、行為者の当該結果に実現した危険に対する認識が欠けるので、そもそも、自己危殆化す

---

[64]　Roxin, ATBd Ⅰ, S. 344. (注38) のOLG Zweibrücken, JR1995も参照。

Ⅳ 正犯論と関連づけられた客観的帰属論の検討   143

ら認め得ないからである[65]。そうすると、この見解は、実際上、被害者が事象に対する支配を有していないことを、ⅱの被害者の共同答責性によって、いわば埋め合わせることに帰着する。しかし、被害者による事象支配の存否の観点から、いったん自己危殆化への関与と合意による他者危殆化を――それも実定法における（嘱託）殺人の可罰性と自殺教唆、幇助の不可罰性と関連づけて――異質なものとしながら、なぜⅱの要件によって、それを埋め合わせることができるのだろうか[66]。この点についての理論的根拠はなお明らかでないように思われる。

　もっとも、このような批判に対しては、正犯論の観点から、次のような反論がなされることが予想される。それは、ロクシンが指摘する不可罰となる合意に基づく他者危殆化の事例は、被害者の自己答責性が認められるから[67]、本来、自己危殆化への関与とされるべきであり、仮に被侵害法益が生命の場合に故意で行われたとしても、（嘱託殺人罪を含んだ）殺人罪ではなく、自殺教唆、幇助（として、ドイツ刑法においては不可罰）とされるべき行為である[68]、という反論である[69]。つまり、殺人罪と、自殺教唆、幇助との区別を、正犯と教唆・幇助の区別と対応させた上で、被害者に事象に対する支配あるいは直接事象を支配する者への積極的な関与のいずれかが認められれば、被害者が「事象の主役」となるが、そうでない場合には、行為者に故意があれば（嘱託殺人罪を含む）殺人罪が、過失であれば過失致死罪がそれぞれ成立する、というのである[70]。

65　Vgl. Uwe Hellmann, Einverständliche Fremdgefährdung und objektive Zurechnung, Festschrift für Claus Roxin, 2001, S. 281.
66　山口・前掲論文（研修）6頁。
67　自己答責性をこのように嘱託（あるいは同意）殺人罪と自殺教唆、幇助との区別の基準として用いるわが国の文献として、塩谷毅「自殺関与事例における被害者の自己答責性（二・完）」立命257号96－97頁、同「『被害者の自己答責性』について」『井戸田侃先生古稀祝賀論文集』（1999）788頁。
68　Harro Otto, Eigenverantwortliche Selbstschädigung und -gefährdung sowie einverständlicher Fremdschädigung und -gefährdung, Festschrift für Heribert Tröndle, 1989, S. 170 も、従来、合意による他者危殆化に位置づけられてきた類型の一部を自己危殆化に対する関与に位置づけて不可罰とする。わが国でこれを支持するのは、吉田・前掲注3）433頁。
69　もっとも、ロクシン自身は、両者の区別は、「自殺者の視点から見て直接生命を断つ行為に対する支配」が被害者にあるか、行為者にあるかによるとしており、このような反論をしているわけではないが（Claus Roxin, Die Sterbehilfe im Spannungfeld von Suizidteilnahme, erlaubtem Behandlungsabbruch und Tötung auf Verlangen, NStZ1987, S. 347f.）。

しかし、このような考え方を、わが国の刑法の解釈論として主張することには残念ながら無理がある。以上に述べた反論は、実は、重要な点を1つあいまいなままにしている。それは、行為者と被害者が共同正犯的に関与している場合を可罰的とするか不可罰とするか、という点である。そして、これをいずれと考えたとしても、それぞれ解決できない欠陥が生じてしまう。

まず、仮に、行為者と被害者とが共同正犯的に関与する場合には、被害者もなお事象の主役なので、行為者は不可罰となると考えてみよう[71]。このような考え方をわが国の解釈論に持ち込むと、故意の嘱託殺人罪の処罰範囲が極めて限定されたものとなってしまいかねない。「嘱託」の概念は、被害者からの一定の積極的な働きかけを前提としているところ、そのような働きかけがあれば、わが国における通常の場合の（共謀）共同正犯の成立要件は十分満たされていることが大半だと思われるからである[72]。また、仮にこの点を譲り、共同正犯の要件をより厳格に考えたとしても[73]、なお理論的な疑問が払拭できない。被害者と行為者とが共同正犯的に事象に関与しているのであれば、通常の犯罪類型であれば、両者共に「事象の主役」とされるはずである。なぜ、被害者の関与の場合にだけ、前者が「主役」であることが、後者を「主役」でなくすのだろうか。この点は明らかでないと言わざるを得ない。

もう1つの可能性としては、行為者が共同正犯的な関与をしている場合には、行為者はなお可罰的であり、被害者がより積極的に、いわば間接正犯的に、事象に関与している場合に限って、行為者を過失による「幇助」として不可罰とすることが考えられる[74]。しかし、このような見解にも疑問がある。

70　松宮・前掲注3）536頁、さらに、同「過失犯における正犯概念（三）」立命279号1382頁も参照。

71　このような立場に立つドイツの論者として、例えば、Walther, a. a. O.（Anm. 20）, S. 246 ; Friedrich‐Christian Schroeder, Beihilfe zum Selbstmord und Tötung auf Verlangen, ZStW106, S. 574.

72　小林・前掲注49）173頁も参照。

73　神山敏雄「自殺関与をめぐる正犯と共犯の限界」岡法39巻4号589頁は、被害者と行為者のいずれが「因果的に決定的役割」を果たしていたかによって、同意殺人と自殺教唆、幇助とを区別される。共同正犯の成立範囲が極端に狭くなる点をおけば、このような見解によれば、確かに、第一の批判は回避できる。しかし、この見解に対しても、本文中で述べる第二の批判はなお妥当する。

まず第1に、自殺教唆、幇助（教唆、幇助）と同意殺人（共同正犯）とが、同一条文内で、同じ法定刑で処罰されている日本刑法典の解釈において、過失犯に関しては、その一部だけが処罰の対象となるというのはかなり無理がある[75]。もちろん、これに対しては、過失による共同正犯を処罰しながらも、過失による教唆、幇助を処罰しないわが国の多数説からは、そのような解釈が可能である、との反論がなされるだろう[76]。しかし、同意殺人罪は、その法定刑の低さからもわかるように、単なる共同正犯ではなく、同意の存在により不法が減少した関与類型でもある。過失の共同正犯肯定説からも、そのような行為について過失犯を処罰することは、やはり38条1項に反すると言わざるを得ないように思われる[77]。第2に、この見解が、被害者が間接正犯「的に」、行為者が幇助「的に」関与する余地を認めることにも疑問がある。法益侵害結果と直接結びついている被害者を、行為者に対する背後者と見ること自体かなり不自然な構成である[78]。しかし、その点はおいたとしても、通常の第三者利用の間接正犯においては、背後者によって強い影響を受けて犯罪を実行した者をも正犯とするのが日本の通説であり、判例も（下級審判例に若干の例外はあるものの）基本的にはそのように考えている[79]。被害者の

74　例えば、塩谷・前掲注3)（四・完）98頁。
75　塩谷助教授が、自殺教唆、幇助が処罰されているわが国においては、ロクシンの自己危殆化への関与を不可罰とする論理はそのまま用いることはできないとすることは（塩谷・前掲注3) 547頁）、それ自体は正当であるが、その指摘は、皮肉にも、本文中に述べたような意味で、同時に自説に対する批判ともなりうるものである。また、塩谷・前掲注67) 119頁が、同意、嘱託殺人罪と自殺教唆、幇助罪の異質性を強調し、さらに、自殺幇助の存在に立法論的疑問を呈されるのは、この意味で理解可能である。しかし、現行法の解釈としては、このような解釈はやはり困難である。また、仮に立法により、自殺幇助を削除したとしても、自殺教唆が残れば、やはり問題は残されたままである。
76　松宮・前掲（三・完）注70) 1382頁参照。
77　小林・前掲注49) 161頁も参照。
78　島田・前掲注44) 256頁。さらに言えば、そのような考え方は論者（塩谷・前掲注67) 117頁）が好意的に引用する「自由主義的に構築された法秩序においては、法益を保持し危殆化しないことの第一次的な管轄は法益主体である被害者自身にある」（Ulfrid Neumann, Die Strafbarkeit der Suizidbeteiligung als Problem der Eigenverantwortlichkeit des "Opfers", JA1987, S. 248) という考え方とも整合的でない。第一次的管轄を有する者は、本来、間接正犯ではなく、直接正犯とされるべきだからである。ノイマンは、主に、ドイツ刑法における自殺教唆・幇助と殺人との区別を念頭に置いて、被害者と行為者の疑似共同正犯の場合には被害者の答責性を根拠に前者とし、被害者が答責的でない場合に後者として行為者の可罰性が生じるとしているにとどまり、被害者が「間接正犯的」な場合に、行為者が不可罰となるとしているわけではない。

146　第4講　被害者による危険引受

関与の場合には、なぜ通常の場合と異なって、行為者を「幇助的」と評価してよいのかについての説明は必ずしも十分になされていない。さらに、その具体的要件については争いがあるが、間接正犯を認めるためには、一般に、被利用者がかなり強度の意思抑圧状態におかれていることが必要とされている[80]。論者が不可罰とするエイズに関するバイエルン上級裁判所の事案などは、このような要件が満たされているとは到底思えない。このような批判に対しては、被害者を間接正犯とする要件と、行為者を間接正犯とする要件とは異なってよい、という反論が予想される。しかし、そのように考えることは、「人は「答責的」な人格として、事象に関与しうるのであって、これは「被害者」でも同様である」として、被害者と第三者とを同視する論者の立場[81]とまさに正面から抵触してしまうだろう。

Ⅴ　正犯論と切り離された結果帰属否定論

1　総説

以上のように、被害者に危険の認識しかない場合に、正犯論と関連させて客観的帰属を否定する見解には賛成できなかった。しかし、因果関係、結果帰属を否定する論拠は、正犯論と関連づけられたものだけではない。正犯・共犯に共通する、危険の創出、実現という枠組の中で、被害者の関与に一定の意味づけを与えることも考えられる。では、このような結果帰属の限定は、いったいどのような根拠から、はたして、またどのような範囲で認められるべきなのだろうか[82]。

79　島田・前掲注44)　15頁。
80　島田・前掲注44)　297頁。この意味で、曽根・前掲注59)　170頁が「行為者が被害者の圧倒的な意思支配の下に置かれる」などの場合にはじめて行為者を不可罰とするのは理解できるところである。
81　塩谷・前掲注3)　667頁。
82　この問題の体系的位置づけについて、若干言及しておこう。ドイツの学説には、この問題を「注意義務違反」の存否の問題とするものがある (z. B., Klaus Geppert, Rechtfertigende Einwilligung des verletzten Mitfahrers bei Fahrlassigkeitsstraftaten, ZStW83, S. 992ff.)。概念の定義の問題ではあるが、注意義務違反の概念を、(他の場合に理解されているように) 事前的な観点から見た行為それ自体の一般的属性によって決まると理解する場合には、このような位置づ

2 いわゆる被害者学原理及びそれに類似する見解

この点、ドイツの有力な学説は、被害者にも法益保護のための義務を課すべきだ、という前提から出発して、結果帰属の範囲を制限しようとする。「社会的損害を防ぐための最終手段としての国家による刑罰賦課は、被害者が保護に値せず、保護を必要としない場合には、登場すべきでない」[83]というのである[84]。また、社会生活を営むために必要な規範を示すことを刑法の目的と考えた上で、規範の妥当の維持のために、規範が違反された場合には違反した者が悪いと宣言すべく、その違反を（被害者、行為者を問わず）違反者に帰属する、という考え方を前提とした上で、被害者と行為者とが一定の社会的接触を「共働して作り上げて」いる場合には（行為者が被害者に存在する認識や決定の余地の前提を奪ったような場合以外）、被害者がその危険を引き受けなければならない、とするヤコブスらの見解[85]の背景にも、このような発想が見え隠れする[86]。

このような考え方からは、被害者の態度それ自体が重要となるので、前述した合意による他者危殆化と自己危殆化への関与の区別は意味をなさず[87]、被害者に自己を保護すること、結果を回避することが期待できる場合には、行為者は原則として罪責を負わないことになる。そして、被害者の危険の認識も、そのような期待を基礎づけるものであれば足りるから、かなり緩やかな、いわば「抽象的な危険」の認識で足りるか、さらに徹底すれば、危険の

けには賛成できない。注意義務違反が否定されるとすると、このような行為から危険認識のない第三者に結果が生じた場合にまで犯罪が成立しないことになりかねないからである（松宮・前掲注3）536頁）。「危険創出」の問題とすることも、それを「危険実現」と切り離された概念と位置づける限り同じ問題を孕む。後述するように、「当該結果に実現した危険に対応する危険創出の否定」と位置づけるべきであろう。

83 引用部分は、Bernd Schünemann, Zur Stellung des Opfers im System der Strafrechtspflege, NStZ1986, S. 439. さらに、ders., Fahrlässige Tötung durch Abgabe von Rauschmitteln?, NStZ1982, S. 62. も参照。
84 被害者学原理と危険引受論の関係について、さらに詳しくは、Ralf-Peter Fiedler, Zur Strafbarkeit der Einverständlichen Fremdgefährdung, 1990, S. 121ff.
85 Günther Jakobs, Strafrecht, Allgemeiner Teil, 2. Aufl., 1991, S. 254.; Derksen, a. a. O.（Anm. 27）, S. 198ff; Meliá, a. a. O.（Anm. 27）, S. 376ff.
　これらの論者の見解には微妙な差異もあるが、紙幅の関係上、本稿では深入りしない。
86 小林・前掲注49) 185頁の的確な分析参照。もっとも、論者は、被害者学原理との相違を強調するが（Derksen, a. a. O.（Anm. 27）, S. 108ff）。
87 Schünemann, JA1975, S. 723 ; Derksen, a. a. O.（Anm. 27）,S. 241.

認識可能性[88]で足りることになる。現に、このような立場から、例えば、前述したエイズ感染事例において、被害者が、行為者が売春婦であることを認識していれば、具体的なエイズ感染の可能性について認識していなくても、過失犯の成立を否定する見解が主張されているのである[89]。

確かに、多くの行為が一定の危険性を孕んでいる現代の高度文明社会においては、被害者が一定の自己保護措置をとることを前提として社会制度が組み立てられている場合があることは否定できない。例えば、我々が日常的に用いる道具であっても、適切に用いない限り、重大な損害が生じうるものは多々存在しているが、そうした道具の作成、提供を一切禁止するのでは、我々の社会生活は凍結してしまう。それ故、これらの見解がいうように、被害者が自己保護措置をとることを期待してもよく、その期待が裏切られたとしても、行為者に負責しない場合を認める余地はあるように思われる。

しかし、これらの見解の論拠、帰結をそのまま受け入れることはできない。すでに指摘されているように、この考え方を徹底すると、例えば、鍵をかけていない家から物を盗んでも窃盗は成立しないということになりかねないが、それはあまりに不当な結論である。理論的にも、この見解の論拠とする刑法の最終手段性とは、刑罰権を独占する国家は、公的に承認された他の法的手段（例えば、行政処分）によって社会的損害の発生を抑止することが十分可能な場合には重大な害悪である刑罰を用いるべきでない、という原理であって、そこから、（国家にではなく）被害者に犯罪回避可能性があるから刑罰を用いるべきでない、という結論を導くことには論理の飛躍があるように思われる[90][91]。

88　P. フリッシュは、今日、我々は「危険共同体」に属し、今日の過失犯の被害者は、明日の加害者にもなりうる以上、加害者に一方的に法益保護のための義務を負わせるのではなく、被害者にも加害者と同様の義務を負わせるべきだと主張し、そこから被害者に結果の予見可能性、回避可能性がある場合には、行為者に優越した危険認識がなく、旧226条 a のいう「良俗違反」に該当しない限り、過失犯の成立を否定する（P. Frisch, a. a. O.（Anm. 39）, S. 121ff.）。この見解は、シューネマンらによって被害者学原理が本格的に主張される以前のものであるが、根底において通ずる発想に基づいており、ドイツにおいても、実質的には被害者学原理を先取りしたものであるという評価がなされている（Derksen, a. a. O（Anm. 27）, SS. 97-98.）。

89　Meliá, a. a. O.（Anm. 27）, S. 378.

90　Roxin, AT　Bd I , SS. 508 - 509.

91　また、犯罪原因を探求するための犯罪学に本籍を置く「被害者学」から、刑法学における規

そこで、被害者学原理を基本的に支持する論者の中でも、以上のような結論の不当さを避けるため、被害者の要保護性が失われる場合をより限定する見解もある。例えば、フィードラーは、被害者学原理を前提としながらも、被害者の自己にとっての危険創出も規範に矛盾する態度であるとの考え方に立った上で[92]、被害者が危険を完全に認識しつつ、一般的生活危険を超えた結果発生の危険を自らの行為によって作り出した場合[93]に限って、被害者の要保護性が失われるとする。しかし、なぜそのような場合には、また、そのような場合に限って、被害者の要保護性が失われるのかについての説得的論証はなされていないように思われる[94]。

3 被害者の関与と結果の帰属

では、どのように考えるべきだろうか。前述した被害者学原理は、行為者と当該具体的被害者の態度を、いわば衡量して被害者の要保護性を決する考え方を前提としていた。しかし、こうした発想には問題があった。行為者を処罰するのを被害者に全く落ち度がない場合に限るのでは、処罰範囲が狭すぎるし、不可罰範囲を限定しようとすれば、その基準が被害者学原理の論理の中には内在しない以上、恣意的なものとならざるをえなかったのである。

むしろ、ここでは、被害者の個別事情を一定程度捨象することによって問題解決を図ることができるように思われる。被害者が、結果に実現した危険を行為時において的確に認識し、かつ結果の発生を望んでいない場合、彼は、通常であれば、その危険を回避して、我が身を守ろうと試みる。そうである以上、被害者に危険の認識があり実現意思がない場合には、行為時における当該被害者に対する結果発生の危険は、通常よりも低くなるといえる。もちろん、現代の複雑化した社会においては、通常の人間の能力では回避できない高度の危険も存在しており、そのような危険を、危険を認識した個人が回避することを期待することはできない。そのような場合には、被害者に

範的解釈基準を直ちに導き出すことはできない、という批判もある（Rainer Zaczyk, Strafrechtliches Unrecht und die Selbstverantwortung des Verletzten, 1993, S. 11）。

92 Fiedler, a. a. O.（Anm. 84), S. 176.
93 a. a. O, S. 177, S. 179.
94 塩谷・前掲注3）74頁参照。

危険認識があっても危険はなお高度である。また、個々人の有する危険回避の生理的、物理的能力[95]はそれぞれ異なるが、刑法的保護の実質的平等性を確保するためには、人はあくまで当該能力を持った具体的個人として保護されなければならないから、当該被害者の持つ生理的、物理的危険回避能力はそのまま前提として考えざるを得ない。しかし、個人の自己保護を前提として社会制度を組み立てざるを得ない現代社会においては、そのような能力を有する者には、当該能力を用いることが期待されるのであり、その能力を行使するかどうかについての個別的な意思は、いわば考慮から除外して、行為時の危険を判断すべきである。そうだとすれば、被害者の危険認識と結果実現意思の欠如を前提にして、被害者の能力に鑑みれば危険の程度が相当低く押さえられているにもかかわらず、被害者がその能力を行使せず、そのこと故に結果が生じた場合には、行為時においては小さな危険しか存在しなかったにもかかわらず異常にも結果が発生してしまったと評価できるから、法的に異常な因果経過として、因果関係、結果帰属を否定すべきである[96][97]。なお、以上のように考えると、一見、被害者の危険認識は不要であり、その認識可能性が存在するだけでも、それが高度の場合には、やはり危険性が小さいと評価される場合があるのではないか、と思えなくもない。しかし、危険

[95] なお、ここで問題としている危険回避能力は、問題となっている危険に応じて異なるから、責任能力等と一対一対応ではなく、軽度かつ容易に回避可能な危険については、比較的低い能力で足り、他方、回避困難な高度の危険については、責任能力があるからといって当然に足りるというわけではない、ということになる。この限度において、塩谷・前掲注3) 93頁参照。

[96] 比喩的に言えば、過失の標準における能力区別説をイメージするとわかりやすい。個人の生理的、物理的能力はあくまで被害者その人を前提に考えるが、結果回避に向けられたあるべき心理的態度は、一般人を基準とするのである。

[97] 深町・前掲注6) 141頁は、被害者の危険認識に一定の意味を認めながらも、それを予見可能性の一部をなす信頼の原則の枠内で考慮する。助教授が具体的事例において導かれる結論には参考になる部分も多い。しかし、まず、行為者に結果発生の（未必の）故意がある場合には、本文中に述べたような状況があってもすべて可罰的となる点が結論において妥当でない。さらに、そもそも客観的構成要件該当性を限定せずに、予見可能性だけを限定することには、理論的に無理がある。予見可能性の対象はあくまで構成要件に該当する事実なのであり、構成要件該当性の内容をなす結果帰属要件が本文中のように限定されて初めて、そうした被害者の危険認識（および回避措置をとること）を予見可能性において問題とすることができるはずだからである（なお、同139頁においては、相当因果関係を限定する趣旨ととれる記述もあるが、その後同趣旨の記述はない）。被害者が危険を認識し、それにもかかわらず、容易な結果回避措置を怠って結果が発生した場合も、過失犯の客観的構成要件該当性が肯定されるのであれば、そのような事実の予見可能性を有している行為者には予見可能性が認められてしまうのである。

V 正犯論と切り離された結果帰属否定論 151

回避能力がある者に対して、その能力を不断に行使するよう要求するのでは、被害者は危険の存否に絶えず気を配らなければならず、萎縮効果が生じ、潜在的被害者、市民一般の社会活動の自由が大幅に制約されてしまう。それ故、以上の論理は当該具体的被害者に危険回避の具体的な手がかりが与えられている場合、言い換えれば、被害者の危険の認識がある場合に限って認められるべきである。以上のような観点からは、危険認識の内容としては、被害者に具体的状況の下で必要となる回避措置を動機づけるに十分な程度に具体化された危険の認識が必要であり、被害者が認識していなかった別個の危険が実現した場合には、結果帰属を否定すべきではない[98]。前述したようにドイツの学説は、行為者が、被害者が認識して引き受けた危険以外の危険を基礎づける過失行為をも行って、そのために結果が生じた場合には、結果帰属を肯定する。そうした場合は、被害者に新たな過失によって生じた危険に対応する認識が存在していない場合が多いと思われるから、そのような結論は妥当であろう[99]。

　以上の見解は、一定の個別事情を捨象した上で、事実的危険の創出を問題とし、それが一定の程度に達し、かつ結果に実現した場合に結果帰属を認め、そうでない場合には結果帰属を否定するという限度では「相当因果関係説的」な思考を前提とするものではある。しかし、その捨象の仕方において規範的考慮を認める点においては、いわゆる客観的帰属論に足を一歩踏み入れたものといえよう[100]。いずれにせよ、これは客観的構成要件該当性の判断であり、行為者の主観には影響されないから、行為者に故意が存在している場合にも同様の判断がなされる。また、共犯にも、このような意味での因果関係は必要と解すべきであるから、この要件が満たされない場合には、自殺

---

[98] 例えば、ドイツの判例には、被害者は、運転者が無免許であることを知って、オートバイに同乗したが、ブレーキに故障があることは知らなかったところ、行為者がスピードを出しすぎて転倒し、被害者を殺害してしまった場合に、過失致死罪の成立を認めたものがあるが（RGJW1925, 2250）、本文中に述べたところからも支持できる。なお、山口・前掲論文（齋藤古稀）99頁も参照。

[99] もちろん、被害者が、その新たな危険をも認識した後、さらに十分に回避措置をとることができる状況にあれば、結果帰属が否定される余地はなお残る。

[100] この意味で、山口・前掲論文（研修）7頁が、引き受けられた危険の実現の場合に、相当因果関係を否定されるのは理解できるし、また、松宮・前掲注3）531頁が、山口説を「客観的帰属論の思考そのもの」と評されるのも理解できるところである。

関与罪の成立も否定されるべきである。逆から言えば、結果帰属が否定されるのは「その過程を行為者が認識していたとしても、なお結果を行為者に帰責することが妥当でない」[101]と評価できる程度に行為時の危険性が小さい場合に限られると言ってもよい。

以上の点に関し、井田教授は、「行為時の判断による危険がそれほどでもないか、または比較的高度な危険があるがその危険をコントロールできている」場合には、生命侵害についても危険引受により違法阻却を認められる。体系的位置づけは異なるが、その結論には、以上のような観点から基本的に賛成することができる[102]。

そして、以上のような場合、当初作出された危険は法的に「許される」と評価されたものなのだから、その行為の時点で、正当防衛により当該行為を阻止することは許されない[103]。また、そのような行為を同時に危険創出と評価することは評価矛盾だから、危険創出行為を根拠とした不作為犯も認めるべきではないだろう[104]。

4 具体例への適用

では、以上のような考え方からは、具体的にどのような場合に、危険の引受により結果の帰属が否定されるのだろうか。

(1) **スポーツ事故**　まず、社会的に公認されたスポーツのように、傷害、死亡の危険を低く抑えるためのルールが設定されている行為について、そのルールを守っている場合や、あるいはルールに違反しても、そのルールがも

101　平野龍一『刑法総論Ⅰ』(1972) 142頁。
102　井田・前掲注2) 79頁。もっとも、井田教授は、危険を事前的に判断され、「相手方ボクサーの脳に高度の病変があったことが事後的に判明したこと」は考慮されない。しかし、このような事情は、むしろ考慮すべきである。「特殊な素因をもった人もそのような人として刑法上保護されるべき」(山口厚他『理論刑法学の最前線』(2001) 25頁 (佐伯仁志))だからである。このような場合には、責任要素としての結果の予見可能性を否定する余地を認めるにとどめるべきであろう。
103　なお、この点、佐伯・前掲注2) 193頁は、構成要件該当性を否定するだけでは正当防衛の可能性が残ると指摘される。確かに、正犯性を否定する見解についてはそのような指摘があてはまるが、正犯、共犯に共通する危険の創出を否定する場合には、もはや「急迫不正の侵害」にも「現在の危難」にも当たらなくなるというべきであろう。
104　Claus Roxin, Strafrecht Allgemeiner Teil BdⅡ, 2003, SS. 771-772.

V 正犯論と切り離された結果帰属否定論　153

っぱら勝敗を決めるためのものであり、その違反があっても、違反がない場合と比べて危険に有意差がない場合（例えば、バスケットボールでダブルドリブルした結果、被害者にぶつかり、被害者を転倒させて怪我をさせた場合）には、このような観点から結果の帰属を否定できる場合が多い。このようなスポーツを行う者は、通常、ルールにのっとった行為から生じる危険には対応することができると考えられるからである。これは、ボクシング、柔道などの相手方に侵襲を加えることを目的としているスポーツにおいても、サッカー、野球のようにそれ自体が目的でないスポーツにおいても同じことである[105]。もちろん、危険性に重大な差を生じさせるようなルール違反があった場合、例えば、ボクシングにおいて、グラブの下に、こっそりナックルをつけていた場合や、野球の投手が、打者の頭部に剛速球を投げ込むような場合には、話は別である[106]。こうした場合、相手方はナックルの存在、危険球が投げられることを前提として行動していないのだから、危険認識が欠け、結果帰属はなお肯定される。また、練習等において、相手方が初心者で危険回避能力が低い場合には、行為者にはそれ相応の配慮が求められるのであり[107]、行為者が被害者のそのような能力に対応しない行為を行って、そこから結果が生じた場合には、結果帰属を肯定すべきである[108]。ドイツの判例、学説のいう「事態に関する優越的知識」によって、結果帰属の可否が決まる場合の一つ

---

[105] 前者においては、例えばボクシングでカウンターをねらうためにわざと殴られる行為などにおいて同意が認められる場合があり得る。しかし、これらのスポーツにおける侵襲が全て同意によってカバーされるわけではなく、いずれにせよ危険引受を問題せざるをえない。

[106] わが国の裁判例には、深夜、路上で、友人と空手の練習中、興奮のあまり一方的に殴打して友人を死亡させた事案において、不相当な場所で、正規のルールに従うことなく危険な方法、態様で練習したことを理由に、傷害致死罪を認めたものがある（大阪地判昭62・4・21判時1238号160頁）。有効な同意の範囲を超えていたと思われるし、さらに、本文に述べたような危険引受の視点を加味しても、結果帰属を肯定した結論は妥当である。もっとも、弁護人が主張するように、被告人が、被害者の同意の範囲で行動するつもりがあれば、故意がなく、重過失致死罪とすべきではあろう。しかし、この事案では、行為者に同意の範囲を超えることの未必的認識も肯定できると思われる。

[107] これに対して、公式試合に出場している者が、実際には何らかの事情で危険回避能力が乏しかったとしても、相手方としては、「試合に出場している以上、たぶん大丈夫だろう」と信頼することが許され、予見可能性が否定されると考えられる。この場合、危険引受を根拠に結果帰属を否定すると、例えば、中学生のスポーツの試合などにおいて、監督者の責任まで問えないことになりかねず、妥当でない。

[108] これに対し、林幹人『刑法総論』（2000）183頁は、ダートトライアル事件では、行為が許された危険の範囲内にあることを理由に、見物客に結果が生じた場合にも、業務上過失致死の成

は、このような場合である。

　以上のような観点からは、冒頭のダートトライアルに関する千葉地裁の無罪判決は、違法阻却という体系的位置づけにやや疑問はあるものの、その結論に関しては、考慮した事情をも含め、おおむね支持することができる。つまり、同判決の言う、i 被害者が、ダートトライアル走行の危険性について知識を有しており、暴走転倒の危険を認識し、また被告人が初心者で三速での高速走行が危険だということを認識していたこと、ii 運転者への助言を通じて一定限度でその危険を制御する機会があったこと、iii 同乗が練習において容認され、競技に準じた形態において同乗する限りで、他のスポーツと比べて格段に危険性が高いものとはいえないこと、の３点によって、結果帰属を否定すべきと考えられる[109][110]。

(2) 道路交通における危険行為　ドイツにおいては、前述したように、道路交通における危険行為に被害者が危険を認識して関与した場合が、危険引受論が論じられる１つの重要な場面となっている。しかし、ドイツで問題とされたような事案において、以上のような観点から結果帰属を否定することは、通常、困難であるように思われる。例えば、ドイツの判例には、ＡとＢが酔ってオートバイ競走を行い、Ｂが事故死したという事案がある[111]。オー

　　立を否定する。事実関係についての評価は分かれるところではあろうが、もし、林教授が、被害者の危険制御可能性の有無を全く考慮されないのだとしたら、それは妥当とは思われない。

[109]　なお、同判決は、危険引受の点に加え、行為が社会的相当性を欠くものではない、という点をも根拠として違法阻却を認めた。しかし、本文中で述べた結果帰属を否定する立場からはさらに社会的相当性を問題とする必要はないように思われる。これに対し、小林助教授は、同判決の判旨中の社会的相当性に設した部分に注目された上で、その内容、実質的根拠を探究される。そして、それを「有機的な活動がその内部で自己完結的に行われ」かつそれ自体が「法によって禁止されないような部分社会」において、安全確保に関する諸ルールを遵守すること、と位置づけられる。そして、そのようなルールが守られておりかつ被害者のその部分社会への自由意思による参入があれば、一般社会に妥当する注意義務を守ったのと同じ効果を認めてよいとされるのである（小林・前掲注２）113頁）。この見解は、一見説得力のある魅力的なものである。しかし問題は、「一般社会に妥当する注意義務」および「それを守ったこと」とは、いったい何かである。助教授は、いわゆる新過失論には批判的な姿勢をとっているのであるから（小林憲太郎「因果関係と客観的帰属（三）」千葉15巻２号127頁以下）、「注意義務」は、「結果予見義務」（あるいはその前提となる情報収集義務）ということになろう。しかし、ルールを守ることが、どのような意味でそうした「予見義務違反」の否定につながるのかはなお明らかでない。この点についての助教授の理論が明らかにされることが期待される。

[110]　前述したように同事件についての民事判決は、予見可能性を否定している。もし、それが客観的な予見可能性を意味するのであれば、以上のような観点から支持できる。

トバイで速度を競って公道上を走る行為は、被害者が相当な技量の持ち主であってもかなり危険であり、しかも、この事案では被害者は飲酒により酩酊していたのだから、危険回避措置をとることは到底期待できない。この事案で結果帰属が認められたのは妥当な結論であろう。概して、公道上での道路交通法を無視した危険な走行は、前述したダートトライアルの練習場における競走等とは異なり、他車両、歩行者の存在や、安全設備の不十分さ等のため、危険性が高いことが多く、結果帰属が否定されるのはごく例外的な場合に限られるべきと思われる。例えば、①他に対向車等の存在しない田舎の広い道で、ある程度技量のある者同士が素面でオートバイ競走をしたところ、1人が倒れて怪我をした場合のように、道路交通法の予定している類型的危険性が、当該具体的事案においては、極めて僅少である場合や、②自動車教習所の路上教習で、指導者が不適切な指示を出し、教習生がそれに従ったために事故が起き、指導者が死亡した場合のように、被害者が確実性の高い結果回避手段（教習車であるため、単なる指示のみではなく、ブレーキを踏むこともできる）を有している場合である。そして、このように考えると、前述した危険運転致死傷罪が問題となる場面では、通常、高度の危険性が存在しており、被害者に特別な回避手段も与えられていないのだから、危険を認識して同乗した者に被害が生じたとしても、結果帰属が否定される場合はまずあり得ないと言うべきである。

(3) **ルールの存在しない場合**　　また、例えば、路上での単なる喧嘩のように、およそそうした場面に適用される関与者保護のためのルールが存在せず、むしろ、相手方の「裏をかいて」侵襲を与えることが予定され、目的とされている場面においては、以上のような観点から結果帰属が否定されないのは当然のことである[112]。しかし、明文のルールの存在がそれ自体として重要というわけでないから、例えば、前述したドイツの84年判決のような事案

---

[111] BGHSt7, 112. ドイツの客観的帰属論者の多くは、前述した自己危殆化への関与の議論を用いて、判例に反対する（statt vieler, Roxin, AT, Bd I , S.336は、この判例は84年判決によって変更されたと評価する）。

[112] ドイツの判例で喧嘩において同意の効力を認めず傷害致死罪としたものとして、BGHSt4, 88. フィードラーも、被害者が酔っていたことに加え、被害者が「不意をつかれるような拳固での一撃」の危険を認識していなかったことを理由に、判決を支持する（Fiedler, a. a. O. (Anm. 84), S. 183)。

では、被害者が麻薬使用にある程度慣れており、麻薬中毒症状が軽く、当該麻薬の危険性を認識していれば、問責対象行為時である注射器手渡しの時点においては、被害者がなお死の危険が生じないようにふるまうことが予想される。そのような場合には、過失致死罪の罪責は否定されるべきであろう[113]。そして、以上のことは、あくまで過失致死罪における結果帰属の問題であり、他の禁止規範違反の有無にかかわらないから、譲渡されたのが（譲渡自体が禁止されている）麻薬であったとしても、その結論は変わらないというべきである[114]。逆に、被害者の薬物依存度が高い場合には、過剰な摂取による危険が排除しがたいので、結果帰属が肯定される。また、被害者が麻薬使用に慣れていない場合には、行為者が、安全な使用方法について正しい情報を説得的に教示していた場合にはじめて結果帰属を否定することができる[115]。

5　危険を高める特別な事情

(1) 結果の予見のない被害者に動機付けを与える行為　　もっとも、以上のような観点からは、結果帰属が否定されるように見えても、危険性を高める他の付加的事情がある場合には、結果帰属が肯定されることもあり得る。そのような場合は大別して2つ考えられる。1つは、前述した放火事例のように、被害者に対し、自己または身近な者に属する重大な法益が侵害される危険を感じさせ、被害者が危険な状況に飛び込む強力な動機付けを与える場合である。このような状況に置かれた場合、結果が生じないであろうと思って

113　反対、小林・前掲注2) 113頁。
114　これに対し、ツアツィクは、このように行為者の行為が他の法規範に違反する場合には、被害者が、行為者が侵害に至る因果経過を合義務的な行為によって支配することを信頼してよい、ということを理由に、自己危殆化を否定する（Zaczyk, a. a. O.（Anm. 91）S. 58ff）。確かに、後述するように、被害者の信頼が結果帰属の成否に影響することはありうる。そしてまた、このような犯罪行為が問題となっている場合には、「反対の兆候がない限り、通常、人は簡単には犯罪を犯さない」という信頼が成り立つ場合も多い。しかし、本稿で問題としているような場合には、被害者は、行為者が違法な行為を行っていることを現認しているのであり、このような信頼は成り立たない場面だと言わざるを得ない。彼は、他の法規範への違反と過失致死罪における結果帰属の問題とを（意図的に？）混同しているように思われる（深町・前掲注6) 154頁）。
115　BGHNStZ1985, 25は、被告人と共に、幻覚作用のある朝鮮朝顔茶を飲んだ被害者（15歳）が、被告人に「1杯を超えて飲むな」といわれたにもかかわらず、2杯以上飲み、幻覚作用のため湖の中に入って溺死した事案で、被告人の行為を自己危殆化への関与として不可罰としたが、本文中のような観点から支持しうる。

いる被害者は、自己の身に及ぶ危険をつい軽く評価しがちであり、侵害が差し迫っている他の法益の救助を動機づけられることが多い。このような場合には、3で述べたことはもはや妥当しないから、結果帰属を肯定すべきである。なお、被害者が結果が生じると思っている場合には、正犯性を肯定できる程度に強力な強制が働かない限り、結果は帰属されない[116]が、ここでは、被害者に結果の認識がないため、正犯性はそのこと自体によって肯定されており、正犯・共犯に共通の危険創出・実現が問題となっているのだから、動機付けはより緩やかなもので足りる。具体的には、当該事態が異常でないと評価できればよいのだから、前掲ドイツ判例の言う「理解可能な動機」を作り出せば足りるというべきだろう。

もっとも、被害者が、こうした危険な状況において活動することを職業としている場合（例えば、消防士、警察官等）には、さらなる考慮を要する。まず、これらの者は、そうした危険状況において結果を回避するための義務を負っているのだから、赤の他人に対する危険創出であっても、場合によっては、「動機付け」として十分な場合がある。しかし、他方で、これらの者たちは危険に対応するための訓練を積んでおり、常人よりも結果回避能力が高いのだから、帰属を肯定するために要求される危険の程度は通常人に対するものより高度なもの、具体的には、被害者の属する職業における危険への訓練において通常想定されている事態を超える程度の高度の危険、が必要となると解すべきである[117]。

(2) **相手方に対する信頼が結果回避行為を怠らせる場合**　もう1つは、被害者にいったんは危険認識が生じたが、行為者が被害者よりも当該危険について専門的知識を持っている等の事情があり、被害者が、行為者が結果回避のための措置を講じてくれることを信頼して、自ら危険回避措置をとらない

---

[116] その具体的基準については、島田・前掲注44）295頁以下。なお、被害者への共犯的関与が例外的に処罰される自殺関与罪の場合には、ここまでの関係は不要である。

[117] これに対し、Roxin, ATBdⅠ, S. 347ff. は、このような場合には、他人の答責領域において結果が生じている、として類型的に危険実現連関を否定する。その理由としては、自己危殆化と区別できないこと、（兵役を除き）職業を自らの意思によって自由に選択したことがあげられている。しかし、私見からは、前者については、むしろ本文に述べたような個別事情の考慮が必要となるし、後者については、そのような抽象的な地位の引受を、具体的な法益侵害結果帰属否定の論拠とすることはできないように思われる。

ことが許される場合である[118]。例えば、ふぐ調理師からふぐの肝を多量に提供された被害者が、「こんなに食べて大丈夫なのか」といったんは疑念を抱いたが、「ふぐ調理師が出してくれるのだから大丈夫だろう」と信頼して、全て食べたがために死亡した場合などは、このような観点から結果帰属を認めることができる[119]。もっとも、ここでは、あくまで危険性判断の一要素として「信頼することが許されるか」という規範的な判断（いわば、vertrauen dürfen）が問題となっているのだから、具体的な被害者の個別的な信頼の有無ではなく、通常人でも信じるのが当然である客観的状況が必要と言うべきであろう。ドイツの判例のいう「事態に関する優越的知識」がカバーしようとしている類型の一つは、このような場合であるように思われる。

6 被害者が行為時に回避措置をとることがありえない場合

以上の議論は、行為者の行為が終了した後に、危険を認識した被害者が結果を回避する可能性があることを前提としていた。そしてそれは、従来危険引受論が問題となっていた類型の内、自己危殆化への関与といわれてきた場合の大半をカバーする[120]。そのような場合には、以上のような観点から、行為の危険性が低く評価されれば結果の帰属を否定するという解決が可能であった。

しかしこれだけでは、問題はまだ半分しか解決されていない。危険引受が問題となる場面の中には、以上のような観点からもなお危険が高いと評価されて結果帰属が肯定される場合もあった。また、何より、行為者の行為後

118　Vgl. Heribert Schumann, Strafrechtliches Handlungsunrecht und das Prinzip der Selbstverantwortung des Anderen, 1986, S. 114ff.; Wolfgang Frisch, Selbstgefärdung im Strafrecht, NStZ1992, S. 64.

119　最決昭55・4・18刑集34巻3号149頁以下も参照。また、医師による薬剤投与の事案も、医師が服薬方法についての具体的な指示を出していない場合には、このような観点から結果帰属が肯定される余地がある。

120　LK,Vor§32Rn107（Hirsch）が、自己危殆化への関与の場合のみ、被害者が類型的に危険に順応しうることを根拠に注意義務違反を否定し、合意による他者危殆化の場合については、同意による違法阻却を問題とするのは、この意味において理解できる。もっとも、私は、被害者の結果回避可能性を要求するだけなので、最終的に結果実現と結びついた行為を行為者が行っている場合（ドイツの通説によれば後者に分類される場合）であっても、危険の低さを根拠に無罪とする余地は残している。

に、被害者にもはや自分を保護する可能性、結果回避可能性が存在しない場合も少なくない。このような場合は、被害者が危険回避措置をとることを期待しようがないから、前述した議論によって無罪とする余地はない。例えば、ドイツの帝国裁判所で問題となった、嵐の日、被害者が、川の渡し守に船を出すように迫り、渡し守がやむを得ずそれに従ったところ、船が転覆して、被害者が死亡した場合[121]、渡し守が船を出す行為後に、被害者には、もはや結果を回避するすべはない。嵐の中での船の操舵は、渡し守に全て任せるほかないからである。また、バイエルン上級裁判所のエイズ事例においても、いったんコンドームなしの性交を行った以上――ここまではなお行為者の行為であると言わざるを得ない――それ以後、被害者にエイズ感染を予防する手段はない[122]。さらに、例えば、医師が放置すれば余命３月ほどの患者に、成功率がかなり低いが成功すれば何年も生き続ける可能性のある手術を、その危険を説明し、承諾を得て行い、最善を尽くしたが失敗して、被害者が死亡した場合にも[123]、被害者は、医師が麻酔をかけ、手術をしている最中、何ら手を打つことができない。では、以上のような場合は全て可罰的とされるべきなのであろうか。そうではないように思われる。構成要件該当性が肯定されても、違法性が阻却される場合、責任が阻却される場合は存在する。私には、これらの場合の中には、被害者の関与を理由として違法性、責任が阻却される場合が含まれているように思われるのである。では、それは、具体的にどのような場合だろうか。

---

121 著名なメメル川事件である。RGSt57, 172.
122 ドイツにおいては、この事案を自己危殆化への関与と位置づける見解と、合意による他者危殆化に位置づける見解とが対立しているが、本稿のような立場からは、後者に分類する方が妥当であろう（z. B. W. Frisch, a. a. O.（Anm. 18）S. 66 ; Roxin, AT Bd I , S. 345）。ただし、私見は前者に当たることの一事をもって不可罰とするわけではないが。
123 山口・前掲論文（研修）9頁は、正当にも、この事案を危険引受の問題として扱う。これに対し、深町・前掲注6）143頁は、被害者の「自己決定」を根拠として処罰を否定する制度は同意以外にありえない、という前提の下、この問題を、同意が認められない場合は、緊急避難として解決するほかないとする。しかし、緊急避難と構成すると、被害者の意思は無関係ということになりかねず、医師が勝手な判断でリスクを説明せずに手術を行って失敗した場合にまで不可罰となるという不当な結論となりかねない。もし、緊急避難の判断においても、被害者の意思を重視し、そのような場合には可罰的とし、本文の場合は不可罰とするというのであれば、結論は妥当であるが、それは、実質的には、被害者の危険引受により犯罪の成立を否定する余地を認めたことに他ならない。

Ⅵ 違法性阻却事由

1 総説・理論的根拠

まず、違法性が阻却される場合について検討する。前述したように、被害者に結果の認識、実現意思がない場合、その行為の結果無価値は否定されず、構成要件該当性は肯定される。では、このような場合、いったいどのような観点によって違法阻却が肯定されるのか。ここで注目すべきは、法益主体にとって法益がどのような意味を持つか、という点である。法益主体は、通常、まず、法益の維持、存続に関心を抱く。この点について法益主体が関心を持たなくなった場合、同意が認められ、結果無価値が否定される。しかし、法益主体は、なぜ法益の維持、存続に関心を抱くのだろうか。それは、その法益が将来の更なる自己実現に資するからであろう。まさに、法益は「博物館の陳列物」ではなく「現実の社会生活において作用し、作用を受けながら機能しているものとして」[124]初めて意味を持つのである。そして、このような法益を用いた自己実現活動には、時に危険が伴うこともあり、また、時には、自分の手だけでは実現できず、他人の手を借りなければならないこともある。それにもかかわらず、そうした危険な行為に手を貸した者の行為を、その行為から不可避的に生じた被害者が予測しなかった結果が生じたことを根拠に常に違法とすることは、人々の自己実現の余地を著しく阻害する。そのような行為を常に違法とする社会においては、確かに、法益のスタティックな存続は最大限守られるかもしれないが、そのダイナミックな発展可能性は失われてしまうのである[125]。井田教授が的確に指摘されるように「リスクを甘受することにより、それを超える何らかの利益を享受することの自由」[126]は認められるべきであり、その自由を根拠に違法阻却を肯定する

---

[124] Vgl. Hans Welzel, Studien zum System des Strafrechts, ZStW58, SS. 514-515.
[125] 深町・前掲注6) 152頁は、「現実の同意が存在する限りで、もはや当該法益を保護する構成要件の保護対象から外すという効果をもたらすという意味で、法益主体の自律=自己決定を保護するにすぎない」とされる。同意に関する記述はその通りであるが、このことから同意が存在しない場合に、違法阻却の余地を一切否定することには、論理の飛躍があるように思われる。

余地を認めるべきであるように思われる[127]。このような見解に対しては、自己の利益を危険にさらす自由が違法性を否定するのは、法益侵害が生じない限りでのことに過ぎず、いったん法益侵害が生じた場合には、そうした自由を根拠に違法性を否定することはできない、という批判がある[128]。確かに、そのような自由が行使され、結果が発生した場合に、常に違法性を阻却するという論理は、批判者の言うように、行為時の適法性を根拠に、結果発生までをも一気に違法阻却するものであり、かなり徹底した行為無価値論に立たない限り認められないだろう。しかし、結果が法益主体が意識的に引き受けた行為から不可避的に生じた場合に限って違法阻却を認めるという論理であれば、そのような批判は当たらないように思われる。なぜなら、そのような場合には、単に行為が適法であるのみならず、まさにそのような適法な行為が結果に実現しているといえるからである。逆に、そのような場合にまで違法阻却を否定することは、結局、法益主体の法益を危険にさらしてさらなる自己実現をはかる自由を全く無意味なものとしてしまう。そうである以上、以上のようにして引き受けられた危険から結果が不可避的に生じた場合にはやはり違法阻却を認めるべきであろう[129]。この「不可避性」の要件は、他の違法阻却事由における必要性、最小手段性の要件とパラレルに考えることができる[130]。

しかも、このような結論は、実は、財産犯の分野においては、すでに広く承認されていることでもある。例えば、背任罪において、いわゆる冒険的取引が失敗して財産上の損害が発生した場合、その行為が事前に本人から与えられた裁量権の範囲内にあれば、任務違反行為に当たらないことは、一般に広く認められている[131]。こうした場合、被害者たる本人は、財産上の損害が

126　井田・前掲注6) 79頁。山口・前掲（齋藤古稀）97頁もこれを支持する。
127　W・フリッシュも、自己危殆化の包括的な処罰は、行為者の行動の自由の不当な制約となるだけではなく、被害者が利益、関心を抱いている給付、製造物が、被害者から奪われてしまう点において、被害者の利益にも反することを指摘する（W. Frisch, a. a. O.（Anm. 118）S. 62）。
128　深町・前掲注6) 157－158頁。
129　山口・総論156頁も参照。ただし、結果回避可能性あるいは過失を否定する。
130　正当防衛におけるいわゆる防衛行為の相当性に関して、行為時において法益保護のために必要最小限の行為であれば、そこから偶々重大な結果が生じたとしても、相当性を認める判例（最判昭44・12・4刑集23巻12号1573頁）、通説とパラレルに考えるとわかりやすい。

発生しないと思っていることも少なくないだろう。そうした場合には、最終的に生じた結果は本人の意思にかなってはおらず、結果無価値の存在は否定できない。しかし、一定の裁量権を行為者に事前に与えた本人に危険の認識は存在する。ここで処罰を否定する実質的根拠は、このような危険の認識[132]と、一定の財産をもとに、より多くの財産を得る可能性を追求するという本人の行動の自由を保障する必要性が、現実に生じた財産上の損害を埋め合わせるに足りる優越的利益を有するからに他ならないと思われる[133]。

2 具体的要件

(1) 生命に対する危険がない場合　では、このような自己実現の自由を根拠とした違法阻却は、具体的にどのような要件の下で認められるべきだろうか。まず、ここでは、生命が侵害された場合およびその危険が生じた場合と、そうでない場合とを区別すべきである。前者は、前述した同意がある場合ですら、関与者の行為の違法性が直ちに否定されはしないのであり、それが直ちに否定される後者とは、異なる基準が妥当すると解する余地があるからである。まずは後者について検討してゆこう。

第1の要件として、被害者に結果に実現した客観的危険の端緒となる行為時の危険についての的確な認識が必要というべきであろう。この点の認識を欠く場合には、被害者が意識的に法益をリスクにさらしたとはいえず、他方、このような認識があれば、行為時における被害者のリスクに身をさらすかどうかを決断する前提としては十分だからである[134]。

第2に、違法阻却されるのは、前述したように、行為者の引き受けた危険から不可避的に発生した結果に限られるべきであろう。この意味で、前述した、行為者にさらなる過失がある場合には、違法阻却も否定されるべきである。

131　例えば、西田典之『刑法各論（第二版）』（2002）248頁。
132　担当外の者が別の用途に使用すべき資金を流用して行う場合には、冒険取引も背任罪に当たりうるとされている（西田・前掲注131）248頁）が、このことの理論的根拠は、被害者に当該担当外の者が冒険的取引を行うことについての（危険）認識が欠けることに求められる。
133　背任罪の解釈に危険引受論を持ち込まれる最近のわが国の文献として、長井圓「背任罪における自己答責性原理と取引相手に対する共犯の成否」神奈川35巻3号703頁以下がある。
134　山口・前掲（齋藤古稀）98頁も参照。

VI 違法性阻却事由　163

　しかし、以上の２要件が満たされているだけではまだ違法阻却を認めることはできない。前述した同意がその存在自体を根拠として不法を否定するいわば絶対的なものであったのに対し、この違法性阻却事由は、被害者の追求する目的をも加味した相対的なものである。そして、そうであるからこそ、被害者の主観的認識については、同意よりも緩やかなものでも足りると解されるのである。そこで、第３に、被害者の追求する目的を考慮することが必要となる。では、具体的に、被害者にどのような目的がある場合に違法阻却が認められるのか。この点については、まず、被害者が法益をどのように用いて自己実現を図るかは、基本的に被害者の自由に委ねられている、という点から出発すべきであろう。そうだとすれば、被害者が、危険を認識した上で、当該危険な行為の遂行に一定の意義を認めたのであれば、その行為は、被害者の行動の自由を実現するものとして、被害者の目から見れば、彼があえて危険にさらしている法益よりも優越するというべきである。そうだとすると、そのような被害者にとっての優越した利益を実現するために必要な行為を手助けする行為、いわば、被害者の法益のダイナミックな使用、行動の自由の実現を手助けする行為は、そこから不可避的に重大な結果が生じたとしても、原則として違法でないと考えるべきである。

　しかし、行動の自由も無制約のものではない。具体的には、被害者の行為が犯罪に当たる場合には、以上のような点を根拠とした違法阻却は認められるべきではない。犯罪の抑止を目的とする刑法が、そのような「犯罪を行う行動の自由」を認めることは、いわば矛盾挙動だからである。それ故、例えば、前述した事例の中で、道交法に違反するオートバイ競走事例において、結果帰属が肯定される場合には、単に傷害が生じたに過ぎなかったとしても、違法阻却も否定されるべきである。また、性病感染事例においても、被害者に、例えば、児童買春罪が成立する場合には、違法阻却は否定されるべきであろう[135]。これに対し、単なる好ましくない行為あるいは民法上違法とされる行為が行われたに過ぎない場合、例えば、性病感染事例で男女が不倫関係にあった場合、には、そのことを根拠に違法阻却を否定すべきではな

---

[135] バイエルン高裁のエイズ事例は、このような違反がなく、また、感染が確認されず、生命に対する切迫した危険は生じなかったのだから、違法阻却を認めるべきである。エイズに感染し

い[136]。このような場合には、被害者には、刑法上は、民法上の効果（例えば、損害賠償）を甘受して、当該行為を行う自由がなお存在しているというべきだからである[137]。

また、被害者ではなく行為者の行為が犯罪に該当することは、それ自体としては違法阻却を認める妨げにはならないというべきだろう。四肢が不随になりかかり、通常の医者がおよそさじを投げた被害者が、特別優れた技量を持つ無免許医に最後の望みを託し、治る確率は五分五分であることを説明されて、手術を頼んだところ、無免許医は最善を尽くしたが、失敗して、容態をかえって悪化させてしまった場合、彼の行為は、確かに医師法違反ではあるが、そのことを根拠に傷害罪、あるいは業務上過失傷害罪の成立を認めるべきとは思われない。理論的に見ても、行為者に成立する他の犯罪が、被害者の保護を目的としていない場合には、そのような異なる規範の違反を根拠に犯罪の成立を肯定すべきではなく、逆にそれを（も）目的としている場合には、その犯罪の成立を認めれば十分といえるだろう[138]。もっとも、被害者の行為が行為者の犯罪に対する共犯となる場合には話は別である（無免許医の事例は、被害者は、必要的共犯として不可罰となろう）。例えば、乙の運転する車に同乗していた甲が、乙にスピード違反を唆したところ、乙がそのようなスピード違反のために事故を起こし、その結果甲が負傷した場合である。このような場合には、やはり、被害者に刑罰法規に違反する行為を行う自由を認めることはできないので、違法阻却を否定すべきである。

　　た結果被害者が死亡した場合については（2）で論じる。ただ、この場合であっても、性交時にはなお生命に対する危険が「急迫」しているわけではないから、たとえその行為の違法性が完全に阻却されなくても、他人がそれを正当防衛で止めることは認めるべきではないと思われる（なお、町野・前掲注16）188頁は、実行の着手時期を性交時でも HIV 感染時でもなく、「早くとも、被害者に真正エイズ症候群が生じ始めた段階」とするが、正当であろう）。例えば、女性の元恋人が嫉妬して、男性を引きはがし、傷害を負わせた場合、元恋人の行為に正当防衛を認めるべきではない。

136　これに対し、Helgerth, Aids－Einwilligung in infektiösen Geschlechtsverkehr, NStZ1988, S. 263 は、エイズ事例につき、基本的に夫婦関係の性交のみが同意により違法阻却されるとする。

137　なお、被害者の行為が他の犯罪に該当しなければ、行為者の行為の違法性が阻却される以上、行為者が、被害者が犯罪行為を行うことを認識していない場合には、違法阻却事由の錯誤として扱われ、（通説からは）故意責任が否定される。さらに、その点について、過失すらない場合には、過失責任も生じない。

138　Vgl. P, Frisch, a. a. O（Anm. 39），S. 143.

しかし、以上のような観点からは違法阻却が肯定できるように見えたとしても、被害者が自由な状態でそのような決断をしたのではなく、行為者によって、そのような行為をせざるを得ないような状況、当該行為を行わなければ、他の重大な法益が侵害されざるを得ないような状況が作り出され、その結果として、被害者が危険認識に基づいた行為を行った場合には、違法阻却は否定されるべきである。このような場合には、行為者は、被害者がそのような行為を行わざるを得ないような状況を初めて作りだしているのだから、もはや単に被害者の適法行為を手助けしているとはいえないからである[139]。それ故、前述した放火事例などは、たとえ、被害者が死亡したのではなく、単にやけどをした場合であっても、違法阻却も否定されるべきである。

この点と関連して、ドイツの一部の学説には、詐欺罪においても、危険引受、被害者の自己答責性の観点から、処罰を制限しようとするものがある[140]が、このような場合には、行為者が、欺罔によって被害者が自己危殆化をせざるを得ない状況を積極的に作り出している場合が多いのだから、被害者の自己答責性を根拠として処罰範囲を限定することについては、慎重であるべきと思われる（せいぜい、欺罔行為の程度によっては前述した危険性の低さの議論が妥当するだけであろう）。

(2) **生命侵害、生命に対する危険がある場合**　これに対し、生命およびその危険については、202条の存在のため、以上のような要件では原則として違法阻却は認められないというべきだろう。男女が、周囲の反対に耐えきれず、最後の手段として、来世で愛を貫き通すために心中することは、美談にはなり得ても、刑法上は違法と言わざるを得ない。一方が生き残った場合には、その者にはやはり自殺関与罪が成立する。そうだとすれば、被害者が死の結果を望んでいない場合には、被害者の意思に反している分、この事例より違法性が高いのであるから、なおさら違法阻却は認められない。理論的にも、前述した通常の個人的法益の侵害の事例で被害者の危険引受による違法阻却を認める論拠は、個人に、自己の法益を場合によっては危険にさらして

---

[139] 理論的根拠も含め、詳しくは、島田・前掲注44) 188頁以下参照。
[140] Z. B. Raimund Hassemer, Schutzbedürfigkeit des Opfers und Strafrechtsdogmatik, 1981 ; Manfred Ellmer, Betrug und Opfermitverantwortung, 1986.

も、さらなる自己実現をはかる自由を認めるべきだという点にあったが、生命が侵害されては、さらなる自己実現も何もあり得ないのである。町野教授がいわれるように、「死の結果に対する被害者の承諾には違法阻却の効果がないことは、自殺関与を処罰する刑法（202条）の基本的態度と見るべき（中略）であり、危険引受という違法阻却事由を創出することによってこの厳格な禁止をかいくぐることは許されない」[141]といわざるを得ないのである。

　もっとも、生命侵害への関与の禁止も絶対的なものではない。すでに、わが国の多数説は、安楽死、尊厳死が違法阻却される場合があることを認めており、裁判例にもその余地を認めたものがある[142]。ことに、生命の短縮をそれ自体として目的としない、間接的安楽死については、違法阻却の余地を否定する見解は見られないのである[143]。もちろん、それは死期の切迫を前提としているが、いずれにせよ、そこでは生命の絶対性が厳格には貫かれていないことは確かなのである。

　では、本稿で問題としているような場面では、どのような場合に結果的に生じてしまった生命侵害を正当化できるのだろうか。結論的にいえば、前述した失敗した手術事例のように生命に対する重大な危険を回避する目的の場合に、また、そのような場合にのみ正当化を肯定することができるように思われる。

　前述したように、202条の生命侵害への関与の禁止は、将来にわたる自己実現の基盤である生命を、一時の気の迷いから安易に放棄することの手助けをしてはいけない、という点にその根拠があった。しかし、他方、やはり将来の自己実現の不可欠な基盤である、被害者の生命あるいはそれと密接に結びつく健康状態の重大な質に関する危険が現に存在しあるいはそれが差し迫っている場合に、それを回避するために行われる治療行為は、以上のような観点からすれば、法秩序の立場から見て、202条の禁止を埋め合わせるだけの、それに匹敵する重みのある、客観的利益を担った行為であるといえよう[144]。両者を秤にかけた場合、少なくとも行為の時点では、後者が優越する

141　町野朔「客観的帰属論」西田典之・山口厚『刑法の争点（第3版）』（2000）25頁。さらに今井・前掲注33）92頁も参照。
142　横浜地判平7・3・28判時1530号28頁。
143　学説の状況に関しては、甲斐克則『安楽死と刑法』（2003）参照。

VI 違法性阻却事由

か少なくとも均衡がとれるのである。もちろん、人が、自らの生命、健康状態について、どのような選択をするかは自由であるから、被害者が当該治療行為の意義、危険性、（決断のための前提知識である）治療効果等について十分な説明をされた上で、強制されることなく当該治療行為を選択した場合でなければ、違法阻却の余地はない。いわば、治療効果が生じる可能性という「錘」は、生命に対する危険という錘と釣り合うとしても、両者を秤に乗せるかどうかは、あくまで被害者の意思にかかっているのである。そして、以上のような治療行為から、他の過誤が付け加わることなく、不可避的に結果が生じてしまった場合には、前述したように、事前的には許されていた危険な行為を行う自由がそのまま結果に実現したものとして、違法阻却を認めるべきであるように思われる[145]。新薬によるいわゆる実験的治療なども、それが事前的に見て一定の治療効果が認められるものであり、かつ、その危険が開示されている限りで同様に考えることができる。

さらに、人の生命は皆同価値であるから、他人の生命を救うために、当該行為の危険性、および他人への治療効果を認識して行う行為についても、以上と同列に扱うべきであろう。例えば、被害者が危険を認識した上で、（金銭の授受なく）自由に決断して、生命に危険ある生体臓器移植に同意し、手術自体は適切に行われた場合のように、他人の生命を救うための行為にも違法阻却を認める余地がある[146]。

しかし、ふぐの肝が食べたい、嵐の川を早く渡りたい、運転技術を向上させたい、といった利益によって、生命に対する危険、生命侵害を完全に正当化することはやはりできないといわざるを得ない。通常の個人的法益に対する侵害については、被害者が、それに対する評価、いわば錘の重さ、をも自由に決定することができるが、現行202条は、生命については、そのような余地を廃し、生命に個人の評価を離れた客観的利益性を（少なくとも部分的

---

144 町野朔『患者の自己決定権と法』（1986）169頁、180頁参照。
145 町野・前掲注145）179頁参照。さらに、同書が、「事前的優越的利益が高度になるに応じて、結果発生に対する患者の同意の意的要素は低度のものでよい」とすることも、以上のような観点から、結論的には支持できる。
146 猪田・前掲注2）108頁参照。もちろん、このような移植が、臓器の公平な分配という臓器移植法の理念からみて好ましいかどうかは別問題である。

に）認めているからである[147]。しかし、以上のような場合には本当に全て可罰的とされざるを得ないのだろうか。最後にこの点を検討し、本稿を閉じることとしよう。

3 違法減少による過失自殺関与類似状況

前述したように、202条が存在している以上、現行法の基本的態度として、被害者の危険認識と行動の自由を根拠に、生命侵害を完全に正当化することはできないといわざるを得なかった。しかし他方、202条の法定刑が199条と比べて相当に軽いこと、その意味では、被害者の意思に違法減少の効果[148]を認めていること、このこともまた現行法の基本的態度というべきである。そして、その結果、前述したように、行為者に殺意がある場合に自殺関与罪に該当する行為は、行為者に過失しかない場合には、38条1項の制約により、不可罰と解すべきだったのである。

ところで、被害者に危険の認識しかない場合には、同意がある場合と異なり、それ自体を根拠に結果無価値を否定することはできなかった。しかし、さらに、被害者の行動の自由が保護に値する場合には、行為者の行為がその手助けと理解できる限りでそこから不可避的に生じた結果を含めて、違法性が阻却されるべきであった。そして、この場合も、同意の場合と、スタティックな保護か、ダイナミックな保護か、という違いこそあるものの、根元的には被害者の自己実現の自由の保障が不法否定の根拠であるという点では共通していた。そうだとすれば、生命侵害の場合も、このような要件が満たされている限りでは、同意が存在するのと同程度の違法減少が認められ、不法内容はそれに匹敵する程度に軽くなると考えることができる。以上のような場合には、行為者に殺意が存在する限度では、なお202条が成立するとしても、行為者に殺意がない場合には、過失による自殺関与と同視できることを

---

[147] 斎藤信治『刑法各論（第二版）』（2003）30頁も参照。
[148] 通説である。例えば、西田・前掲注131）15頁。自殺が生命以外の法益を侵害すると理解して、自殺者の不可罰根拠を責任阻却に求める立場からも、その法益の価値は生命よりは低いのだから、関与者が軽く処罰される根拠は、やはり違法減少に（も）あるということになろう。さらに、林幹人『刑法各論』（1999）28頁は、「責任減少説は、本罪の不法内容が殺人罪のそれと同じであると解したときにのみ成立しうる考えであり、その不当なことは明らか」とまでいわれる。

根拠に、可罰的責任を否定して[149]、不可罰とすべきである[150]。

では、具体的に、どのような場合に、こうした違法減少を前提とした可罰的責任の欠如を根拠に、過失犯処罰を否定することができるのだろうか。前述したように、被害者の行為が犯罪行為に当たる場合には、そのような行為を行う自由はないから、過失犯の成立はなお肯定されるといわざるを得ない。また、被害者に対する法益対立状況を作り出した場合もⅣ2(1)で述べたことと同じ議論が妥当する。

問題は、生命の場合には、さらに何らかの特別な利益を要求すべきか否かである。この点、ドイツにおいてデリングは、「同意によって行使された被害者の行動の自由と行為によって追求された目的の価値が、生命危殆化に存在している反価値性を凌駕する場合」に、違法阻却を認めるという前提の下、前述したメメル川事件について、例えば被害者が「危篤の父親をたずねるために行われた」[151]場合であってはじめて違法性の阻却を認めている。しかしこの考え方は、少なくともわが国の解釈論として採用するには、帯に短くた

---

[149] このような見解に対しては、「そのように考えると、危険引受が認められる場合にも、行為者の行為を第三者が正当防衛で阻止できることになり、被害者の行動の自由を不当に制約する」という批判があり得る。しかし、前述したように、私は、危険性の比較的低い事例および生命以外の法益が問題となっている場合には、不法の存在を否定している。私がこのような論理を用いているのは、危険引受論の一部においてにすぎない。また、このような場合に正当防衛を全面的に否定すべきか否かはそう簡単に断言はできず、少なくともそれが学説としての決定的な欠陥とまではいえないように思われる。さらにいえば、仮に行為が違法だとしても、被害者が正当防衛権の行使を望んでいない場合にまで、正当防衛が認められるか、また認められるとしても制約がかからないか、は問題のあるところである（否定説として、齋藤誠二『正当防衛権の根拠と展開』（1991）334頁。この問題に関する詳しい検討として、武藤眞朗「正当防衛・緊急避難における被救助者の意思」『佐々木史朗先生喜寿祝賀論文集』（2002）70頁以下）。この点の検討は別稿に譲る。

[150] 前田・総論360頁は、「生命侵害結果に関しては、故意犯の場合と同様、その存在自体で構成要件該当性を否定するのではなく、違法減少事由として機能し、正当な目的などとの法益衡量の際に可罰性を限定する役割を果たす」とされる。基本的発想には賛成できるが、前述したように、被害者及び行為者にどれほど崇高な目的があっても、（生命救助といった特別な事情がない限り）故意犯である自殺関与罪の成立は否定し得ないのであり、過失致死罪の場合に、より広い範囲で不可罰とするのであれば、それは、やはり違法減少のみならず、過失犯の責任の軽さを持ち出すほかないように思われる。なお、ドイツの有力説は、過失致死罪においては、行為無価値が低いことを理由に、故意嘱託殺人罪の禁止規範該当性が否定され、228条の制約の下で違法阻却を認める（LK, Vor§32Rn95, Anm. 157（Hirsch））。故意・過失の体系位置づけを除けば、基本的発想は近い。

[151] Dölling, a. a. O（Anm. 20）, S. 93.

すきに長いものであろう。まず、生命侵害を正当化する根拠としては、この程度の利益では、いかにも不十分であるといわざるを得ない[152]。このような批判に対し、デリングは、過失犯における行為無価値の低さを根拠に、過失犯の場合には、故意犯よりも緩やかに優越的利益原則を適用すべきと反論する[153]。しかし、故意、過失の体系的位置づけはさておき、このような主観的要件と、目的の客観的な価値の程度とを考量することは、理論的に困難である[154]。また、このように考えた場合に、どの程度の利益があれば違法阻却を認めるべきかについての基準も、論理的に存在し得ないように思われる。逆に、過失同意殺人に相応するだけの違法減少を認めるためであれば、この要件は不要である。少なくともわが国の解釈論としては[155]、202条における同意殺人の要件としての同意の内容は、他の犯罪類型における同意の内容と基本的に同様に解釈されている。そうだとすれば、被害者の危険認識と正当な目的追求を根拠とした自殺関与類似状況を認める要件も、生命侵害の場合と他の法益侵害の場合とで同様に解すべきであるといえよう。

以上のように考えると、エイズ事例は、たとえ被害者が感染して死亡したとしても、行為者に殺意がない限り不可罰となる。また、ふぐ事例も、Ⅴ5(2)の点を考慮してもなお被害者に的確な危険認識が存在していたのだとすれば[156]、過失致死罪の成立を否定してよい。また、わが国の下級審判例においては、合意に基づくいわゆるSMプレイにおいて被害者が死亡してしまった場合に傷害致死罪の成否が争われたことが何度かあるが[157]、このような事例

152 さらにデリングは、Einwilligung und überwiegende Interessen, Festschrift für Karl-Heinz Gössel, 2002, S. 202ff において、具体例をあげて自説を擁護する。しかし、そこにあげられた性犯罪者に対する去勢法等は、みな(重大な)傷害に関するものである。これらの具体例は、ドイツ刑法228条の解釈として、同意と優越的利益が競合して違法阻却が肯定される場合があることの傍証とはなり得るが、以上のような目的の存在により、生命侵害を完全に正当化できることの論拠とはなり得ない。他方、生命侵害が正当化される場合としてあげられているのは、間接的安楽死の事案であり (a. a. O., 212)、被害者に死期が切迫し、かつ耐え難い苦痛があるという例外的な場合であり、(デリングのように故意と過失とで行為無価値が違うと考えたとしてもなお)デリングが修正したメメル川事例等と比肩しうるとは思えない。
153 a. a. O., S. 214.
154 林・総論37頁も参照。
155 単なる同意では足りず、真摯な嘱託が要求されているドイツにおいては、異なる解釈もあり得るとも考えられる。
156 前掲最決昭55・4・18に関し、この点を疑問視するのは、深町・前掲注(6) 142頁。

中にも、以上の観点から不可罰とすべき場合があり得ないではないように思われる[158]。わが国の高裁判例には、被害者の嗜虐性向を満足させるために、被害者の依頼に基づいて、ナイフで腹部を刺した場合に、嘱託殺人罪を認めたもの[159]がある。つまり、このような場合にもなお違法性の減少が認められているのである。そうだとすれば、こうした違法減少に匹敵する状況が被害者に存在し、さらに行為者に殺意がない場合には、より当罰性が低いのであるから不可罰となる場合が存在することも必ずしも不当ではないように思われる。

　もっとも、そうはいっても、このような観点から処罰が否定される場合は実際上は稀であろう。こうした場合には、行為者が、被害者が認識している以上に、さらに危険を高める行為（例えば、ベルトにより首を絞める際の力の加えすぎ）を行っており、被害者には、そのようなさらなる危険に対応した認識が欠けることが通常であると思われるからである。そして、行為者にそのような危険引受の範囲を超えていることの認識がある場合には、彼（または彼女）には、被害者の意に反し侵襲を加える意思があり、また、違法減少事由が存在しないことも認識しているから、行為者にたとえ殺意がなくとも、傷害致死罪の成立が肯定され、その点の認識がなくても認識可能性があれば、（重）過失致死罪が成立することになる[160]。

　なお、以上のような場合は、行為者の関与行為はなお違法であり、それを先行行為として、その後、行為者に故意が生じた場合に、不作為による自殺関与罪[161]が認められる余地がないとは言えないが、メメル川事例、ふぐ事例

157　例えば、大阪高判昭29・7・14裁特1巻4号133頁（素手で首を絞めた事案、重過失致死罪を認めた）、大阪高判昭40・6・7下刑集7巻6号1166頁（寝間着のひもで首を絞めた事案、傷害致死罪を認めた）。
158　塩谷・前掲（井戸田古稀）802頁は、この問題を指摘されるが、具体的解決は示されていない。
159　大阪高判平10・7・16判時1647号156頁。
160　前掲大阪高判昭40・6・7が「寝間着の紐で締めるとなると単に手で締める場合に比すると一段とその調節は困難であり、相手方の首に対する力の入り具合を知り難いものである。かつ、被害者が真に苦しくなったとき、被告人に対しその意思（ゆるめてくれと言う）を表示伝達する方法、手段が準備されておらず、かつ被告人側から見れば性交の激情の亢じた時紐に対する力を制御する方法手段が準備されていない」として、傷害致死罪を認めたのは以上の観点から理解できる。

等をはじめとし、このような場合には通常、行為者にも作為可能性が欠けることがほとんどであるように思われる。

Ⅶ　おわりに

　私見は、具体的事案において、以下のように適用されることになる。まず、①被害者の有効な同意の有無を問題とすべきである。これが存在すれば生命以外の個人的法益の侵害、危険の惹起は不可罰となり、生命侵害の場合には、行為者に故意があれば202条が成立するが、それがなければやはり不可罰となる。同意がない場合、あるいは202条が問題となる場合には、次いで、②被害者が行為時に存在する危険の的確な認識と危険の程度に応じた回避能力を持っていたかどうかが問題とされる。その際、危険の程度、危険を減少させるルールを遵守していたか否か、被害者を回避措置に追い込む事情の有無、被害者の行為者に対する信頼が考慮に入れられなければならない。このような事情を踏まえた上で、被害者が回避措置をとらなかったことが異常と評価できる場合には、結果は行為者に帰属されない。結果帰属が肯定された場合には、違法阻却事由が問題となる。③生命侵害、危険の惹起以外は、被害者に行為時に存在する危険の的確な認識があり、行為者が、被害者がそれに基づいて刑罰法規によって禁止されていない行為を行うことを「手助けし」（法益対立状況の作出がない）そこから不可避的に結果が生じた場合には、違法性が阻却される。④生命侵害、危険が存在する場合には、③と同様の要件が満たされることによって違法性が減少し、それを前提に、行為者に殺意がない場合には、可罰的責任が否定される。

161　違法減少があるので、殺人罪ではない。

(第4講) 議論のまとめ

髙山佳奈子

1

　本論文の主眼は、従来「危険引き受け」の問題として扱われている対象が、刑法の体系上、1か所にのみ位置づけられるのではなく、複数の局面に分けて捉えられるべきものであることを示すところにある。日本では「危険引き受け」に関して、違法性阻却を認める立場、「正犯」たる被害者との関係で不可罰な過失幇助とする立場、客観的帰属論により解決する立場、予見可能性が否定されない限り可罰性を肯定する立場がうち出されているが、本論文によれば、これらには、複合的な問題としての「危険引き受け」の全体を把握していないという難点があるとされ、代わりに4つの観点からの解決が提示される。

　第1に、「被害者の同意」を適用すべき局面として、被害者に結果の認識と実現意思とがある場合には、有効な同意の存在を根拠に不法が否定されるとする。生命侵害については不法が残るが、過失による関与は202条の反対解釈から不可罰となる。ただし、関与者が事後的に故意をもつに至った場合には、先行行為に基づいて保障人的地位を肯定し、不作為の自殺関与罪の成立を認めうるとする。

　第2に、因果関係ないし客観的帰属を否定する解決が考えられる。学説の中には、危険についての関与者・被害者間の合意に基づいて関与者が被害者を危殆化した場合に、それが被害者自身を「正犯」とする「被害者による自己危殆化」と同視しうるものであるときは、関与者に対する結果帰属を否定するという見解がある。著者は、この説は被害者と関与者とが共同正犯的に行為した場合に困難を生じるとする。すなわち、この場合の関与者は、不可

罰な被害者の行為を共同するにすぎないから不可罰であると考えるならば、嘱託殺人が処罰されることとの関係を説明できず、反対に、関与者は、被害者によって道具として利用された場合を除き、正犯として処罰されうるとするならば、同意殺人が故意による場合しか処罰されないこととの均衡が問題となる。

　しかし、正犯論に関係させない形で結果の帰属を否定することは可能である。被害者が現実に危険を認識していた場合には、通常これを回避することを期待しうるから、結果発生の危険は低く、それにもかかわらず被害者が自己を危殆化するのは異常な事態であって、関与者に対する結果帰属は否定されるべきである。このことは関与者の主観にかかわらず妥当する。関与行為に対しては正当防衛ができず、また関与行為は先行行為として不作為犯の作為義務を基礎づけうるものではない。この観点から結果の帰属を否定しうる場合として、ダートトライアルなどのスポーツ事故がある。これに対し、酔ってオートバイの競走をするような場合には、依然として結果発生の危険が高いので、関与者に対する結果の帰属は否定されない。薬物の使用やけんかなど、ルールの存在しない場合には、被害者が危険を認識してなお自ら危険の生じないように行為しうるか否かにより結論が分かれる。危険を認識している被害者に自己危殆化へのさらなる動機を与える場合や、被害者が関与者の優越知識を信頼して自己保護措置をとらないことが許される場合には、やはり関与者は罪責を負う。

　第3は、「違法性阻却」による解決である。関与行為の時点で被害者に自己保護の余地がない場合には、構成要件該当性は否定できない。しかし、被害者の自己危殆化が、何らかの利益を実現するためのものであった場合には、自己実現の自由を保障するという見地から、それに対する関与を不可罰とする余地がありうる。その要件は、被害者が危険を的確に認識したこと、認識された危険が直接的に実現して結果が発生したものであること、および、被害者自身の行為が犯罪を構成しないことである。そして、関与者が被害者を二者択一の状況に追い込んだときは、被害者は自己実現の自由を享受していないから違法性が阻却されない。また、生命侵害は自己実現を不可能にするものであるから、これに対する関与の違法性もまた否定されない。た

だし、追求されるほうの利益も生命であって、自己または他人の生命の危機を回避するための手術が不成功に終わったような場合には、なお被害者の自己決定を尊重し、関与者の可罰性を否定すべきである。

第4は、「可罰的責任阻却」による解決である。刑法202条は被害者が結果を認識した上で同意している場合に違法性が減少することを認めているが、結果についての同意がなくとも、「違法性阻却」のところで見たように、刑法上禁止されない利益の実現を被害者が目的としていた場合には、これと同程度の違法減少を認めうる。そうだとすれば、202条が故意犯しか処罰していないこととパラレルに、そのようなケースでも過失による関与には可罰的責任が欠けると見ることができる。被害者が性的利益のために首を絞めさせて死亡したような場合がこれにあたる。この類型では関与行為はなお違法であり、作為義務を根拠づける先行行為となりうるが、関与者に作為可能性の欠けることがほとんどである。

本論文の以上の主張を踏まえて、次のような点が議論された。

2

全体を通じて見た場合に、本論文が従来の学説と異なっている特徴の1つは、生命侵害が発生したケースで違法減少のみを認め、完全な正当化を認めない点である。生命侵害の場合には、故意があれば少なくとも202条に該当することを認めざるをえないため、違法減少を前提とし、過失の場合に限って可罰的責任を否定する理論構成がとられている。構成要件該当性が否定される場合、および、違法性が阻却される場合については、従来主張されている見解（山口厚「被害者による危険の引受と過失犯処罰」研修599号（1998）3頁以下、違法性阻却に関しては山口厚『刑法総論』（2001）156頁「危険の引受けが認められる場合には、危険な行為の遂行それ自体は許される」）と共通する面もあるとされる。

また、本論文が検討の対象としている「危険引き受け」論は、あくまで被害者に注目して可罰性を限定する理論であって、関与行為の性質によって可罰性の基礎づけを行うことを課題とするものではない旨が確認された。ただ

し、燃えている家の中に家人を飛び込ませる動機を与えた場合や、ふぐ調理師の客が調理師を信頼している場合などについては、本論文もこれを背後者の特別な行為として考慮し、因果関係が否定されないものとしている点（Ⅴ5「危険を高める特別な事情」）が特徴的である。

③

Ⅲ「背後者の行為が作為の場合」（被害者の同意）に関し、本論文は、「消極的認容」があれば同意の効果を認めうるとするが、この点につき、違法性の否定・減少が認められる範囲が広すぎないかとの疑問が出された。著者によれば、学説の中にはさらに広く、認識があるだけで同意を肯定する見解（深町晋也「危険引受論について」本郷法政紀要9号（2000）121頁以下）も存在しており、「消極的認容」という基準はそれよりは限定的であって通説的であるとされる。

ただし、「消極的認容」が具体的に何を意味するのかは依然として問題となる。たとえば、「もう仕方がない」とあきらめた、という程度でも同意を肯定しうるか。著者は、そのような場合には「強制がはたらいたからあきらめた」と評価しうることが多く、任意の同意が認められないとする。この理解からは、法益関係的錯誤の理論を採用した場合にも、やくざの指つめの事案などの違法性は同じ理由で否定されないことになる。しかし、これに対してはさらに、「自分の意思に基づかない他人の行為によって、あきらめることとなった」という場合のすべてにおいて、同意が真意に基づかない強制によるものだと評価されうるのか、また、もしそうだとすると今度は同意の効果が否定される場合が多くなりすぎないか、という疑問も提示された。そこで、たとえ弱いものであっても、法益侵害への被害者の主観的コミットメントは必要であろうという意見が出され、著者も、被害者による「認容的甘受」（山中）までは必要であるとする。

第4講　議論のまとめ　177

4

Ⅳ「正犯論と関連づけられた客観的帰属論の検討」では、嘱託殺人・同意殺人については関与者を「正犯」とし、自殺教唆・幇助では「狭義の共犯」であるとして両者を分ける見解が批判的に検討されている。この説によれば、過失による同意殺人は関与者が「正犯」であるとき処罰されるが、そうでない場合は不可罰であるとされ、同意殺人か自殺への関与かは、被害者が法益侵害にどれだけ積極的に関与していたかによって決まるとされる。本論文は、このような考え方が、通常の正犯・共犯関係の理解との間に齟齬を生じさせるものとして批判を加えている。

これに対しては、当該見解は通常の正犯論と同様の構造を用いた説明をしているだけで、区別の基準については通常の正犯論と異なっていてもよいと考えているのではないか、との疑問が出されたが、著者からは、そうであるとしても、基準がなぜ違ってよいのかの根拠が示されていないことは問題であると指摘された。

また、この見解に対しては、出発点でとった、刑法202条の自殺教唆・幇助の理解に問題があるのではないかとの見方も示された。著者の評価では、この立場は、出発点で、被害者と第三者とを同様に扱っており、第三者が法益を保護する義務を負うのと同様に、被害者も自分の法益を保護する義務を負っているとしている。その両者を基本的に対等なものとして考え、そこに「正犯」「共犯」の区別をあてはめていると見られる。だが、自殺関与罪の処罰規定がないドイツならば、嘱託殺人と自殺関与とで異なる扱いをなしうるが、日本ではそれらが202条で統一的に規定されているので、両者を「正犯」と「共犯」との区別に対応させた形で理解する前提は不適切なのではないか。日本では、自殺関与も嘱託殺人と同等のものとして規定されていると見たほうがよいのではないか。この点には議論参加者の間では異論がなかった。両者の区別がしばしば困難であることにも留意する必要がある。たとえば、被害者に毒を飲ませるときに、グラスをどの程度押したら同意殺人となり、自殺幇助でなくなるのかは、必ずしも明らかでない。ドイツ法では区別

が必要となるが、日本法はこのような区別を回避していると見るべきである。

5

Ⅴ 「正犯論と切り離された結果帰属否定論」（因果関係）に関しては、第1に、因果関係の事実的判断と規範的判断との関係を明らかにするための議論が行われた。本論文は、被害者に危険についての正確な認識があって、それを回避する能力もあるというとき、それにもかかわらず回避しないのは「異常」なことであるとして因果関係を否定している。

これに対して、「正常」か「異常」かの判断は、あくまで被害者がどのような行動をとるかの事実的な見込みによって行われるものであり、「回避すべきである」という規範的判断とは異なるのではないか、との質問があった。著者は、「回避すべきである」という規範的判断を前提とするからこそ、それに反する行動が「異常」と評価されるのだという。たとえば、薬品に正確な説明書がついており、普通に使えば危険がないのにもかかわらず、被害者が用法を守らずに多量に服用して死亡した場合、被害者に自殺意思がなかったとすれば、やはりそれは「異常だ」との評価が可能であろうとされる。その場合、薬品を処方した医師の行為は適法とされることになる。

しかし、事実的な見込み重視する立場からは、そのような場合にも客観的には違法といいうるのであって、医師が不可罰となるのは予見可能性がないためであるとされる（深町）。著者はこのような見解について、予見可能性だけで処罰範囲を限定することはできないとの批判を向ける。

これを受けてさらに、因果関係の判断における規範的要素の位置づけが議論された。被害者あるいは第三者がいかなる行動をとるであろうかという事実的判断と、本論文で述べられている「正常か異常か」の規範的判断とは異なっており、著者は後者を採用している。著者は、たとえば、強姦の被害者が自殺する場合や、大阪南港事件（最決平2・11・20刑集44巻8号837頁）のように第三者が現れて暴行を加える場合には、「ありうるか」否かという事実的な判断のみでは適切な解決を導くことができないとし、「故意の犯罪行為

は明白な兆候がない限り行われないだろう」という形で、規範的判断を「正常」性ないし「異常」性の内容に取り込む立場をとっている。

　客観的帰属論を全面的に採用することなく因果関係を論じる場合、最後に限界が明確でない部分の結論を決めるために規範的考慮を採用することとなっている学説が多いが、はたしてそれによって限界づけが可能であるのか、また、そもそも規範的考慮を因果関係の判断に入れることを体系全体の中で正当化する理由づけがあるのかについては争いがある。たとえば、最近の相当因果関係説の中には、被害者に特殊事情のある場合に「特殊な素因を持った被害者もそのような人として刑法上保護されるべきであるという考慮」から、「行為者にも被害者にも支配できない特殊な事情」はすべて判断基底に入れ、「被害者にリスクを負担させても公平に反しないような事情」については予見可能性が認められる範囲で判断基底に入れるという形で、折衷説を支持するものがある（佐伯仁志「因果関係論」山口＝井田＝佐伯『理論刑法学の最前線』（2001）25頁）。本論文はこのような見解に親和的なものであるが、他の議論参加者からは、規範的判断の可否と根拠とを統一的に説明する理論を立てることは容易でなく、こうした区別は恣意的なのではないかとの異議が唱えられた。

　第2に、因果関係に関し、被害者ではなく、行為者の認識内容の相違によって結論に違いを認める必要はないか、との疑問が出された。本論文では、因果関係の段階での解決が行為者の主観にかかわらず一律に行われる。たとえば、客観的に事故の危険が皆無であるような道路において、競走が行われ、たまたま被害者が事故を起こして負傷した場合、本論文の立場からは、これが「異常な事態」と評価され、行為者に故意があるとしても殺人にはならないとされる。また、ボクシングなどスポーツの場合にも、故意はあるが、ルールに従って行われている限りにおいては危険がないので、そこからたまたま結果が発生したとしても、違法ではなく、傷害（致死）にはならないとされる。

　これに対しては、結果が生じているのは実際には過剰な行為が行われたからであって、違法性はあるといわざるをえず、故意または過失が否定されるにすぎないのではないか、との疑問が提起された。本論文では、SMプレイ

の例が傷害致死とされているが、もしこれが客観的に同意の範囲を超えていて違法であるとされるのならば、ボクシングでも同じことではないか、との指摘である。この点につき、著者は、スポーツではルールがあることによって安全性が担保されているが、SM にはルールがなく、たとえば革ベルトで首を絞めれば、被害者自身による結果回避が困難になるので、構成要件該当性を認めざるをえないとされた。これについてさらに、SM にも暗黙のルールがあり、逆にスポーツでも、ルールを守っていて結果が発生する場合があるから、両者を区別することはできないのではないか、との質問があったが、著者によれば、スポーツ選手の体内事情は判断基底に入れるので、その場合には関与者の行為が「客観的にルール違反」ということになり、あとは責任の問題として解決されるのだとされる。しかし、これを「ルール違反」と呼べるのかについてはなお疑問が留保された。著者からは、自己に疾患のある被害者は、決定的な瞬間に至る以前に自分で危険を回避しえたとして、因果関係を否定することも考えられるとされた。「逃げられない」というケースもありうるが、スポーツでほぼ対等の能力があるという前提で試合が組まれるので、因果関係を否定することがありえないわけではないとする。

　このような説明に対しては、結果が発生しているにもかかわらず「異常である」という評価を与えるのは実際問題として容易でない、との指摘がなされた。本論文では、事前の危険が低いときは「異常」であるとして、ダートトライアルの事件でも因果関係を否定する解決が提示されているが、被害者が結果を回避しえたからといって結果発生が「異常だ」とはいえないとの見方がなお残った。著者によれば、あらかじめ「このような場合には危険が低い」とする基準を作っておくという客観的帰属論の発想にはある程度共感でき、それは特に人の行為の介入の場合にあてはまるとされる。本論文でも、被害者自身の行為についてこの規範的考慮が採用されている。

⑥

　Ⅵ 「違法性阻却事由」の構成に関し、本論文では、違法性阻却を認めるための条件として、行為者の追求する目的が犯罪でないことが必要とされてお

り、これが本論文で最も議論を呼んだ点である。

　第1に、「危険の引き受け」では結果自体について被害者の同意がなく、被害者の意思のみによっては違法性が完全に阻却されないところ、本論文は、その分を埋め合わせるものとして、「一般的な行動の自由の保障」という価値を考慮している。著者は討論の段階で、この場合に行為者の追求する「目的」は、「積極的に意欲され、実現が目指される」といったところまでは必要なく、「何となく」という程度でも足りるとし、その内容としても、法的な権利の実現である必要はなく、「ぶらぶらする」というような行動の自由で足りるとしている。しかし、この程度の目的では、正当化にとって足りない分を補うプラスαの要素とはいえず、単に「マイナスαがない」ということにすぎないのではないか、との疑問が出された。著者は、「マイナスαがない」ということは、「やってもよい」ことだという意味で行動の自由の保障を受けるべきだとするが、このように内容の薄い要素であれば、およそ犯罪を目的としない場合のすべてについて肯定されるに等しくなり、同意のない場合をある場合とほとんど同様に扱うことにならないかという指摘もなされた。「生命の重大な危険を避けるために生命の危険を伴う手術を実施する」というように、具体的に目的とされるものが同等以上に重要である場合には違法性を否定しうるとしても、単に目的が犯罪でなければそれだけで足りるとまでいいうるかにはなお疑問が留保された。

　これについて、著者は、執筆の段階では「積極的に是認されるような目的がなければならない」とする見解も検討したが、積極的なプラスを要求した場合に、何がプラスで何がそうではないという区別は立てられないとする。たとえば、メーメル川の事案では、危篤の父親に会いに行く場合だけを適法とする考え方もありうるが、賛成できない。そうだとすると、「自分でやりたいことはやってよい」という一般的な行動の自由を基準とせざるをえないという。いずれにしても、完全な同意がある場合以外をすべて違法だとすることはできず、どこかで可罰性を限定しなければならないとされる。

　第2に、しかし、本論文はなお、被害者に犯罪目的のあるときにはこの「自由」を否認している。関与者について、犯罪を行う自由を手助けすることが特別の違法阻却事由になるとは考えられないとするのである。これに対

しては、「被害者の同意」に関して法益関係的錯誤の理論に立つ場合には、ほかの犯罪（詐欺など）を目的としたことを理由に違法性を肯定する（最決昭55・11・13刑集34巻6号396頁）ことができないにもかかわらず、ここでは同様の理由づけにより違法性を肯定するのはなぜかが質問された。著者は、両者が局面を異にするとする。つまり、「被害者の同意」の場合には、同意に基づいて法益が放棄され結果無価値が消滅しているにもかかわらず、別の犯罪を根拠として違法性を肯定することは許されない。他方、「危険の引き受け」の局面では、法益が放棄されておらず、結果無価値が否定されていないときに、さらにプラスαがつけ加わって初めて違法性が阻却されるのだとする。

　著者以外の議論参加者はこの点に関し、違法性を肯定する方向で考えるか否定する方向で考えるかという違いはあるものの、問題となっている法益侵害と直接に関係のない犯罪を考慮することによって違法性を認める結論にはやはり抵抗感をもった。たとえば、道交法に違反して犯罪行為にあたる行為をするとき、本論文の立場によれば、違法性阻却の余地が一律に否定されることとなるが、「交通違反を犯して何か他の目的を追求する」自由もあってよいのではないか。本論文の基準では、コンドームを使用せずに性交した性病感染事例について違法性が肯定されるか否かが、行為が児童買春に該当するかどうかによって分かれることになる。しかし、「被害者の同意」を論じるときは、違法な目的があったとしても自己実現の自由を認めるのが、法益関係的錯誤の理論だったのではないか。著者は、現実の同意がある場合にはそれ以上の正当化が不要であり、危険引き受けの場合とは異なるとする。だが、そもそも、完全な同意のある場合も、違法性が否定される根拠は自己実現そのものなのではないか。目的を問題にするならば、同意の場合でも、犯罪を構成するような自己実現の自由は認められず、違法になるのではないかという疑問が述べられた。

　著者は、「被害者の同意」の場合にはなお、被害者が結果を認識して引き受けている以上は、被害者が「正犯」になるという説明が可能であり、危険引き受けの場合はそうでないとする。これに対しては、同意がある場合であってもなお、「それに対する積極的関与は法的に見れば保護に値しないもの

であって違法である」といわざるをえなくなるのではないかと指摘された。「被害者の同意」の場合と同じく法益関係的な基準を徹底させるならば、目的の内容による制限を認めずに、全面的に違法性を阻却するという考え方になろう。しかし、著者によれば、ドイツにおいて、同意による他者危殆化が適法とされるためには公序良俗に違反しない同意が必要だという「加重同意説」が一般的であり、これが刑法228条にも規定されているのは、何らかの形で制限を設ける必要があることを示しているのだとされる。

　第3に、被害者が犯罪的目的を有している場合にこれに関与する行為は、目的とされている犯罪の幇助にすぎないのではないか、との疑問が提示された。たとえば、本論文によれば、被害者がとばく目的でメーメル川を渡ろうとする場合、関与行為はとばく目的があるために違法とされることになる。著者は、被害者の目的を関与者が認識していない場合には、違法性を基礎づける事実に関して関与者の予見可能性が否定され、未必的な認識がある場合には、犯罪の手助けをする以上違法性も責任もあるとする。しかし、それは実体としてはせいぜいとばく幇助にすぎないのではないのか、との指摘がなされた。そうだとすると、とばく目的を知らなければ不可罰な過失とばく幇助として扱われるはずのものが、犯罪目的の予見可能性があるという理由で過失致死傷罪とされることとなるが、これでは処罰範囲が広すぎるのではないか、また、被害者の行動自由の制限によってその結論が根拠づけられているといいうるかは疑問である、との意見が述べられた。

　第4に、なぜ目的が犯罪以外の不法行為や行政法違反である場合には「一般的な行動自由」が是認されるのかも質問された。著者からは、その点は刑法上の評価として禁止されているか否かで決するべきだとされる。制限を設けないと、けんかなど犯罪を目的とする場合にも違法性を肯定できなくなり、不当な結論に至るとされる。これに対してはさらに、けんかでも、被害者が認識した危険を客観的に超える侵害が行われたとすれば、「行動自由の制限」を論拠にしなくても違法性を肯定しうるのではないか、と問われたが、著者によれば、そのような説明でも同じ結論となるが、それでは認識された危険の程度などを立証しなければならないという難点があり、本論文の基準ならば、けんかの場合にはそうした立証の問題に踏み込む必要がなく、

直ちに違法性を肯定しうるとされる。

⑦

Ⅵ 3 「違法減少による過失自殺関与類似状況」(可罰的責任阻却) に関して、本論文では、生命侵害の場合に、まず、被害者に危険の認識があることと、行動の自由とから、違法減少が認められて違法性の程度が刑法202条と同じ程度になり、次に、行為者に過失しかない場合には、過失同意殺人と同様に可罰的責任が否定される、という構成がとられている。

第1に、生命侵害の場合について、行為者の故意・過失を問わず犯罪の成立を否定する見解 (山口) と、本論文との異同が検討された。前者の見解は、生命侵害のケースであっても、事前に引き受けた危険から不可避的に結果が発生した場合には、結果回避可能性または過失が否定されるとの結論を導いている。本論文はこれを疑問とし、故意による関与だけは可罰的であるとする。なお、いずれの見解も、法益侵害結果自体が正当化されるという理解は採用していない。

第2に、この対立を受けて、故意の場合にも可罰的違法性を否定すべきではないかとの意見が出された。すなわち、202条の適用場面では、被害者も関与者も直接に生命侵害に向かって行動しているが、「危険引き受け」のケースはそうではないので、これに比べて行為の違法性が小さいのではないか、というのである。これに対して著者は、被害者に生命侵害の認識がないときは、むしろその分関与者の行為の違法性が重くなるとし、違法性を完全に阻却して故意の場合にも不可罰とする反対説の結論には抵抗があるという。

第3に、違法性阻却の場合と同様に、本論文の基準では結局「犯罪目的がない」という消極的な条件が違法減少の根拠とされていることになるが、違法減少に関してはさらに、なぜ違法性が202条と「同程度」になるのかが明らかでない、との疑問が提示された。著者は、「被害者の同意」の局面で論じられているのは「静的な」法益の保護であり、法益を動かしつつある「危険の引き受け」の局面では、自己実現の自由の「動的な」保護を合わせて考

えることにより、同程度になるのだとする。

　なお、研究会の後、山口厚「『危険の引受け』論再考」齋藤誠二先生古稀記念論文集（2003年、信山社）89頁以下、須之内克彦「スポーツ事故における同意と危険の引受け」同書103頁以下が公刊されている。

第5講

未遂犯

和田俊憲

I はじめに

　毒殺目的で毒入り饅頭を郵送に付したが郵便事故で配達されなかった場合。警察官から奪ったピストルで射殺しようとしたが弾が入っていなかった場合。いずれも殺人未遂の成否が問題となるが、前者は「実行の着手」の、後者は「不能犯」の問題であるとされ、それぞれは相互に独立した世界であるかのようである。未遂犯については、近年、結果無価値論が有力となっていることの１つの表れとして、実質的危険の有無による一元的な理解を採用するものが増えつつあるが、そのような理解を採る立場からも、「実行の着手」と「不能犯」とは別個独立に論じられている。しかし、そのような一元的な理解と二元的な議論とが如何なる関係に立つのかは、必ずしも明らかでない[1]。

　有力説の論者は（そして、判例[2]も）、毒入り饅頭の入った郵便物が配達されない場合に、殺人未遂の成立を認めない。毒入り饅頭が被害者宅に届かなければ被害者は死にようがないからであるという[3]。もしそうであるならば、毒入り饅頭を郵送して毒殺しようとしたところ、途中でたまたま饅頭がこぼれ落ちて箱だけ配達された場合も、未遂は否定されるだろう。毒入り饅頭が届かない点では変わりないからである。そうであるならば、警察官からピストルを奪った時点では入っていた弾がその後の移動中にたまたま抜け落ち、撃とうと思った時点では既に空ピストルとなっていた場合も、未遂は否定されることになる。弾が発射されない限り被害者は死にようがないからである。ならば、警察官から奪ったピストルで人を狙ったが、初めからたまたま弾が入っていなかった場合も、同様にならなければならない。弾が発射され

---

[1] 曽根威彦「未遂犯における不法——実行の着手論と不能犯論の関係——」研修535号17頁以下参照。同25頁は、実行の着手は形式的な構成要件該当性判断、不能犯は実質的な違法性判断、とするが、そこで実行の着手から放擲された「結果としての危険」と不能犯論に属する「結果としての危険」との関係が、問題である。
[2] 大判大7・11・16刑録24輯1352頁参照。
[3] 山口厚『刑法総論』（2001）（以下、山口・総論）233頁。

得ない点では変わりないからである。

　しかし、論者は（判例[4]も同様であるが）、警察官から奪ったピストルで人を狙うと、初めからたまたま弾が入っていなかった場合でも殺人未遂であるとする[5]。もしそうであるならば、ピストルを奪った時点では入っていた弾がその後の移動中にたまたま抜け落ち、撃とうと思った時点で空ピストルとなっていた場合も、殺人未遂になるだろう。より遅い時点まで弾が入っており、危険はむしろ大きいからである。そうであるならば、毒入り饅頭を郵送して毒殺しようとしたところ、途中でたまたま饅頭がこぼれ落ちて箱だけ配達された場合も、殺人未遂が成立しなければならない。結果発生の可能性という観点からは異なって扱う理由はないはずだからである。しかし、論者は、毒入り饅頭の入った郵便物が配達されない場合に、殺人未遂の成立を認めないのである。被害者は死にようがない、として。

　これは、解消されるべき不可思議な事態なのか、何ら問題のない説明可能な事態なのか。本稿は、実質的危険による未遂犯の基礎付けという基本的な方向性を支持する立場から、危険の具体的内容に検討を加え、未遂犯の成立要件の全体像を明確化しようとするものである[6]。

II　危険概念とその判断方法 ── 不能犯論

1　危険概念

(1)　行為者の危険と行為の危険　　未遂犯を基礎づける危険の概念を巡っては、かつて、それを行為者の危険と解する立場と行為の危険と解する立場とが対立していた。前者は主観主義によるもの、後者は客観主義によるものである。主観主義が完全に衰退した今日において学説は、従って、未遂犯の基礎を行為の危険と解することで一致している。

　もっとも、今日でもなお、刑の任意的減軽という未遂犯成立の法的効果に

4　福岡高判昭28・11・10判特26号58頁。
5　山口厚『危険犯の研究』(1982)（以下、山口・危険犯）167頁。
6　もっとも、未遂における故意の内容については、検討すべき問題があると思われるものの、それ自体としては扱わない。

関して、主観主義と関係する言及が為されることがある。即ち、未遂が任意的減軽に留められたのは主観主義の表れであると言われることがある、未遂が既遂と同様に処罰され得るのは行為者の意思や性格において両者が異ならないことに対応していると言うことができるからである、しかし、客観主義の立場からも、未遂でも極めて高度の危険を生ぜしめた場合には既遂と同視すべき違法性が認められるから、減軽されない場合があることを説明することは可能である、というのである。しかし、既遂結果が発生した場合とその危険に留まる場合とは、明らかに質的に異なるように思われる。再起不能の重傷を負わせても、生命侵害は皆無である。しかしそこで、任意的減軽に主観主義的色彩を見出す必然性もないように思われる。未遂における任意的減軽は、客観主義の立場からも次のように説明可能だからであり、また、そのように説明されるべきでもある。即ち、ある程度重大な危険が惹起されたとき、減軽した場合の処断刑の上限よりも重い刑を宣告する余地を残すためである、と。「未遂＝既遂」であり得るからではなく、「未遂＞（既遂／2）」であり得るということである。処断刑の軽重は、行為の類型的な犯罪性の軽重に対応したものであり、個別具体的な事案における犯罪性の軽重は、宣告刑の軽重に反映させれば足りる。未遂が既遂よりも類型的に軽いことは任意的減軽が定められていること自体に表れており、ある特定の具体的な未遂犯は、それが既遂に達したと仮定した場合に予想されるよりも軽い刑を宣告されれば十分であって、法律上の減軽が為される必要はない。現に、実務上、未遂減軽が選択されることはさほど多くないのである[7]。

　また、中止犯との関係でも、未遂減軽が任意的とされることには意味がある。未遂減軽を必要的にすると、処断刑の上限において中止減免との差異が消滅し、中止減免の政策的意義が小さくなる。そこで中止犯を必要的免除とすると、処断が軽きに失する。そこで内包される既遂犯を別途処罰するのは、罪数論上問題がある。そこで中止犯の成立要件を極めて厳格にした上で効果を必要的免除とする途を選ばないのであれば、減軽無しと必要的免除との間で、未遂犯＝任意的減軽、中止犯＝必要的減免、とするのは、立法論と

---

[7] 量刑が処断刑の下限を下回るべき場合に初めて未遂減軽すべきとする見解すら存在する。

して絶妙であるように思われる。

こうして、未遂犯の基礎を行為の危険と解することには、何の障礙もない。

(2) **客観的危険説と具体的危険説**　行為者の危険ではなく行為の危険を未遂犯処罰の基礎とするのは、刑罰は、予防の必要性のみによって基礎づけられるのではなく、現に為された行為に対する非難・応報として科されるものだからである。非難の対象となるのは違法行為であり、未遂犯を基礎づける危険は未遂犯における違法性を基礎づけうるものでなければならない[8]。そこで、違法性の内実を巡る立場の違いが、行為の危険の概念に反映することになる。即ち、概ね、一元的行為無価値論からは、行為者の認識した事情に基礎を置く危険概念（抽象的危険説[9]）が、一元的結果無価値論からは、客観的に存在した事情に基礎を置く危険概念（客観的危険説）が採用され、両者の間を行く二元的行為無価値論からは、重点の置き方の違いによって、一般人が認識したであろう事情・行為者の認識した事情・客観的に存在した事情、の間での様々な組み合わせ集合に基礎を置く危険概念（具体的危険説）が採られることになる。一元的行為無価値論が採られていない我が国においては、従って、結果無価値論と二元的行為無価値論の対立と一定程度の相関関係をもって、客観的危険説と具体的危険説とが大きく対立している状況にある。

客観的危険説と具体的危険説の危険概念における対立軸は、まず第1に、危険を、事後的に判断できればよいものと解するか、行為の時点で事前的に判断できなければならないものと解するか、の違いに求められる。結果無価値は、その有無が事後的に判断されれば足りるが、行為無価値は行為の時点での判断が要請されるからである。第2の対立軸は、危険の抽象度の違いに求めることができる。客観的危険説が客観的に存在する具体的事情に根ざした危険概念を採用するのに対して、具体的危険説は、当該事案における客観的な具体的事情を全ては考慮に入れず、（客観的危険説との関係ではその名称に反して[10]）抽象度の高い危険を未遂犯の要素とする。例えば、空ピストル

---

[8]　このことは、危険があれば直ちに違法性が認められるということを意味しない。
[9]　ドイツでは通説である。

の事例において、客観的危険説は、弾が充塡されていなかったと事後的に判明した当該具体的ピストルを危険判断の基礎とするのに対して、具体的危険説は、事前に判明した限りで警察官が通常携帯している類型的な（従って、弾の入っている）ピストルを基礎とし、また、空ベッドに向けてピストルを発射した場合に、客観的危険説は、事後的に判明した人のいない当該具体的ベッドを危険判断の基礎とするのに対して、具体的危険説は、事前判断により、利用に供されている類型的な（従って、人のいる）ベッドを基礎とするのである。これらの違いは、客観的な事実は、少なくとも事後的に見ればどこまでも具体的であるのに対して、人が認識する事実は抽象化されたものである、ということによる。客観的危険説は危険を事後判断するため、その危険は客観的事実に根ざした具体的なものであるのに対して、具体的危険説は危険の事前判断を求めるため、具体化された客観的事実を離れて一般人の抽象的認識に依ることになり、従って、そこで未遂犯を基礎づける危険も、抽象化されたものとなるのである。

　客観的危険説と具体的危険説に対してそれぞれ投げかけられている基本的な疑問・批判は、以上の両説の性格に関係する。客観的危険説のように具体的事実に基づくと、結果が発生しなかった以上、常に危険は存在しなかったことになるのではないか。逆に、具体的危険説のように一般人の抽象的認識に基づくと、危険の抽象化の程度が大きく、場合によって処罰範囲が広くなりすぎ、妥当でないのではないか。それらを含め、両説の妥当性を、危険判断の基礎事情を軸にして検討する。

(3) 危険判断の基礎事情　　危険判断において問題となり得る事情・事実には、それが客観的に存在していた場合とそうでない場合、行為者が認識していた場合とそうでない場合、一般人が認識していたであろう場合とそうでない場合、がある。行為者が認識していたが、客観的に存在せず、一般人も認識しなかったであろう事情を危険判断の基礎事情とすべきでないことは、前に触れたように異論なく認められている。従って、基礎事情の範囲として問題となるのは、客観的に存在し一般人も認識していたであろう事情、客観的

10　具体的な事実に即して危険を判断するので「具体的危険説」とされるだけで、そこでの事実の抽象化の程度が低いわけではない。

II 危険概念とその判断方法　193

に存在したが一般人は認識しなかったであろう事情、客観的に存在しなかったが一般人が認識していたであろう事情、である（それぞれに、その事情を行為者が認識していた場合と認識していなかった場合とがある）。

具体的危険説にもいくつかのバリエーションがあるが、共通するのは、客観的に存在しなかったが一般人が認識していたであろう事情を基礎に危険判断することを認める点である[11]。そして、それには以下のような問題がある。

まず、未遂における危険が過度に抽象化される点である。例えば、内部が完全に変質し爆発機能を完全に失った手榴弾を人に投げつけた場合、外見上通常の手榴弾と変わらないのであれば、通常の爆発機能を有する手榴弾を投げつけたことが基礎事情になる。しかし、刑が任意的に減軽されるにすぎない未遂犯においては、既遂結果発生の具体的危険が要求されるべきであり、客観的に結果不発生にとって決定的な事情が、一般人に認識不可能であることにより全て捨象され、強く抽象的な危険、上の例では手榴弾の一般的危険、だけで未遂犯が肯定されることになるのは、妥当でない[12]。

次に、一般人が認識していたであろう事情をどのように確定するのかが必ずしも明らかでない点を指摘することができる。同じ行為を暗闇で行うのと目で見えるところで行うのとで、危険判断は異なるのか[13]。その場でラベル付きの試薬瓶から毒を取り出してコーヒーに入れるのと、事前に角砂糖の瓶に入れておいた毒をコーヒーに入れるのと、後者の場合で「毒殺してやる」と叫びながら入れるのとで、それぞれどのように危険判断が為されるのか。

また、具体的結論の妥当性にも疑問がある。基礎事情を一般人の認識可能性によって画すると、それは抽象化された事情となるので、その事情に基づき為される危険判断において適用される判断基準も、科学的法則ではなく一

11　なお、井田良「不能犯論と危険概念」現代刑事法23号（2001）104頁は、具体的危険説は、「結果の不発生に関係する全事情を明らかにした上で」それぞれの事情が一般人に認識可能であったか行為者が認識していたかを問う、とするが、例えば、弾の入っていないピストルで撃った場合は、「弾が入っていない」という事情が一般人に認識不可能であると、危険判断から排除され、「弾の入っているピストルで撃った」という客観的には存在しない事情を基礎に危険判断が為されることになるのであり、基礎事情が客観的に存在した事情に限定されるわけではない。
12　山口・危険犯106頁参照。
13　具体的危険説の多くは、一般人に認識不可能でも行為者が認識していれば基礎事情に組み込むので、未遂犯が肯定できなくなるわけではないが、ここで問題としているのは、未遂犯を肯定できるか否かではない。

般人の感覚とならざるを得ない[14]。そうすると、一般に信じられている迷信から危険が肯定され、逆に、科学的には因果法則が判明していても一般には知られていない場合には危険が否定されることになりかねないが、それが妥当であるとは思われない。既遂の場合も、一般人の目から見て結果が発生したときに犯罪が成立するわけではない。

　さらに、理論的根拠も妥当でない[15]。一般人が認識したであろう事情に基礎をおいた危険に基づく未遂処罰のあり得る理論的根拠は、行為無価値か、結果無価値としての一般人の危険感や社会心理的衝撃である。しかし、未遂犯において裁判規範違反が不要とされるのはそれ自体妥当でなく、また、未遂は任意的に刑が減軽されるだけであることからも[16]、行為無価値のみを構成要素とすべきではない。結果無価値を求めるとしても、一般人の危険感や心理的衝撃とするのでは、個別の犯罪類型の既遂との連関が希薄化されすぎであるし、また、それらは犯罪の副次的効果であって犯罪の結果それ自体と解すべきではない。

　こうして、客観的には存在しないが一般人が認識していたであろう事情を基礎とする危険判断は妥当でなく、従って、それを含む具体的危険説も妥当でないと思われる。

　さて、行為者が認識していたが、客観的に存在せず、一般人も認識しなかったであろう事情、及び、客観的に存在しなかったが、一般人は認識していたであろう事情、をいずれも基礎事情から排除すべきだとすると、危険判断の基礎となりうるのは、客観的に存在した事情のみということになる。客観的に存在するが、一般人には認識不可能な事情を、行為者が認識して特に利用していたような場合に、未遂犯の成立が否定されるのは法感情として耐え難いことから、不当な帰結回避のため、具体的危険説の多くは、一般人が認識していなかったであろう事情でも、客観的に存在し、行為者が認識していた事情については、基礎事情に含めることを認めている。ここで、ひとり行

---

[14] 山口厚「コメント①」山口厚＝井田良＝佐伯仁志『理論刑法学の最前線』（2002）199頁以下参照。

[15] 佐伯仁志「不能犯」西田典之＝山口厚編『刑法の争点［第3版］』（2000）90頁。

[16] 佐伯仁志「コメント②」山口厚＝井田良＝佐伯仁志『理論刑法学の最前線』（2002）203頁以下。

為者のみが認識していた事情は基礎とすべきでないから、客観的に存在し行為者が認識していた事情が基礎事情に入れられるのは、行為者が認識していたからではなく、それが客観的に存在する事情だからである。そうであるならば、客観的に存在する事情は全て、危険判断の基礎事情とされるべきであろう。そうして危険が肯定された上で、行為者の認識を理由として未遂犯の成立が否定されるべき場合があるとすれば、責任要素としての故意の否定によるべきであり、それを（帰責判断ならまだしも）危険判断の中で前倒しして行うことは、客観的であるべき「危険」を認識の有無によって相対化させる点で、明らかに妥当でないと思われる[17]。

2 客観的危険

(1) 客観的危険説における危険判断 既に触れたように、客観的に存在した事情を全て危険判断の基礎事情とする客観的危険説に対しては、純粋に事後的・客観的な判断を行うと、結果不発生の場合には結果発生の危険を認めることはおよそできなくなる、という指摘が為される。しかし、これは少なくとも正確ではない。客観的であることと必然的であることとは同義ではないからである。自然科学の分野においてさえ偶然の排除は否定されているが、刑法においてはなおさらである。既遂結果が発生した場合、それに至る因果経過の相当性を客観的に問題とし得るのであれば、結果が発生しなかった場合にも同様に、結果不発生に至る因果経過の客観的通常性を問題とし得るはずである。既遂結果が発生した場合に、それは必然的な結果である、として常に相当因果関係を肯定するわけではないのであれば、結果不発生の場合にも、それを必然的な結果であるとして必ず不能犯とすることには、客観的な判断に依ったとしても全くならない。純粋な客観的危険説によっても、それが危険を判断するものである以上、そこには可能性判断が当然に内包されうるものと思われる。具体的危険説が、事象の全体を「偶然性」の判断対象とするのに対して、客観的危険説は、事象を「必然性」の部分と「偶然性」の部分とに分け、限定された「偶然性」の部分に未遂犯の危険の実体を

---

[17] 内藤謙『刑法講義総論（下）II』（2002）（以下、内藤・総論）1260頁参照。

見出そうとするものであり、そうすることで、具体的危険説が陥っているような漠然とした直感的危険判断を回避し、判断を明確化することができることになる。

しかし、逆に、個別の危険判断の前提として「必然性」と「偶然性」をどのように切り分けるかが恣意的になる危険を孕むことになり、それぞれをどこに見出すかを巡って、客観的危険説の内部においても見解が分かれている。

ある見解は、行為の因果系列が結果発生の必要条件を備えていたにもかかわらず別の救助的因果系列の偶然的介入によって十分性が欠けた場合が可罰的未遂であり、結果発生の必要条件が当該行為の因果系列になかった場合が不能犯である、とする[18]。これは、直感的に分かりやすい未遂イメージを提供するものである。しかし、因果系列を個別化して行為の因果系列と救助的因果系列とを分ける基準がない限り結論が恣意的にならざるを得ず[19]、また、その基準は実在する何かから導くことはできないから[20]、実在的危険としての構成を維持することはできないと思われる。

そこでの因果系列の区別基準を提供するものとも言えるのが、次の見解である。それによると、通常考えられる中で最高の能力を有する者を基準として、人間が認識能力または制御能力を欠くためコントロールできない事情は、他のあり得る事情に仮定的に置き換え、その場合に法則性に基づき結果発生に至り得ると判断されるときには、危険が肯定される[21]。これは、因果系列の概念を使って、次のように表現される。即ち、人がコントロールできない事象は行為者が行為によって開始させた因果系列とは「別の因果系列」に属すものと言え、「別の因果系列」上の事情によって結果が偶然に左右された場合に危険が肯定され、「別の因果系列」上の事情の有無にかかわらず結果不発生の場合には危険が否定されて不能犯となる[22]。そして、人間の認

---

[18] 宗岡嗣郎『客観的未遂論の基本構造』(1990) 22頁。
[19] 山口厚『問題探究 刑法総論』(1998)(以下、山口・問題探究)216頁参照。
[20] 林陽一「不能犯について」『松尾浩也先生古稀祝賀論文集上巻』(1998) 388頁参照。
[21] 林陽一・前掲注20) 394頁。村井敏邦「不能犯」芝原邦爾ほか編『刑法理論の現代的展開 総論Ⅱ』(1990) 182頁以下も、行為についての認識・制御不可能性を問題にするものとも解される。
[22] 林陽一・前掲注20) 398頁。

II 危険概念とその判断方法   197

識能力・制御能力が及ばない事情については、どのような事態もあり得ることを想定して行為をなすべきであるから、結果の有無に影響を及ぼすが認識・制御不可能な事情について「運を天に任せて」行為した場合には、未遂処罰が妥当である、という規範的意味が、この危険概念には付与されるとするのである[23]。

　これは、規範的基礎付けを伴う相当程度明確な基準を提供するもので、魅力的な見解である。しかし、妥当な結論を得ようとすると、行為の一般的性質に着目した抽象化がさらに必要となる。例えば、ピストルで撃ったが外れたという場合、現実になされた発射の向きを前提とすると、風の具合が違ったとしても中っていた可能性はなく、また、最も技術の高い狙撃手における手のぶれを考慮したとしても中っていなかったと言える程度の外れ方であった場合、危険を肯定するためには、「人に向けてピストルを撃つな」という規範に反する範囲での抽象化が必要になり、論者も、行為・外界のコントロール可能性の範囲を超えたそのような抽象化が未遂犯では要請されることを認めている[24]。しかし、それでは、一般的・抽象的に危険な行為を行ったことのみを理由とした未遂犯処罰を認めることになろう[25]。当該事案において中っていた具体的可能性があり、そのことが処罰根拠となるべきであるにもかかわらず、それを捕捉しようとすると、過度な抽象化が必要となってしまうのである。限定された危険概念を採った上で拡張するのではなく、初めから端的に、当該事案における結果発生の可能性を捉える危険概念を採用すべきであるように思われる。

　以上の見解は、行為の側に視点を置いて危険判断をするもので、行為時の客観的事情を前提にする点で、純粋な客観的危険説を維持しようとするものであると言うことができる。これに対して、行為ではなく、あり得た既遂結果を始点にする見解が主張されている。仮定的な結果を固定することで、逆

---

[23] 林陽一・前掲注20）392頁以下。なお、制御不可能な他人の既遂阻止行為が予測される場合について、中山研一＝浅田和茂＝松宮孝明『レヴィジオン刑法2』（2002）98-105頁参照。
[24] 林陽一・前掲注20）401頁。
[25] 林幹人『刑法総論』（2000）371頁以下も、最も思慮深い人から見た将来の同一状況においてそのような行為から結果が発生する可能性、に危険を見出すが、状況の同一性の基準が問題であることを措いても、将来の同種事案ではなくまさに当該事案において結果発生の具体的可能性があったことを危険の内容とするような表現が求められるように思われる。

に、行為時の客観的事情を必ずしも前提としないことになるために、「修正された客観的危険説」と呼ばれる。

(2) **修正された客観的危険説**　この見解によると、危険判断は、第1に、現実には存在していなかった如何なる事実が存在していれば既遂結果が発生していたかを、科学的鑑定により事後的に明らかにし、第2に、そのような仮定的事実が存在し得たと言えるかを問う、ことで為される[26]。「事実Pが存在するならば事実Qが存在する」というとき、事実Qの存在可能性を問うことと、その十分条件である事実Pの存在可能性を問うこととは、論理的には同値である。しかし、この定式で事実P＝事実Qとすると、既遂結果が発生していた（事実P）としたら既遂結果が発生していた（事実Q）と言える、とした上で、既遂結果の発生（事実P）があり得たか、を問うことになり、これは、漠然と既遂結果発生の可能性を問う具体的危険説の危険判断方法を意味してしまう。上の定式が客観的危険説の危険判断の定式として意味を持つのは、事実Qとは異なる事実Pの存在可能性を問うからこそである。

　事実P（仮定的事実）の存在可能性を中間項として要求することに意味があるのは、そのようにすることで、事実P（仮定的事実）から事実Q（既遂結果）に至るあり得た因果経過を具体的に示すことができるからである。既遂結果に達し得た具体的因果経過を示すことは、結果発生の具体的危険を未遂犯の要素とするのであれば、是非とも必要なことであるように思われる。また、中間項として事実Pを要求することで、漠然と事実Qの存在可能性を問う場合より可能性判断の対象を具体化させてより明確な判断を行うことが可能となる[27]。さらに、直接に事実Qの存在可能性を問うとすると、漠然とした危険判断を回避しようとしても、危険判断の中に因果経過判断が含まれるために、可能性の判断者が因果経過に関する科学的法則知識を有しない限り、危険を否定することが避けられないのに対して、事実Pを具体的なものとして要求すると、因果経過判断を含まない具体的な可能性判断を行うことが可能となるのである[28]。

---

[26]　山口・危険犯165頁。
[27]　林陽一・前掲注20) 390頁参照。

従って、重要なのは、中間項としての事実P、即ち、既遂結果発生の十分条件たり得た仮定的事実、を、なるべく具体的なものとして要求することである[29]。例えば、空ピストルの事例では、ピストルに弾が入っていれば既遂結果が発生していたということができるが、仮定的事実として単に弾が入っていた可能性を問うことでは十分でない。ピストルには、無から急に弾が現れるのではなく、誰かが充塡して初めて弾が入るのである。従って、その朝、勤務に就いた警察官が弾を充塡することがあり得たか、を問題とすべきである。空ベッド事例でも同様である。単にそのベッドに人がいることがあり得たかではなく、5分前までそこに寝ていたのであれば、そのまま寝続けることがあり得たかを問わなければならない。さらに、スリや強盗の被害者が財布を携帯していなかった場合も、単に、通常は携帯しているものである、というだけでは足りない。具体的事情に即して、その日その時携帯していることがあり得たと言えなければ、未遂の危険を肯定すべきではない。仮定的事実は、このように、現実の因果経過から仮定的因果経過への具体的な分岐点を表現するものとして要求することが必要であるように思われる。

 そして、そのような仮定的因果経過をたどることがある程度高度にあり得たと言える必要があると解される[30]。仮定的因果経過がおよそあり得ない場合に初めて不能犯とし、仮定的因果経過の可能性が僅かでも認められれば未遂犯の成立を肯定する、というのでは、刑の任意的減軽が認められるだけであるという処断刑の重さに見合った非難を基礎づけるに足りる高度の危険なしに、未遂犯の成立を認めることになってしまうからである。判例は、未遂犯の成立を否定する場合には事後的・客観的判断を行い[31]、肯定する場合に一般人の危険感を示すとしても、それは表現上の問題であって、判断自体は

---

28 山口・問題探究215頁、同・前掲注14) 199頁以下参照。
29 このことは、山口・危険犯166頁が、仮定的事実の存在可能性は、単なる一般人の立場からでなく、科学的一般人の立場から、できるだけ事実に即して判断されるべきである、とするときに意味されていることのように思われる。
30 山口・危険犯166頁参照。
31 大判大6・9・10刑録23輯998頁（硫黄粉末を服用させても殺害は「絶対ニ不能」である）、東京高判昭29・6・16東高刑時報5巻6号236頁（爆発力を失った手榴弾を投げつけても「目的とした危険状態を発生する虞はない」)、東京高判昭37・4・24高刑集15巻4号210頁（主原料が真正のものでない場合は、覚醒剤製造の「結果発生の危険は絶対に存しない」)。

事後的・客観的に行っており、客観的可能性が認められないにもかかわらず一般人の事前的危険感のみを根拠に未遂を肯定してはいない[32]と言うことができるが、「結果発生の危険が絶対にないとはいえない」として非常に低い可能性で未遂犯の成立を認める点が、問題である[33]。

上述の危険判断定式は、このように様々な方向から危険を薄める可能性を孕んでいる（低い程度の危険によって未遂を肯定する場合にも使用可能なものである）が、以上のようにそれを回避して理解された「修正された客観的危険説」が、結局妥当であると解される。

3 危険の判断方法に関するその先の問題 —— 事実仮定の範囲

(1) 事実仮定の時間的範囲 以上のような危険判断方法を採るとき、仮定的事実を如何なる時間的範囲において考慮し得ると解するかが問題となる。論者は、事実の仮定は無制限に認めた上で、既遂結果発生の「危険の遠さ」による制限で、妥当な結論を得ようとする[34]。ここで「危険の遠さ」の意味が問題となる。危険を抽象的に理解する場合には、危険の遠さも、仮定的事実から見た既遂の時間的・距離的遠さ等を資料として、抽象的に判断することになろう。それに対して、既に述べたように、仮定的な因果経過は具体的に考えられるべきであるとした場合には、ある事実を仮定したとき、そこから先の仮定的な因果経過の具体的展開を予測することが、人類の予測能力を超えて科学的に不可能になり、結局既遂結果発生の可能性を肯定できない場合に、「危険の遠さ」による制限にかかったものと判断されることになるよ

---

[32] 福岡高判昭28・11・10判特26号58頁（警察官携帯の拳銃には「常時たまが装てんされているべきものであることは一般社会に認められている」とするが、客観的にそうであることを前提としている）、最決昭35・10・18刑集14巻12号1559頁（科学的根拠を有する方法での覚醒剤製造が可能であったとする）、広島高判昭36・7・10高刑集14巻5号310頁（「一般人も亦当時その死亡を知り得なかったであろうこと……死亡するであろうとの危険を感ずるであろうことはいづれも極めて当然」とするが、被害者の「生死については専門家の間においても見解が岐れる程医学的に生死の限界が微妙な案件であるから」ともしている）、最判昭37・3・23刑集16巻3号305頁（「被注射者の身体的条件その他の事情の如何によっては死の結果発生の危険が絶対にないとはいえない」とする）、岐阜地判昭62・10・15判タ654号261頁（天然ガスであっても都市ガスの室内への漏出を死の危険ある行為と一般人が認識することだけではなく、そもそも客観的に、天然ガスによる中毒死の危険はなくても、ガス爆発や窒息死の危険はあるとする）。

[33] 佐伯・前掲注15）91頁。

[34] 山口厚「インタビュー『問題探究 刑法総論』」法学教室241号（2000）72頁以下参照。

うに思われる。

　その場合に最も予測不能となりやすいのは、人間の行為である。現実にある状況下である人がある行為に出たという場合、それ以前の事実が現実と異なるものであったと仮定したとき、行為の前提となる状況も現実と異なるものになるとすると、それでも当該行為者が同様の行為に出たと言えるかどうか判断できないことがほとんどであるように思われる。例えば、空ピストルの事例において、その日の朝、警察官が、現実とは異なり弾を充填していたとすると、当該警察官のその後の行動は、弾の充填にかかった時間の分だけ後ろにずれることになる。そうすると、行為者が現実と同じ状況で警察官と出会ったと言えるかどうか不明であるし、同様にピストルを奪ったかどうかも判断できない。従って、問責行為よりもある程度以上遡った時点に因果経過の分岐点を設ける場合には、多くの場合に危険は肯定できないことになると解されるのである[35]。

　逆に、仮定的事実が、従って、因果経過の分岐点が、問責行為にほど近いために、仮定的因果経過においても行為状況が現実のそれと異ならなかったであろうと言える場合には、行為者は現実と同様に当該行為に出ていたということができる。例えば、空ベッド事例において、そこに寝ていた人が行為の5分前に起きて出かけていたという場合には、寝続けていたと仮定しても、行為者の行為状況には現実と異なる変化をもたらしていたとはいえないから、行為者は、現実に為したと同様、ピストルをベッドに向けて発射していたということができる。

(2) 別の行為の仮定禁止　　仮定的事実が問責行為に先行するが、それでも行為者が結果を発生させる行為に出ていたであろうと言える場合であっても、仮定的に予測される行為が、現実に為された行為と行為の時間・場所・態様において異なる別個の行為である場合には、そのような行為に基づいた危険判断は為されるべきでないように思われる。仮定的事実自体が別個の行為である場合も同様である[36]。そのような問責行為の同一性を超えた危険判

---

[35] 山中敬一「不能犯論における危険判断の構造――二元的危険予測説の提唱――」現代刑事法17号（2000）61頁以下は、仮定的判断の時間的範囲の始点を「実行行為の直前」とするが、事実上の制約であると解すべきである。

断は、危険を過度に抽象化させ、結果発生の危険が具体的であるべき未遂犯の範囲を超えるように思われるからである[37]。例えば、殺意をもってナイフで刺そうとしたが、おもちゃのナイフだったので、傷害を負わせることすらできなかったという場合、よく見れば隣にピストルがあり、代わりにそれで射殺していたことがあり得たとしても、そこで仮定される射殺行為は現実に為された刺突行為とは別個の行為であり、そのような仮定的な射殺行為に基づいて危険を肯定すべきではない[38]。危険が問題とされるべきはあくまで現実に為された当該刺突行為であり、抽象化された「殺そうとした行為」ではない。これに対して、殺意をもってコーヒーに毒を入れようとしたところ、棚の瓶を取り違え、砂糖を入れたので目的を達せられなかったという場合、正しく毒の瓶を取り毒を入れることがあり得たとすると、その仮定的行為は、現実の行為と時間・場所・態様において同一性の範囲内にあるから、危険は肯定しうることになる[39]。

4 危険概念に関するその先の問題 —— 可能性の対象

さらに、危険の内実としての可能性の対象を如何なる範囲で設定しうると解するかが問題となる。既遂結果が物理的に発生した可能性が認められる場合だけではなく、例えば、いわゆる択一的競合の事例のように、現実には条件関係＝結果回避可能性が否定されて既遂は成立しないが、結果回避可能性が肯定される可能性があったという場合にも、未遂犯は成立する、従って、未遂犯における危険は、通常の具体的危険犯における危険よりも拡張された

---

[36] 山中・前注61頁は、行為者の行為の態様が現実のものとは異なっていた可能性に基づく危険を正面から肯定する。
[37] 林陽一・前掲注20) 401頁以下参照。
[38] ナイフの刺突行為後にピストルで射殺していたことがあり得たのであれば、射殺行為を因果経過に含める処理が考えられる。しかし、その場合には、結局刺突行為を問責行為とできないことについて、後述Ⅲ2参照。
[39] この点に関して、当初は、仮定的事実が問責行為に先行する場合および行為自体が仮定された場合には、そこで予測・仮定された行為は、仮定的因果経過上にある仮定的な行為であり、現実に為された行為とは常に同一性が否定される、と考えていたが、理論的にも具体的結論の妥当性からも、それに固執する意味はないと考えるに至り、本文のように改めた。ここでは、「その時、その場所で、その棚から瓶を取り出して、中身をコーヒーに混入する行為」という限りで抽象化が為されていることになる。

ものである、との指摘[40]が、既遂犯の成立要件の全てについて、その存在可能性に未遂犯の危険の内実を求める可能性を示唆するからである。即ち、未遂犯は、結局のところ、既遂犯が成立する可能性があった場合である、という理解を採ることの是非が問題となるのである。そこで、既遂犯の成立要件ごとに検討する。

(1) **責任**　責任要件を欠くが、その可能性があった場合に、未遂犯が成立するか。条文との関係では、38条・39条・41条と、各本条における未遂犯処罰規定との、適用の先後の問題である。

　故意の可能性をもって未遂を認めると、過失犯が全て故意未遂犯となりかねず、過失犯処罰規定を定める現行法の立場に明らかに反する。責任能力についても、責任無能力が限定責任能力の未遂になりうるとするのは、「罰しない」とする現行法に反し、限定責任能力については、全て完全責任能力の未遂になりかねず、必要的減軽を定めた趣旨に反する。責任年齢について、満14歳間近の行為に未遂犯が成立するとすることも、不処罰を定めた現行法に反する点で同様である。責任の本質から、それは行為時に必要であり、それを欠く場合には当然に未遂犯の成立も排除されるものと解される[41]。未遂は責任の問題ではあり得ない。

(2) **違法性阻却事由**　違法性阻却が認められる場合に、違法性阻却事由不存在の可能性を根拠に未遂の危険を肯定できるか。構成要件該当性と違法性の区別は相対的であるから、未遂における危険を既遂構成要件実現の可能性に限定する理由には乏しく、また、責任の場合のように、それが違法性阻却事由であることから直ちに未遂の可能性が否定されることはない。しかし、違法性阻却事由不存在の可能性に必ず未遂の危険を肯定できるかは、違法性阻却事由の各要件ごとに検討する必要があろう。現実には満たされた要件ごとに、それが満たされなかった可能性を問題とすることになる。

(a) **正当防衛**　正当防衛において防衛行為の相当性（学説によっては必要性）を欠く可能性があった場合、成立し得たのは過剰防衛である。量的過剰の場合は、現実に為された防衛行為後に、急迫不正の侵害が終了してもな

40　山口・総論234頁。
41　従って、違法性の意識の可能性と期待可能性についても同様である。

お反撃行為を継続した可能性を問題とすることになるが、そこでは少なくとも時間の点で行為の同一性が否定されるから、危険は肯定できないと解される[42]。質的過剰の場合も、現実に為された防衛行為とは態様を異にする、より侵害度の高い防衛行為の可能性を問題とするのであれば、行為の同一性の範囲を超えるため、未遂の危険を肯定することはできない。これに対して、現実には侵害者の腕をピストルで撃ち正当防衛が成立したが、心臓に中たり過剰防衛となる可能性があった、というような場合には、同一の行為からの危険が認められる[43]。もっとも、その場合には、既遂構成要件該当性を前提とした正当防衛不成立の可能性ではなく、そもそも既遂構成要件該当性の可能性が問題となっている。従って、仮に危険を肯定できても、純粋に違法性阻却事由不存在の可能性に未遂の危険を認めることにはならないと解される。

では、急迫不正の侵害を欠く可能性があり、完全な犯罪が成立し得た場合はどうか。防衛の意思がある場合には、防衛行為の前提となった急迫不正の侵害が存在していなかったら同様の行為には出ていなかったと言えるから、危険は肯定できないであろう[44]。これに対して、いわゆる偶然防衛の場合には、急迫不正の侵害の存在が行為意思に影響していないから、行為の同一性が肯定できる限りで、急迫不正の侵害がなかった可能性に危険を認める余地はあるように思われる[45]。

(b) **緊急避難** 緊急避難においても、正当防衛と同様に考えることができる。即ち、補充性を欠く場合も含め過剰避難の可能性があった場合は、行為の同一性を害して危険が肯定できないか、あるいはそもそも純粋な違法性阻却事由不存在の可能性の問題とはならない。また、現在の危難を欠く可能性については、避難の意思がある場合は危険を肯定できず、結局、偶然避難の場合に、行為の同一性が認められる限りにおいて、未遂の危険が肯定でき

42　さらに、注38)参照。
43　正当防衛の認識があった場合には、故意責任が問われず未遂犯が成立しないのは当然であるが、さらに、そもそも（未遂成立以前の行為の段階から）違法性が否定されるべきことについて、山口・総論116頁参照。
44　従って、故意を責任要素とする立場からも、故意責任が否定されるだけでなく、そもそも違法性が否定される。
45　従って、故意があれば未遂犯が成立する。

るのみである。

　(c) **被害者の同意**　被害者の同意の要件は、結果発生時における有効な同意の存在と解される。同意の認識がある場合は、行為の前提となった同意が存在していなかったとしたら行為に出ていなかったと言えるから、危険は肯定できないであろう。これに対して、同意の存否をおよそ意に介しない場合や、同意の認識がない場合には、同意が存在していなくても同様の行為に出ていたであろうと言えるので、同意が結果発生以前に撤回される可能性があった場合や、そもそも同意が与えられない可能性があった場合には、未遂の危険が肯定されうる。しかし、その場合の被害者の同意は弱いものであるから、そのような同意不存在の可能性があることも被害者の意思に合致すると言うことができ、結局、危険の存在によって未遂構成要件該当性が肯定されても、違法性が阻却されるものと解される[46]。この場合には、そもそも未遂の危険は認められない、と言ってもよいように思われる。これに対して、現に為された同一の行為から、同意が現に与えられた時点以前の段階で結果が発生する可能性があったような場合には、未遂の危険が肯定され、それに対する同意による違法性阻却も認められないから、未遂の危険は肯定される[47][48]。

(3) **構成要件該当性**　構成要件要素ごとに検討する。

　(a) **身分**　行為者が身分を欠く「主体の不能」の場合に、構成要件が欠缺するなどとして、形式的に未遂を否定する見解がある[49]。しかし、未遂の文脈に限定しても、異なる構成要件要素間に価値の違いを認めるべきではなく、危険の内容を実質的に捉える見解からは、そのような制限を一律に課す

---

[46] ここでは、被害者の同意を違法性阻却事由と解することを前提に、既遂の構成要件該当性→既遂の違法性阻却→未遂の構成要件該当性→未遂の違法性阻却、という判断が為されている。
[47] 従って、同意の認識がなく故意が認められるのであれば、未遂犯の成立が肯定される。
[48] 「同意の存在の絶対性」が、法益主体の意思に反した仮定を禁止し、同意が存在しない可能性に言及することを許さない、として、同意がある場合には必ず、その不存在の可能性はなかったものとする見解（深町晋也「主観的正当化要素としての同意の認識の要否――同意の処罰阻却効果の「絶対性」との関係について――」岡山大学法学会雑誌51巻4号（2002）115頁）からも、現に同意が与えられた時点以前の結果発生可能性については、これを考慮することを否定できないのではないかと思われる。
[49] 塩見淳「主体の不能について（一）（二）・完」法学論叢130巻2号（1996）1頁以下、6号（1996）1頁以下参照。

べき正当な理由は存在しないように思われる。もっとも、責任非難が加重されるために構成要件要素となっている責任身分については、既遂だけではなく未遂との関係でも、行為時に存在が要求されるべきであると思われる。前に述べたように、責任の可能性に未遂の危険を見出すべきではないからである。従って、法益侵害惹起の可能性を基礎づける違法身分についてのみ、その存在可能性に未遂の危険が肯定されると解される[50][51]。

(b) **行為** 行為態様が限定されている犯罪類型においては、それに該当しない態様の行為によって結果を発生させたが、該当する態様の行為を行っていた可能性もある、ということがありうる。しかし、既に述べたように、行為の同一性が害されるから、態様を異にする仮定的行為に基づいて危険を認めるべきではない[52]。これに対して、中間結果等が異なるだけで、行為の同一性が認められる場合は、危険が肯定されることになる[53]。

(c) **既遂結果** 結果が物理的に発生しない場合に、その発生可能性を根拠に認められるのは、最も典型的な未遂犯である。もっとも、客体が存在しない「客体の不能」の場合であっても結果の発生可能性がありさえすれば未遂の危険を肯定してよいかが議論されている。否定論者は、現実に存在する個別具体的な客体に対する「現実の危険」が認められないことを理由に、未遂の危険を否定する[54]。しかし、危険の具体性を求める立場から、客体を個別具体的なものとして特定することは必要であると解されるものの、それが

---

[50] 特別背任罪（商法486条）や看守者による逃走させる罪（刑法101条）が取締役や看守者の任務の適正な執行に対する社会の信頼を副次的保護法益としていると解することを前提に、取締役としての選任手続に瑕疵があった者が自らを適法な取締役であると思いこんで背任行為を行う場合や、看守者の選任手続に瑕疵があった者が自らを適法な看守者であると思いこんで被拘禁者を逃走させる場合などが考えられる。なお、大阪高判平4・9・29判時1471号155頁は、他の株主に議決権行使を一任した株主決議行使を証する書面の会社への提出がなかった事案において、取締役選任決議を行った株主総会の全員出席総会としての有効性を否定し、特別背任の「取締役」には当たらないとした上で、特別背任未遂ではなく刑法上の背任の成否を検討している（結論は無罪）。

[51] これに対して、塩見・前掲注49）（二）・完25頁以下、林陽一・前掲注20）406頁参照。

[52] 従って、財物を喝取したが、喝取ではなく強取することもあり得たという場合でも、強盗未遂は成立しない。

[53] 客観的には強盗行為であったが、被害者が反抗を抑圧されず、単に畏怖して財物を交付したという場合は、現に行った行為について強盗となる可能性があったのであるから、強盗未遂を認めてよい。事後強盗の未遂が、窃盗が未遂の場合に認められるというのも、同様であると言うことができる。

その時点でそこに現に存在する必要はないのではないかと思われる。既遂結果は、行為が客体に及ぼす有形の事実的作用を通じて発生するものであるとしても、未遂は、その「可能性」であるから、未遂犯において既にそのような客体に対する有形の事実的作用が要求されるべきである[55]とすることには、十分な実質的理由がないように思われるのである。従って、空ポケット事例[56]や死体殺人事例[57]において、少なくともこの観点から未遂犯の成立が否定されるべきではないと解される。

(d) **因果関係**　既遂結果が発生しても因果関係が欠けるとき、それが存在した可能性に未遂の危険を認めることはできるか。考察対象となりうるのは次の四通りの事例である。

①札幌のXが東京のYを殺害する目的で致死量の毒入りの鯛焼きを郵送したところ、鯛焼き屋の店員も意思の疎通無く同じ致死量の毒を混入しており、それを受領して食べたYが死亡した場合（択一的競合事例）。

②札幌のXが東京のYを殺害する目的で毒入りの鯛焼きを郵送に付したところ、温度と湿度の条件が重なり全く偶然に、毒が無害化し、代わりに鯛焼きが腐り、配達された腐った鯛焼きを食べたYが、病気で体力が落ちていたため、体調を崩して死亡したような場合（不相当な事情介入事例その1）。

③札幌のXが東京のYを殺害する目的で毒入りの鯛焼きを郵送に付したところ、事故により郵便局に長期間留め置かれたため、毒が無害化し、代わりに鯛焼きが腐り、その後ようやく配達された腐った鯛焼きを食べたYが、病気で体力が落ちていたため、体調を崩して死亡したような場合（不相当な事情介入事例その2）。

④札幌のXが東京のYを殺害する目的で毒入りの鯛焼きを郵送したところ、配達される前にZがYを射殺した場合（因果関係断絶事例）。

因果関係の存在可能性にも未遂の危険を認める見解は、既遂結果との条件関係を認めない①の択一的競合の事例において未遂犯の成立を肯定する[58]。

54　山口・危険犯167頁以下（なお、同・前掲注14）201頁参照）、内藤・総論1275頁。
55　内藤・総論1275頁。
56　大判大3・7・24刑録20輯1546頁参照。
57　広島高判昭36・7・10高刑集14巻5号310頁。

そうであるならば、相当因果関係が否定されるがその存在可能性は認められる②の事例でも同様であろう。条件関係と相当因果関係とで異なった扱いをすべき理由があるようには思われない。条件関係の存在可能性に未遂の危険を認めるのであれば、相当因果関係の存在可能性にも未遂の危険を認めるべきである。さらに、②の事例で未遂の危険が認められるのであれば、③の事例においても同様でなければならないように思われる。相当因果関係の存在可能性が問われている点で違いはないからである。確かに、③の事例では、現実に発生した結果と、発生し得た結果とが、時間的にずれており、現に発生した結果との間の相当因果関係の存在可能性のみを問題としているのではない。しかし、それは、②の事例でも同様であると言うことができる。②の事例において、現に発生した結果と相当な因果経過を経て発生し得た結果とは、たまたま発生時点が一致し外見上同一のものに見えるだけで、結果を支える具体的因果経過が異なる以上、刑法上は別の結果であるということができる[59]。

その意味で、既遂結果が発生したが因果関係が否定される場合というのは、行為に帰属可能な結果が発生していない場合であり、そこで因果関係の存在可能性を問うことは、具体的因果経過に支えられた具体的結果の発生可能性を問うことに等しい。即ち、①の事例においては、Yの死亡という結果（結果A）が発生しており、それとの間の条件関係の存在可能性を問うているように見えながら、Xの行為から回避可能な形でYの死亡結果（結果B）が発生した可能性が問われており、そこでは、現実に発生した結果Aと、発生可能性が問われる結果Bとは、現象としては同一であっても、刑法上は別の意味を持つ結果である。同様に、②や③の事例においても、現実に発生したYの死亡という結果（結果A）との間の相当因果関係の存在可能性を問うているのではなく、Xの行為から相当な因果経過を経てYの死亡結果

---

[58] 山口・総論234頁。このような理解が必要になるのは、この場合に結果回避可能性がないことを理由に既遂の成立を否定するとき、既遂結果の発生可能性という危険との関係でも回避可能性が認められないため、未遂の危険を結果の発生可能性に限定すると、未遂犯の成立すら肯定できなくなるからである。

[59] 条件関係のある現実の結果が、偶然の事情の介入にもかかわらず仮定的結果と同じ時点に発生した場合と、偶然の事情の介入により仮定的結果よりもたまたま早く発生した場合とで、危険の肯否を異なって解するのは、不均衡でもあろう。

（結果Aとは別の結果B）が発生した可能性が問われている。そうすると、現実に発生した結果と発生し得た結果とが外見上異なることは、未遂の危険を肯定する上で何ら障礙となるものではなく、①や②の事例で未遂の危険を肯定するのであれば、③の事例だけではなく、さらに、現実に発生した結果と発生し得た結果とが時間的にも態様においても外見上全く異なることになる④の事例においても、（射殺の時点でまだXに未遂犯の成立を認めない立場[60]からも、）最終的に相当な因果経過を経て結果が発生していた可能性を捉えて、同様に危険を認めることになりうるはずである。

ここから先は、危険概念を未遂犯の成立時期との関係でどのように構想するかの問題となるので、項を改め、「実行の着手」論を検討する中で考察したい。

III 未遂行為の範囲と未遂犯の成立時期―「実行の着手」論

1 従来の議論の概観と若干の検討

(1) **形式的客観説と実質的客観説**　いかなる時点で「実行の着手」が認められ未遂犯が成立するかを巡って、かつては、行為者の犯行意思の飛躍的表動等、専ら行為者の犯行意思に着目した主観説も有力に唱えられた。しかし、予備においても犯行意思は外界に現れていると言えるため、単に犯行意思に着目するのは、予備との境界を画する「実行の着手」の基準として妥当でないとして、今日では、圧倒的多数説が、何らかの客観的事情に基準を求める客観説を採用している。

客観説としてまず議論の始点となるのは、構成要件該当行為への着手を以て「実行の着手」とする、形式的客観説である。これは、判断基準を明確化するという重要な機能を有した。しかし、このような形式的な基準を厳格に維持しようとすると未遂犯の成立時期が遅きに失するため[61]、学説は、実質

60　この点については、後述III 3 参照。
61　例えば、窃盗罪においては、財物に手をかけてその占有を移転する行為自体を、放火罪においては、焼損させるべき物件に火をつける行為自体を、それぞれ開始しないと未遂にならない。

的な根拠によって処罰の早期化を図る方向に進む[62]。そこで今日の多数説は、既遂結果発生の具体的危険との関係で「実行の着手」を認める実質的客観説を採用している。危険を前倒しする際に根拠となる具体的危険には、物理的な危険と、行為者がさらに行為に出ることによる危険とがある。

既遂結果発生の物理的危険が生じれば、まだ形式的な構成要件該当行為を開始していなくても、実行の着手が認められる。例えば、密室の床一面にガソリンを撒布すれば、何らかの火気による家屋焼損の切迫した危険を生じさせるから、着火行為を留保していても、放火罪の実行の着手が認められる[63]。もっとも、このような事案は例外的であろう。より重要な問題は、行為者がさらに行為を行って初めて結果が発生する場合、どの時点で実行の着手ありとするかである。行為が完遂されて初めて結果が発生するのであるから、まず、行為の客観的な完遂可能性が考慮される必要がある。強姦目的で被害者を、2人がかりでダンプカーに引きずり込もうとした段階で強姦の実行の着手が肯定されるとしても[64]、車内が狭隘な軽四輪乗用車の助手席に1人で引きずり込もうとした場合には否定される[65]。さらに、行為を完遂させるか否かは行為者の主観にかかっているから、その後行為が完遂されて初めて結果が発生するという時点で既に危険を認めるためには、行為者の行為完遂意思の存在が必要であると解される[66]。

危険を判断する際に考慮すべき行為者の主観の範囲を巡っては、行為意思とする見解[67]、故意とする見解[68]、犯行計画まで含める見解[69]、主観は考慮せず客観的に判断すべきとする見解[70]、の対立がある。ここでは、見解によっ

---

[62] 形式的判断を極力維持しようとするものとして、塩見淳「実行の着手について（三）・完」法学論叢121巻6号（1987）16頁以下。さらに、井田良「未遂犯と実行の着手」現代刑事法20号（2000）84頁以下参照。
[63] 横浜地判昭58・7・20判時1108号138頁。
[64] 最決昭45・7・28刑集24巻7号585頁。
[65] 京都地判昭43・11・26判時543号91頁。
[66] 鈴木左斗志「実行の着手」西田典之＝山口厚編『刑法の争点［第3版］』（2000）89頁参照。
[67] 鈴木・前注89頁。
[68] 平野龍一『刑法総論II』（1975）314頁、曽根威彦『刑法総論［第3版］』（2000）240頁等。
[69] 野村稔『未遂犯の研究』（1984）298頁以下、塩見・前掲注62）10頁以下等。
[70] 内藤・総論1227頁以下、大越義久「実行の着手」芝原邦爾ほか編『刑法理論の現代的展開 総論II』（1990）149頁等。

て、主に問題にしようとしている危険の側面が異なることに注意が必要であると思われる。行為意思を考慮する見解は、行為者がその後さらに行為を行って初めて結果が発生するという場合、行為者が当該行為に出る意思を有しているのであれば危険を肯定できる、とするもので、そこでは、危険の確実性に焦点が当てられている。故意を考慮する見解の中にも、故意がある場合の方がない場合よりも、行為者が目的達成に向けて適切に身体をコントロールするだけ結果発生の確実性が高まる、という理解に立つものがある[71]。さらに、犯罪計画を考慮すればより早い時点で確実性の高い危険が肯定されることになるはずであると指摘されるが、犯罪計画を考慮する見解は、確実性が肯定できる場合であっても、行為者の計画上、危険の切迫性が認められない場合には、危険を否定する[72]。これと比較すると、行為意思のみを考慮する見解は、危険の確実性が認められれば危険の切迫性が低い時点でも危険を肯定する立場である。

　以上とは趣を異にし、故意を考慮する見解の主眼は、何罪の危険かを明らかにする点にある。これに対して、主観を考慮しない見解は、故意を考慮することなく何罪の危険か判断しなければならないと主張するものである。ここでは、危険の対象が問題となっており、危険の発生時期は問われていない。主観を考慮しないとする見解も、行為意思の考慮を排除する理由はないと思われるが、もし排除するなら、危険の確実性、切迫性をも純客観的に判断することになるから、行為者が外見上明らかに危険な行為に出る以前の段階で危険を肯定することはできないことになろう。

(2) 行為の危険と結果としての危険

　実質的危険説の内部において、さらに別の観点から見られる対立は、「実行の着手」において問題となる既遂結果発生の具体的危険を、行為の属性としての危険と解するか、行為とは独立した結果としての危険と解するか、である。前者の行為犯説によると、「実行の着手」が認められる行為の時点で直ちに未遂犯が成立することになるが、後者の結果犯説によると、未遂犯の成立は、既遂結果発生の具体的危険の発生の時点をもって初めて認められる

71　平野・前掲注68・314頁。曽根・前掲注68) 240頁はこれを否定する。
72　野村・前掲注69・300頁。さらに、井田・前掲注62) 84頁以下参照。

ことになる。従って、ここでは、上で述べたこととは逆に、危険を理由とした「実行の着手」の先延ばしが問題となっている。

　行為犯説は、結果発生の確実性があれば、事象経過の支配を自然に委ねる「客観的手放し」の時点で法益侵害の具体的危殆化が認められる[73]、として、あくまで行為の属性としての危険を判断しようとする。しかし、行為の時点で確実性が否定されても、相当な因果経過を経て結果の発生が切迫し確実になった場合には、その時点で未遂犯の成立が肯定されるべきであろう。さもないと、未遂を経ない既遂を肯定するか、既遂（正）犯の成立範囲を不当に狭めることになる。そこで、そのような場合にも行為の時点で危険が肯定できるように行為の属性としての危険を構想すると、結果発生の可能性が僅かでも認められる場合に危険を肯定することになるが、そうすると逆に、危険が過度に抽象化され、未遂犯の成立範囲が広くなりすぎる[74]。その場合には、結果の発生が切迫して具体的に確実になるのを待つべきであると思われる。未遂犯は既遂結果発生の抽象的危険ではなく具体的危険を要素とするものであると解する以上、未遂を肯定するにせよ否定するにせよ、行為の時点で全てを決しようとすることにやはり無理があるのであり、行為後の事情を未遂の危険の要素とすることは避けられないと思われる。行為の時点で既に結果発生の高度の確実性・自動性が真に肯定される場合にまでさらに形式的に切迫性を要求すべきか否かは見解が分かれるが[75]、少なくとも行為時以降の未遂成立があり得ることを認める点で、実質的危険説—結果犯説が妥当であると解される[76]。

(3) 実質的危険の機能

　形式的客観説は、未遂犯は（形式的に判断された）実行行為を行えば直ちに成立するものと理解する。これに対して、実質的客観説—行為犯説は、実質的危険を根拠に実行行為を実質的に判断して、その時期を、形式的な実行行為よりも前倒しし、あるいは先延ばしするものであるが、未遂犯を、実行

---

[73] 中義勝「実行行為をめぐる若干の問題」同『刑法上の諸問題』（1991）192頁。
[74] 不能犯論において具体的危険説が孕むのと同様の問題である。前述Ⅱ 1 (3) 参照。
[75] 中山研一『刑法の論争問題』（1991）96頁はこれを要求し、平野龍一『刑法総論Ⅱ』（1975）320頁は要求しない。
[76] さらに、佐伯・前掲注16）203頁以下参照。

行為を行えば直ちに成立するものとし、結果の発生が要求される既遂犯とは全く異なる構造を有するものとする点で、形式的客観説と共通する未遂犯の構造理解を採る。

これらに対して、実質的危険説―結果犯説は、未遂犯の構造を既遂犯の構造とパラレルに理解しようとするものである。即ち、既遂犯が行為とそれに帰属する結果とから構成されるのと同様に、未遂犯も行為（以下、「未遂行為」と呼ぶ）とそれに帰属する結果（以下、「未遂結果」と呼ぶ）とから構成される。そして、未遂行為は、実質的客観説―行為犯説と同様、実質的根拠によって、形式的実行行為よりも前倒しされるのに対して、未遂結果は、実質的根拠によって、形式的実行行為よりも早い時点で認められる場合もあれば、遅い時点で認められる場合もある。未遂行為と未遂結果とがともに早い時点で認められる場合には、未遂犯の成立は形式的客観説よりも前倒しされるのに対して、未遂行為が前倒しされても未遂結果が先延ばしされる場合には、形式的客観説や実質的客観説―行為犯説よりも遅い時点での未遂犯成立を認めることになる。ここでは、実質的危険が、未遂行為を前倒しする根拠となると同時に、（場合によって）遅い時点での未遂結果を基礎づけてもいるのである。

従って、実質的危険説―結果犯説を採るのであれば、実質的危険がいかなる理由から未遂行為を早め、また、それが未遂結果にいかなる意味を持たせていつ未遂犯を成立させるのか、明らかにする必要がある。そこで、以下、それぞれについて検討する。

2 未遂行為の範囲

(1) 問責行為の前倒し

未遂行為、即ち、未遂の責任を問われるべき行為は、いかなる範囲のものであるべきか。これは従来、実行行為と呼ばれてきたものであるが、結果としての危険を成立要件とする結果犯として未遂犯を理解する場合であっても、行為それ自体について一定の制約がかかることは否定できない[77]。現に、既遂単独犯の場合は、最終完全責任故意行為のみが問責行為になると解される。このことは、予防の観点からは、予防の必要性と行為者の自由とのバラ

ンスを図るものと理解しうるように思われる。即ち、最終故意行為が為されるまでは、行為者自身が自ら犯罪を中止することを期待し、刑法が既遂単独犯の処罰対象にすることで介入するのは、その信頼が裏切られた結果として現に為された最終故意行為に限っている、という理解である。

　そのように理解することができるとすれば、未遂犯については、既遂犯におけるそのバランスを基本にしつつ、いかなる意味で修正が加えられるかを検討すべきことになる。未遂犯は、予防の必要性の高い重大な犯罪について、処罰を早期化させるものである。ここでは、（既遂結果よりも軽い事態を未遂結果とすることで非難対象を拡張するとともに、）既遂犯と同様に行為者による犯罪の中止を期待しつつも、その期待が裏切られたとの判断を若干前倒しすることで、予防的働きかけをする対象たる行為を拡張している、と理解することができよう。最終故意行為自体ではなく、それに接着する行為の開始をもって実行の着手とすることが許される根拠は、この点に求められるように思われる。最終故意行為に接着する行為が為されれば、中止せずにそのまま最終故意行為を実行することが多いと言うことができ、その限りで犯罪中止の期待は裏切られており、その程度の裏切りでも、犯罪の重大性を考慮すれば、結局、十分な予防の必要性が認められると言うことができるからである。

(2)　さらなる前倒しを基礎づける特段の事情

　もっとも、判例・学説においては、場合によって未遂行為がさらに早い段階に求められている。そのようなさらなる前倒しを根拠づけるためには、犯罪中止の期待が裏切られたとの判断を積極的に基礎づける特段の事情が必要であるように思われる。いずれも最終故意行為を行う意思があることを前提として、以下の2つの事情が考えられる[78]。

　その第1は、1つの故意に支えられた類型の結合犯であることである。こ

---

[77]　齋野彦弥「危険概念の認識論的構造——実行の着手時期の問題を契機として——」『内藤謙先生古稀祝賀 刑事法学の現代的状況』(1994) 79頁は、発生した危険と因果・責任連関がある行為を事後的に未遂行為とする。「実行の着手」を行為自体に認める点、危険を事後的評価のみに服せしめる点で妥当であるが（後述）、共犯や中止犯の成立範囲との関係では、「因果連関」を認めてよい未遂行為の範囲をさらに明らかにする必要があると思われる。

[78]　行為意思が必要であることは前に述べた通り（Ⅲ 1 (1)）であるが、それだけでは十分ではない。

Ⅲ 未遂行為の範囲と未遂犯の成立時期　215

のような結合犯は、複数の故意行為が1つの故意に支えられて実行される場合のうち、刑事学的に顕著な類型を、独立した犯罪類型として重く処罰しようとするものである。従って、当該結合犯の故意をもって第1故意行為に出た行為者は、第2行為たる最終故意行為にも出やすい、という理解が、そこには含まれていると言うことができる。だとすれば、第1行為に出た段階で既に、第2行為に出ないという期待は高い程度で裏切られたということができ、第2行為を留保している第1行為をもって未遂行為とすることが許されるものと解される。従って、例えば、強盗の故意をもって加えられた暴行は強盗の未遂行為となる[79]。

　第2は、牽連犯の関係に立つ第1行為が既に為されていることである。牽連犯が併合罪よりも軽く処断される根拠は、行為は複数でも意思決定が実質的に1回であることによる責任の低さに求められる。そこには、第1行為が為されると、それと牽連犯関係に立つ第2行為は、それ自体を初めて行う場合のような新たな意思決定をすることなく容易に実行に移されるものである、という理解を見出すことができる。だとすると、既に第1行為が為されている場合、それと牽連犯関係に立つ第2行為が構成する犯罪の未遂犯については、最終故意行為に接着する行為よりも早い段階に未遂行為を求めることが許されると解される。従って、スリのあたり行為はまだ窃盗の未遂行為とはいえなくても[80]、住居侵入窃盗においては、侵入行為が完了すれば、窃盗の未遂行為を認めて良いと思われる[81][82]。

　さて、以上においては、行為者による最終故意行為が為されて初めて既遂

---

[79]　未遂行為があっても未遂結果が発生しなければ未遂犯は成立しないが、結局強盗未遂が成立した場合には、致傷結果が発生したのが未遂成立以前の未遂行為からであっても、強盗致傷の成立が認められると理解する余地がある。それが妥当でないのであれば、未遂犯の文脈ではなく、強盗致傷罪の各論解釈として、致傷結果を発生させる行為の範囲を限定すべきである。
[80]　広島高判昭28・10・5 高刑集6巻9号1261頁。
[81]　最決昭40・3・9刑集19巻2号69頁は、電気器具店に侵入後、現金のある煙草売場の方に行きかけた事実があれば実行の着手ありとする。東京高判昭24・12・10高刑集2巻3号292頁は、家屋への侵入だけでは窃盗の実行の着手を認めないが、ある程度特定された客体に対する故意が認められるのであれば、実行の着手を肯定してよいのではないかと思われる。名古屋高判昭25・11・14高刑集3巻4号748頁参照。
[82]　当初はさらに、期待が裏切られたと言える特段の事情の第3として、最終故意行為が現に為されたことを挙げていたが、削除した。

結果が発生しうる場合であることを前提にしていた。これに対して、行為者の以後の行為を待たなくとも結果が発生する物理的危険が認められる場合には、その時点で既により強く法益保護の要請が働くということができるから、以上の意味において未遂行為とはならない行為であっても、予防の必要性が追求されてしかるべきであろう。例えば、ピストルを被害者に向ける行為は、暴発の危険が認められる限りで、すぐに引き金を引く意思がなくとも、殺人の未遂行為となる。また、室内にガソリンを撒布する行為は、全く火気がないのでない限り、何らかの火が引火する危険が認められるから、自ら火をつける行為を時間的に接着して行う意思がなくとも、放火の未遂行為となると解される[83]。

こうして、最終故意行為を形式的な基準としつつも、実質的な根拠により、処罰の対象となる未遂行為を前倒しすることが認められると解されるのである。

3 未遂犯の成立時期

(1) 切迫性 以上のように未遂行為が定められたとしても、そのような行為を行った時点で直ちに必ず未遂犯が成立すると解するべきではない。最終故意行為を行っても結果が発生しなければ既遂犯が成立しないのと同様、未遂犯は未遂結果を成立要件とする結果犯として理解すべきであり、未遂犯の成立時期は未遂結果の発生時点に求められるべきである[84]。

では、その未遂結果はいつ発生するのか。未遂結果を要求しない行為犯説が、未遂行為の時点で既遂結果発生の確実性・自動性が認められるかを問題とするのに対して、結果犯説の多くは、既遂結果発生が確実に見える場合であっても、具体的危険は結果発生が切迫して初めて認められるものとし、既遂結果の発生が切迫した時点に未遂結果を求めている。しかし、このような「切迫性」を問題とすることが、いかなる危険の概念・構想を採る場合であっても意味のあることであるのか、検討する余地があるように思われる。

---

83 前出注63)。
84 従って、上述の、物理的危険によって未遂行為が前倒しされる場合には、未遂行為と同時に未遂結果も発生しており、故意があれば未遂行為の時点で未遂犯が成立することになる。

具体的危険説が、一般人の危険感を問題とし、危険判断を事前的に行うのであれば、事象の経過に従って時系列上で視点を移動させながら、外形から判断される危険が段々と増大していき、既遂結果発生が切迫したと言えるレベルに危険が達した段階で危険結果を肯定する、という危険のイメージを採ることには、一定の合理性が認められる。そこでは、不能犯論での危険と「実行の着手」論で問題とされている危険との統合を認めることができる。これに対して、客観的危険説は、客観的事情を基礎に、事後的に見て結局のところ危険があったかなかったかのディジタルな判断を行うものであり、時間とともに増減する動的な危険のイメージはそぐわないとも言えるが、不能犯論において物理的・現実的危険のみを肯定するのであれば、事後的判断に基づき危険の時間的増減を認めて現実の事象における「切迫性」を語ることには、一応、一定の意味を見出しうると思われる[85]。

　これらに対して、危険概念において事象の外形を問題とせず、かつ、物理的・現実的危険以外にも未遂の危険を認める場合には、問題が生ずる。例えば、空ピストルの事例で、銃口を被害者に向けた時点で切迫するのは、仮に弾が入っていたとしたら結果が発生するであろう危険に過ぎず、現実的な危険は、ピストルを奪った時点でも、銃口を向けた時点でも、引き金を引いた時点でも、変わらない。また、前に述べたように、因果関係の存在可能性を根拠に未遂犯の成立を認めようとする場合も、同様である。ＸとＹが意思疎通なく同時にＺのコーヒーに致死量の毒を入れた場合、その後Ｚがコーヒーを飲もうとする時点で切迫するのは、仮にＹ（Ｘ）が毒を入れていなかったらＸ（Ｙ）に既遂結果が帰属する危険、である。これらの場合、「切迫性」を問うとしても、それは現実の因果経過ではなく、あり得た仮定的因果経過においてであることになる。もっとも、現実の因果経過においても仮定的因果経過においても外形上結果が同一であるので、問題が分かりづらい。それでは、次の事例ではどうか。札幌のＸが東京のＹを殺害する目的で毒入りの鯛焼きを郵送に付したところ、事故により郵便局に長期間留め置かれたため、毒が無害化し、代わりに鯛焼きが腐り、その後ようやく配達された腐っ

---

[85] 林陽一・前掲注20) 381頁参照。齋野・前掲注77) 79頁以下は、この時点で既にこのような「存在論的危険理解」に批判的である。

た鯛焼きをYがまさに食べようとしたところ、飼い猫に横取りされたが、病気で体力が落ちていたYが食べていれば、体調を崩して死亡していたと言える場合である。確かに、Yの死亡の危険は切迫している。しかし、ここで未遂の危険とされるべきは、現実に生じた相当でない因果経過を経たYの死亡の危険ではなく、郵便事故に遭わず相当な因果経過を経てYが死亡していたであろう危険である。そして、両者は時間的にもずれている。現実の因果経過における切迫性は、ここで未遂を基礎づけようとしている仮定的因果経過上の危険とは別の危険の切迫性であるから、切迫性を問題とするのであれば、仮定的因果経過上の危険を対象とすることになるが、「事故に遭わなければこの時点でYの死亡結果が切迫していた」という形で切迫性を要求することにいかなる意味があるのか、明らかではない[86]。危険の増加を時間の経過の中で観察した上で「切迫性」を問題とすることに意味があるのは、見た目を危険の本質とする場合か、物理的で現実的な危険との関係においてであると解されるが、既に見たように、そのいずれも妥当ではなく、従って、未遂結果の判断において「切迫性」を要求すべき理由はないように思われるのである。

(2) **仮定的既遂時点**　　切迫性の基準を抛棄すると、未遂結果の発生時点はどのように判断されるべきことになるのか。

単に、既遂結果発生の可能性が生じた時点、とすると、未遂行為以前においても既にそのような可能性は肯定されうるから、未遂犯の成立が早すぎ、あるいは予備との区別が付かず、基準として不明確でもあり、妥当でない。

未遂の本質である既遂の危険の大小や切迫性が基準となり得ないのであれば、同じく未遂の本質である既遂の不発生に基準を求めることが考えられる。そこで、既遂の可能性が完全に消滅し、未遂が未遂に確定した時点で初めて未遂犯が成立すると解するのは、危険が結果として確定した時点に未遂犯の成立時期を求めるものであり、あり得る考え方ではある。刑法43条が「遂げなかった者は」と規定していることとも整合的である[87]。しかし、これは、場合によっては未遂犯の成立時点をあまりに遅くするものであって、結

---

[86] 「事故に遭わなければこの時点でYが死亡していた」というのであれば分かるのであるが（この点は後述）、わざわざその手前の時点を問題とする理由がないのである。

局妥当でない。射殺を図ったが、被害者は重傷を負ったものの救急車で運ばれ病院に収容されている、という場合、被害者が死線をさまよい、死亡するかもしれないし、恢復するかもしれない、という時点で、行為者を殺人未遂を理由に起訴・処罰できないのは、受け容れがたい帰結である。

「既遂への可能性」と「既遂の不発生＝未遂としての確定」とがともに未遂の本質でありながら、個別には未遂結果の基準を提供し得ないというのであれば、両要素を兼ね備えた危険結果概念を求めるのが妥当であろう。それは次のように理解することができると思われる。即ち、あり得た仮定的因果経過において既遂結果が発生し得たと言えるとき、その時点において既遂の可能性があったのに現実には未遂にとどまった、という点に未遂結果を求め、その時点を未遂の成立時点とするのである[88]。射殺を図ったが、弾が外れたという場合、ピストルが向けられた時点ではなく、弾が中って被害者が死亡していた可能性のある時点で、殺人未遂が成立する。殺されそうになることではなく、殺されていた可能性があること、が未遂結果である。毒入り鯛焼き郵送事例でも、毒入り鯛焼きが配達されて被害者が食べ死亡した可能性のある時点で、殺人未遂が成立することになる。殺されていた可能性があれば、殺されそうにならなくても、未遂結果は認めうる。外見上危ないものがある場合にのみ未遂犯を認めるのは、仮定の世界にあるという（修正された客観的危険説の理解による）未遂犯の本質を隠すものでしかない。上の例が不自然に感じられるとすれば、それは、我々がまだ、被害者を撃って重症を負わせた、というような、素朴で物理的・現実的な未遂犯イメージに囚われているからに過ぎないように思われる[89]。

(3) **確実性の判断資料としての切迫性**　とはいえ[90]、毒入り鯛焼き郵送事例で、郵便物が事故に遭い、あるいは、配達前に被害者が射殺され、そこか

---

[87] なお、平成7年改正前は、「遂ケサル者ハ」とされており、「遂ケサリシ者ハ」とは規定されていなかった。

[88] 因果関係の存在可能性に未遂の危険を見出す見解は、「この場合には、こうした事態全体が、具体的危険の結果となる」（山口・総論234頁）とする。ここでは、未遂の危険が因果関係の存在可能性にある場合であって、かつ、現実の結果と仮定的結果とが外見上一致する場合、という限りで、本稿と同じ結論が認められている。

[89] これに対して、中止犯において消滅が要求される危険の内容については、和田俊憲「中止犯論」刑法雑誌42巻3号286頁以下参照。

ら先、毒殺に向け実体として何も事態の展開がないにもかかわらず、単に時間の経過のみによって未遂犯が成立したものとすると、確かに不自然である。そして、そのような場合に安易に未遂の危険を認めることは、結局、未遂行為自体の具体性の低い危険のみによって未遂の危険を認めることと大差ないことになろう。従って、ここでは、仮定的因果経過の判断を事後的観点から具体的に厳格に行うことが重要である。そして、そうであるならば、未遂結果を仮定的既遂時点に求める場合であってもなお、現実の因果経過における危険の切迫性に意味を持たせる余地がある。あり得た仮定的因果経過を判断する際に、危険が切迫する段階にまで現実の因果経過が達したことを判断資料とすることができるからである。そして、それが判断資料として実際上必要不可欠のものである事案においては、結局、現実の因果経過における切迫性が未遂の要件となることになる。例えば、札幌のXが東京のYを殺害する目的で毒入りの鯛焼きを郵送したところ、配達される前にZがYを射殺した場合に、ZがYを射殺しないことが具体的にあり得たとして、さらに、そのときYが配達された鯛焼きを食べることがあり得たと言うためには、現実の因果経過が、配達された鯛焼きをYが食べようとする段階にまで達していなければならない。配達されることが確実であっても、Yが鯛焼きを食べることは、日本の郵便システムほど高度に確実性の認められることではないからである。現実の因果経過において食べようとする段階に達した場合に初めて、仮定的因果経過において食べていたであろうと言うことができる。ここでは、結果発生の確実性が問題であるから、逆に、現実の因果経過における切迫性を資料としなくても確実性が肯定できる場合には、それだけで未遂の危険を認めることができることになる[91]。重要なのは確実性であり、切迫性ではない。

　修正された客観的危険説の危険判断公式において、存在可能性が問われる仮定的事実が、「科学的因果法則に従って」既遂に達しうる事実、として求

---

[90] 当初はここで留めていたが、議論を受けて以下の内容を付け加えた。
[91] 被害者の行為等の不確実な事情を介在させなければ結果が発生し得ない毒入り食品郵送事例とは異なり、郵便物が配達されさえすれば既遂に達する窃盗の事案において、発送時に実行の着手を肯定したものとして、東京高判昭42・3・24高刑集20巻3号229頁参照。さらに、平野龍一『刑法総論II』(1975) 320頁参照。

められていることは、以上の意味において理解することができよう。不能犯論においては、結果を発生させることが「偶然でなく」「確実に」あり得た仮定的事実の存在可能性を問う必要があり、その前提としてそのような事実の仮定可能性を限界づけることが、「実行の着手」論の機能（の一部）であると解されるのである。

Ⅳ　おわりに

(1)　本稿の主張をまとめると、以下のようになる。
　①いわゆる「修正された客観的危険説」が妥当である。
　②そこでの危険判断における仮定的事実は、現実の因果経過と仮定的因果経過との分岐点を表現する具体的なものでなければならず、仮定的事実の存在可能性もある程度高度のものでなければならない。
　③その際、現実に為された行為と同一性を欠く仮定的行為に基づいて危険を認めるべきではない。
　④未遂犯を基礎づける危険は、（行為の同一性の範囲内での）既遂の違法の惹起可能性である。
　⑤未遂犯の問責行為は、最終完全責任故意行為に接着する行為であり、行為者の犯罪中止に対する法の期待を裏切る特段の事情が存在する場合にのみ、さらなる前倒しが認められる。
　⑥未遂犯の成立時点を画する未遂結果は、あり得た仮定的因果経過において既遂結果が発生し得たとき、その時点において現実には未遂にとどまった、という点に求められる。
(2)　危険の判断方法と不能犯論・「実行の着手」論との関係は、以下のようになる。
　①未遂の危険は、既遂の違法を実現させるような、あり得た仮定的因果経過を科学的に定め、その仮定的因果経過の方をたどっていた具体的可能性を問うことで、判断される。
　②仮定的因果経過をたどっていた可能性が否定される場合に、不能犯とさ

れる。
　③既遂の違法を実現するような、あり得る仮定的因果経過の存在が認められない場合、および、そもそも未遂行為が認められない場合に、「実行の着手」が否定される。
(3)　以上のような立場から、刑法43条の文言は次のように理解される。
　①既遂の違法の実現可能性がなかった場合（不能犯）、当該行為によって着手したのは「犯罪の実行」ではない。
　②「犯罪の実行」は最終完全責任故意行為であるが、「着手」によって未遂行為の前倒しが認められる。
　③実行の着手があっても直ちに未遂犯は成立せず、未遂結果としての「遂げなかった」が未遂犯の成立時点を画する。

(第5講) 議論のまとめ

島田聡一郎

1

　まず、議論の整理のため、和田論文の概要を再度まとめなおしておこう。和田論文の議論の大筋は、基本的に以下の通りである。

　① 実行の着手論と不能犯論とは同一平面の問題であり、いずれも、未遂の処罰根拠の観点から統一的に説明されるべきである。

　② 不能犯と未遂犯との区別においては、どのような仮定的事実が存在すれば結果が発生しただろうか、そのような仮定的事実が存在する可能性はどの程度であったか、という修正された客観的危険説の判断枠組が用いられるべきである。

　③ 仮定的事実の存在可能性判断においては、できる限り現実の事象に即した危険判断が行われるべきである。つまり、ある一定の事実を仮定する際に、単に一般的にありそうか、といった「印象」に基づく判断を行うのではなく、具体的に結果を発生させたであろう事実がどの程度あり得たかを事実経過に即して判断すべきである。

　④ さらに、未遂犯においても、あくまで現に行為者が生じさせた事実について責任が問われるべきであるから、行為者の「行為」時において存在している事実について、事実に反する「仮定」を行うことは規範的に許されない[*1]。

　⑤ 行為者の「行為」といっても通常は複数あり、どの時点の「行為」が実行の着手を肯定するための「行為」に当たるかが問題となる。それは、原則として、行為者の最終的な故意行為に接着する行為と考えるべきであるが、それよりさかのぼる場合もある（④との関係で、これ以前の事実について

は未遂の成否との関係では「仮定」は許されないことになる)*¹。

⑥ 実行の着手を認めるためには、そのような行為が行われたことに加えて、さらに「未遂結果」が必要である。

⑦ しかし、これは、単に物理的な危険が高まったか否かの問題ではない。未遂結果は、仮定された世界において（＝仮定された事実が仮に存在していれば）「結果が発生したであろう」時点において認められる。このことは、43条本文の「遂げなかった」を未遂の構成要件要素と位置づけた上で、「未遂としての確定」の要素を要求することから導かれる。以上を前提に、以下、和田論文をめぐってなされた議論を見てゆくこととしたい。

2

まず、①について、従来の修正された客観的危険説の立場から、実行の着手論と不能犯論とは、次元が違う問題ではないか、という指摘がなされた。つまり、毒入り饅頭事例と空ピストル事例では、未遂犯の成立要件の中でも、異なる局面、観点が問題となっているのではないか、(あ) 実行の着手は、あくまで時間的「段階」の問題であるが、不能犯は、「危険の中身」の問題であって、両者は異なる、それを同じと考えた上で議論を進めるのは問題がある、という指摘である。そして、まず、時間的、場所的切迫性の観点から実行の着手時期が問題とされ、それが肯定される場合に、不能犯か未遂犯か否かが問題とされるべきである、という見解が示された（予備についても、同様に、予備結果が生じた段階での行為の性質が問題とされることになろう）。例えば、毒饅頭事例であれば、宅急便が被害者宅に届かなければ着手がないが、届いたが、毒が時間の経過のため無害化していた場合には、不能犯の問題となり、どのような仮定的事情があれば毒がなお残存していたかが問題となる、というのである。

また、両者を同一次元の問題と考えたとしても、和田論文のようには必ずしもいえず、別の立場も十分あり得るのではないか、という指摘もなされた。つまり、実行の着手論と不能犯論とを同一平面の問題と考える学説の中には、和田説のような立場の他に、すでに (い) 不能犯論における具体危

険説と実行の着手における行為説を前提とした見解（野村説など）や、（う）伝統的な客観的危険説と結果説を組み合わせた見解（内藤説など）が有力に主張されている。そのような立場からは、和田論文のような視点から両者の整合性を問題とする議論は必ずしも共感されないのではないか、これらの論者に対して、和田論文の立場からは、どのような問題点を指摘できるのか、というのである。

　以上のような議論に対しては、次のような反論がなされた。まず、（あ）の見解に対しては、そのような観点から認められる「段階」は、物理的・現実的危険を離れたものとなってしまうが、そのようないわば「単なる外形」に意義を認めることは問題があるのではないか、という反論がなされた。

　つまり、毒の消えた饅頭がいくら近づいてきても危険は高まらないのに、どうして切迫性が問題となるのか、というのである。比喩的に言えば「はりこの虎」がいくら近づいてきても、危険は高まらないではないか、近づくにつれ危険が高まるのは「本物の虎」だけなのだから、まず、「本物の虎」かどうかが確定されてはじめて、それがどこまで近づいてきたかを問題とする意味があるのではないか、というのである。この反論は、同時に（う）の見解に対してもあてはまる。つまり、（う）の見解は、「実行の着手時」における危険（＝物理的結果発生の蓋然性）の有無を問題とするが、そのように考えるためには、危険の有無とはすでに別の基準で着手時期が決められていなければならない、しかし、それでは結局のところ、危険とは切り離された別個の形式的な基準によって着手時期が画されることになり、（あ）の見解と同じ問題が生じてしまう、というのである。（（い）の見解に対しては、本文中にあるように、そもそもそのような具体的危険説の立場自体に疑問があるとされた）。

③

　次いで、③、④に関して、このように考えるのでは、処罰範囲があまりに狭くなりすぎるのではないか、という指摘がなされた。そして、和田論文の考え方は、もはや「修正された客観的危険説」とはいえないのではないか、

という疑問も出された。この点に関しては、②の判断枠組を用いている限度では「修正された客観的危険説」ではあるが、従来の「修正された客観的危険説」とは相当異なる結論を導く学説であり、結論的には、絶対不能・相対不能説と近くなっている、ということで理解が一致した。

　従来の修正された客観的危険説と和田説との差は、以下のような場合に生じる。例えば、致死量に足りない空気を注射する行為や、覚せい剤の製造の過程で真正な原料を用いたが、触媒の量が足りなかった場合には、従来の学説からは未遂犯が成立するが、和田説からは、行為時以前の事情については仮定は許されないため（④）、行為時に致死量、必要な触媒の量に足りなかった以上、不能犯となる[*2]。しかし、これでは、未遂の処罰範囲が狭くなりすぎるのではないか、という疑問が出された。これに対しては、行為者がさらに空気を注射する意図や、触媒を足す意図があれば、そのことを理由として既遂結果が（帰属可能な形で）生じる可能性が認められる、という反論がなされた。しかし、この反論に対しては、さらに、実体法的観点からも、そのような意図が存在しなくても処罰に値する事例は考えられるし（例えば、致死量に多少足りない空気を注射したが、「これで十分だ」と考えて立ち去った場合）、訴訟法的観点から見ても、そのような意図の立証は相当困難であり、実際上使用に耐えないのではないか、という再批判がなされた。

　以上のような事案においては、和田論文の立場からも、行為継続の意思がある場合には、未遂成立の余地があり、未遂がおよそ成立しないわけではない。しかし、例えば、毒薬の粉末を入れた瓶が9本と、それにそっくりだが実は単なるクリープしか入っていない瓶1本が棚に並んでおり、行為者は殺意をもって、被害者のコーヒーに毒を入れようとしたが、誤ってクリープを入れてしまった、という場合、和田説からはおよそ未遂犯の成立が否定される[*3]。しかし、そのような結論は不当ではないか、という指摘がなされた。これに対しては、状況によっては、むしろ瓶を探る段階に未遂行為を認める余地があり、そのように考えれば、その後の事象の進行については仮定が許されるから、殺人未遂の成立を認める余地がある、という反論がなされた。

④

　この和田説からの反論は、さらなる議論を呼び起こした。それは、④の理論的根拠および⑤の具体的内容に関する議論である。
　まず、前者に対しては、2つの疑問が向けられた。第1の疑問は、なぜこのように「行為」を独立に取り上げて問題とする必要があるのか、法益侵害の危険が高まった時点という未遂結果だけを問題とすれば足りるのではないか、という原理的疑問である。これに対しては、従来の学説は、未遂犯の成立要件として「危険」という概念を用いてきたが、その概念は、時に、実行の着手を形式的客観説のいう意味での実行行為時より早い時点で認めるために、時に、それを遅い時点で認めるために用いられてきて、その内容が曖昧になっている。両者の問題状況が異なっていることを明らかにし、前者においては、単なる「危険」ではなく、未遂の問責対象行為として、どのような行為が必要かを問題とする必要がある、という反論がなされた。第2の疑問は、そのような観点から、「行為」を独立に問題にすることには意味があるとしても、なぜ当該行為以前の事情については「仮定」をおよそ認めず、その「行為」後については、一定の「仮定」を認めるのか、その理由が明らかでない、という疑問である。これに対しては、「現実になされた行為について責任を問う」のが刑法の大原則だからだ（行為責任主義）という反論がなされた。しかし、この反論に対しては、さらに、行為責任主義という時の「行為」は、結果およびそれに至る因果経過も含めた広い意味での行為であり、狭い意味の行為ではないので、このような理由付けだけでは必ずしも説得力がないのではないか、という再批判がなされた。この点についての規範的根拠は、なおもう一言ほしいところである。以上の点と関連して、従来の修正された客観的危険説の有力な見解（山口説）が、客体の不能の場合には、修正された客観的危険説からの内在的帰結ではないにもかかわらず、常に不能犯を認めていることの当否が問題とされた。ここでも、規範的観点から「仮定」を許さない場面が認められているではないか、というのである。しかし、この点に関しては、特別扱いをする理論的根拠がないとはいえな

い。いわゆる結果無価値論からは、客体という結果無価値と直接結びつく構成要件要素については、現実に存在していた事情を重視すべきだ、という政策判断がそれである。しかし、現時点においては、和田説には、こうしたレベルでの基礎付けが欠けているように思われる。このような次元の上位の命題からの基礎付けが、和田論文の今後の課題となろう。

　後者に関しては、和田論文の、「行為」を基本的に最終的な故意行為に接着する行為に求める出発点に対しては、異論は出されなかった。しかし、そこからの修正・拡張を認める論拠および具体的基準に対しては、かなりの批判があった。まず、現に最終故意行為がなされた場合には、問責対象行為がさかのぼるという点に疑問が向けられた。和田論文は、そのような場合には、行為時にあった信頼があとからみれば裏切られたといえるから、「行為」がさかのぼるとするが、あとから信頼が裏切られたからといって、行為時の信頼がなくなってしまうわけではないのではないか、という疑問である。また、仮にそのような「評価替え」が可能であるとしても、そこから、どの段階まで行為をさかのぼることができるか、その基準が必ずしも明らかでない、という批判もなされた[*4]。また、（全体についての故意が当初から要求されるタイプの）結合犯や、牽連犯についても、一律にそのように言い切ってよいかについて疑問が出された。結合犯とは、現実に複数の犯罪が行われた場合に、それを構成要件上どのように評価するかという観点から認められた制度であり、牽連犯も、社会的に一定の結びつきの強い犯罪類型を罪数論上どのように扱うか、という観点から設けられた制度であり、いずれも問責対象行為の時期をいつとすべきか、という観点から認められた制度ではない。それにもかかわらず、問責対象行為の時期をいつとすべきか、という判断において、こうした別個の観点から認められた一罪性を論拠とするのは不当ではないか、というのである。

5

　最後に、⑥⑦の未遂結果の問題について、議論がなされた。⑥の未遂結果を要求することについては、（学界全体においては、なお議論がある論点と思わ

れるが、4人の間では）全く異論は見られなかった。しかし、⑦に関しては、激しく批判がなされた。批判は、このような仮定的世界における「既遂に達したであろうこと」に、どのような規範的意味があるのか、また、仮に意味があるとしても、そのようなことが実際上認定できるのか、ということに集約される。以下、もう少し具体的に見てゆこう。

　まず、毒饅頭事例において、和田論文の見解からは、たとえ毒饅頭が被害者の下に届く前に、被害者が第三者に殺された場合でも、被害者が生きていれば毒によって死んでいたであろう時点で着手が認められることになる。しかし、そのように被害者が現実に死んだ後に着手が認められるというのはいかにも不自然ではないか、という批判がなされた。もっとも、この批判はやや感覚的なものにとどまるかもしれない。和田論文の立場からすれば、それは「被害者が死亡しなかったとしたら」という仮定的世界でのできごとなのだから、現実には被害者が死亡した後に着手が認められても不自然ではないともいえるのである。しかし、さらに、実際に毒饅頭が現実に届かなかった場合には、たとえ、日本の郵便システムのような到着の蓋然性が極めて高い場合（そうでなければ、3で述べたように「仮定」をしても着手が否定されることになる）に限定したとしても、いつ毒饅頭が届き、いつ被害者がそれを食べただろうかは、認定不可能ではないか、という批判がなされた[*5]。これに対しては、「遅くともその時点では死んでいただろう時点」を着手時期と考えればよい、という反論がなされた。確かに、このような不特定認定も不可能ではなかろう。しかし、より原理的な問題は、そもそも「遂げなかった」ことは未遂犯の構成要件要素、積極的成立要件ではないのではないか、ということである。つまり、遂げたか遂げなかったか真偽不明でも、未遂の限度では罪責を負わせられることに争いはない（既遂から未遂への縮小認定も可能である）ことに鑑みると、「遂げなかった」ことは、それ自体未遂の不法を基礎づける要素ではない、という批判である。このことはちょうど同意殺人罪において、「同意があったこと」を構成要件要素と解すべきではなく、普通殺人罪において「同意がなかったこと」を構成要件要素と解すべきであることと同じことである。

第 5 講　議論のまとめ

⑥

　全体に、和田論文は、従来の学説が曖昧なままに放置していた部分を極めてクリアーに指摘している点に大きな魅力があり、また、現実に結果を生じさせうる危険以外は「切迫」しようがない、問責対象行為以前の事情について仮定することは規範的に禁止される[*1]、未遂犯としての「確定」要素として「遂げなかった」ことが要求される、といった一定の命題を前提とすれば、その論証は極めて一貫したものである。しかし、そのような前提が、従来の学説の認めてきた前提と異なる部分が多く、また、必ずしもバランスのとれた結論を導かない点において、疑問がある。また、こうした前提とされている命題自体の規範的基礎付けに関しても、さらなる検討が必要であるように思われる。

　以上のような評価が、議論の大勢を支配していた。

[*1]　和田助教授は、議論をふまえ、この点を改められた、第 5 講 II 3 および注39参照。
[*2]　現在の和田説からは、この事案においても未遂犯の成立が認められる。
[*3]　現在の和田説からは、仮定的行為が現実の行為と時間、場所、態様を同じくするか、という観点から、解決される。そして、この事案では、おそらく未遂の成立が肯定されることになる。
[*4]　この批判を受けて、和田助教授はこの点を改められた、注82参照。
[*5]　この批判を受けて、和田助教授は基本的枠組を維持しながらも、毒入りの食物を「現実の因果経過において食べようとする段階に達した場合に初めて、仮定的因果経過において食べていたであろうと言うことができる」（第 5 講 III 3 (2)）と限定された。このためこうした不自然な事態は実際上おこりえなくなった。

第6講

共犯論の課題

山口　厚

I はじめに——共犯の基礎理論

1 処罰根拠論としての因果共犯論

　本稿における検討の前提として、まず、共犯の基礎理論に関する理解を明らかにし、その内容を確認しておくこととしたい。共犯論の最も根底に位置する議論は、「共犯はなぜ処罰されるか」に対する回答を与えるべき、共犯の処罰根拠論である。

　共犯の処罰根拠論としては、周知のとおり、①責任共犯論、②違法共犯論、及び③因果共犯論の3つの立場が存在している。このうち、責任共犯論については、現在、それを支持する学説はほとんど存在しないため、実際に問題となるのは、違法共犯論と因果共犯論との対立である。もっとも、前者の違法共犯論も、肝心の部分で、「違法の相対性」による修正を認めているため、両者の相違は実際上曖昧になっている。すなわち、違法共犯論も、Aが自己の生命の侵害をBに嘱託したところ、正犯Bは殺害を遂げることができなかったという場合に、正犯であるBに嘱託殺人未遂罪という構成要件に該当して違法な行為を行わせたとして、Aについて嘱託殺人未遂教唆罪の成立を肯定するのではなく、Aの「被害者としての地位」を考慮することによって、被害者Aとの関係では嘱託殺人未遂の事実は違法でないとして、同教唆罪の成立を否定するのである。ここでは、実際上は、違法共犯論は因果共犯論に変貌を遂げているということもできよう。この意味では、処罰根拠論に関する限り、実質的に、因果共犯論が通説的地位を占めているといいうるのである。そして、本稿も、ここで詳しくは論じないが、因果共犯論が共犯の処罰根拠論としては妥当な見解であると解するものである[1]。

　しかしながら、上述したことにかかわらず、違法共犯論の考え方は、部分的になお根強く残っている。たとえば、「未遂の教唆」の場合、すなわち、正犯に犯罪行為の遂行を教唆したが、未遂に終わらせる意思であった場合に

1　山口厚『刑法総論』253頁以下（2001年）。

おいて、未遂教唆罪の成立を肯定する見解[2]の背後には、正犯に未遂犯という違法行為を行わせた場合に共犯が成立するという理解が存在するのである。したがって、未遂という可罰的行為を行わせる意思があれば、教唆の故意としても足りないところはなく、教唆が成立すると解されることになるのである。これに対し、因果共犯論からは、正犯と共犯との違いは、構成要件該当事実惹起の態様の違いにすぎないことになる。すなわち、正犯は構成要件該当事実を直接惹起するものであり、共犯（正確には、そのうち、教唆・幇助）は、正犯行為を介して、構成要件該当事実を間接惹起するものと解されることになる。したがって、共犯の故意についても、正犯の故意と同じく、構成要件該当事実惹起の認識・予見が必要となる。未遂犯の成立を肯定するためには、正犯において、既遂構成要件該当事実惹起の意思が必要となるが、共犯においても、同じことが妥当するのである。それゆえ、このような意思が認められない「未遂の教唆」については、教唆犯の成立が否定されることになる。

2 純粋惹起説と混合惹起説

処罰根拠論としての因果共犯論は、共犯（教唆・幇助）の成立要件に関し、純粋惹起説と混合惹起説に分かれている。

前者の純粋惹起説[3]は、正犯行為を介して、共犯から見た構成要件該当事実を惹起することで足りるとし、正犯について、正犯から見た構成要件該当事実が認められることは必要ないとする見解である。これは、直接的には、限縮的正犯概念を維持・徹底し、間接正犯の成立の余地を排除することを目指すものということができよう。正犯について構成要件該当性が認められない場合においても、共犯の成立可能性を肯定するこの見解は、「正犯なき共犯」の成立を肯定するものであり、共犯を単独犯の論理で構想するもの、比喩的にいえば、いわば「共犯という名の単独犯」として共犯を理解するもの

---

2 たとえば、平野龍一『刑法総論Ⅱ』350頁（1975年）、大谷實『新版刑法講義総論』461頁（2000年）など。
3 佐伯千仭『刑法講義（総論）[4訂版]』328頁以下（1981年）、中義勝『講述刑法総論』255頁（1980年）、中山研一『刑法総論』441頁以下（1982年）、浅田和茂「共犯論覚書」『中山古稀（3）』275頁（1997年）など。

といえる。そこでは、正犯も共犯も、構成要件該当結果惹起に対して直接的に（単独で）刑事責任が問われるものと理解されているのである。

純粋惹起説は、構成要件該当結果惹起への関与者について、正犯の範囲を限定する代わりに、共犯の範囲を拡張する。したがって、成立が問題となる犯罪が身分犯であって関与者に身分がない場合、間接正犯であれば処罰の対象とはならないが、共犯としてならば、身分者である正犯に関与したときには、刑法65条の適用により、処罰することが可能となるのである（もっとも、後述するように、純粋惹起説からそのことを肯定する論理には問題がある）。したがって、純粋惹起説は、必ずしも、処罰限定論というわけではないことは確認しておくべきであろう。また、現在の学説状況においては、未遂犯の成立時期は、既遂惹起の具体的危険発生時であると解する見解が有力であるから、そのような理解を前提とするときには、間接正犯の構成を採る場合であっても、実行従属性が妥当する共犯の場合と、未遂犯の処罰時期において特段異なることにはならないのである。

純粋惹起説の当否については、第1に、それが現行法の共犯規定の解釈として採用しうるかという点と、第2に、より基本的に、共犯処罰の考え方として妥当といえるかという点の両面から検討する必要がある。まず、第1の点については、やはり、「正犯なき共犯」を肯定することの妥当性が問題となろう。現行刑法では、教唆は「人を教唆して犯罪を実行させた」（刑法61条1項）場合に成立し、幇助は「正犯を幇助した」（刑法62条1項）場合に成立する。正犯によっては「犯罪」が行われず、また「正犯」が存在しないにもかかわらず、共犯の成立を肯定することには、法文解釈としても、疑問があるのである。もっとも、ここでいう「犯罪」又は「正犯」とは、構成要件該当性、違法性のみならず、責任まで備わって処罰しうるものであることは必要ないとして、その解釈は現在一般に緩和されている。この点において、法文よりも緩やかな要件によって共犯の成立を肯定しているなら、純粋惹起説に対して上記の疑問を呈示しうるのと同じく、解釈として、罪刑法定主義との関係をも含め、問題がありうるようにも見える（いわゆる、「同じ穴の狢」ではないかが問題となる。それが許されるなら、「正犯なき共犯」も法文解釈として許されるのではないかが問題となるところである）。しかし、刑法38条1

I　はじめに

項の「罪を犯す意思」における「罪」は故意の認識対象となる客観的構成要件該当事実を指すのであるから、刑法においては、「犯罪」「罪」という表現として、責任までが備わった意味での犯罪が常に意味されているわけではないことを知ることができる。そうだとすると、刑法61条・62条における「犯罪」「正犯」の内容として、責任を除外して考えることが、許容される解釈の限界を超えるものとはいえないであろう。このような解釈と、それをさらに超え、正犯について構成要件該当性までも不要とする純粋惹起説の解釈とは同じく論じることができないのである。後者の解釈には、やはり疑問があるといわざるを得ないと思われる。

　次に、第2の点については、先ほども触れたが、純粋惹起説が、共犯を「共犯という名の単独犯」と理解することの当否が問題となる。つまり、この見解によれば、共犯における従属性（要素従属性、実行従属性、罪名従属性）は否定され、結果を直接惹起した者について構成要件該当性がなく、したがって、その限りにおいて、刑法が法的に否認している事実が発生していないのに、共犯の成立が肯定されることになることが問題となるのである（このような理解の下においては、未遂概念の主観的理解を採用する場合、共犯行為時にすでに未遂の成立が肯定される。未遂概念を客観的に捉えた場合に、結果として、実行従属性を肯定することと同じ帰結がもたらされることになる）。つまり、法的な構成としては、共犯は間接正犯とパラレルな関係にあり、単に「正犯」ではなく「共犯」と呼ばれるにすぎないものであることになる。しかしながら、それでは、身分犯において、非身分者に共犯が成立することの説明に窮することになろう。なぜなら、このような理解からは、身分犯の共犯に関する刑法65条の規定は、身分犯の主体の範囲を非身分者にまで拡張する特別規定と解されることになろうが、この場合に、結果を直接惹起した者に身分がある場合にだけ、非身分者を共犯として処罰することが可能であると解することができるかに疑問が生じるからである。というのは、そのような限定的理解を採用するときには、そこでは、共犯に正犯に対する（正犯行為の属性によって共犯の罪責が異なるという意味で）従属的な位置付けを与えており、「共犯という名の単独犯」という考え方の出発点に反することになるからである。したがって、「共犯という名の単独犯」という論理からは、

結果を直接惹起した者に身分がある場合とない場合とで、拡張の有無を区別する理由がないことになり、身分がない者だけが関与した場合についても、共犯処罰が可能であると解すべきこととなってしまう（たとえば、刑法134条の秘密漏示罪において、犯罪の主体に含まれていない看護師が仲間の看護師に秘密漏示を唆した場合も、処罰の対象となることになってしまう）。このような、誰もその結論を承認していない帰結は不当であるといえよう。そうだとすると、「共犯という名の単独犯」という考え方においては、そもそも非身分者への処罰拡張の理由をいかなる意味において認めうるかに基本的な疑問が生じることになる。このことは、さらにいえば、この考え方によっては、「非身分者への処罰の拡張」という結論を基礎付けることができないのではないかと思われることを意味するのである。以上のように考えると、現行刑法は、「共犯という名の単独犯」という考え方を予定していないと解されるのであり、共犯（教唆・幇助）には、正犯に対する従属性という考え方を採用することが不可欠であると解されるのである。

　共犯（教唆・幇助）は、構成要件該当事実を惹起したことについて第1次的責任を負う正犯の背後に位置し、その者に影響を与えて構成要件該当事実を間接的に惹起するにすぎない第2次的責任類型と解することが妥当である。このように解する場合には、「背後者」としての共犯の罪責を肯定するためには、まず、結果を直接惹起した者について、刑法が否認の対象としている（構成要件該当・違法な）事実を惹起したことが要求されるべきである。こうした（構成要件該当・違法な）事実が惹起されて、初めて、刑法が介入することが正当化されることになるからである。なお、責任の要件は、そのような違法な事実を惹起した者を処罰することが正当であると解されるために要求されるものであり、それは現に処罰の対象となる者について個別に必要とされるにとどまると解することができるから、構成要件該当結果を直接惹起した正犯について責任が認められなくとも、「背後者」である共犯の罪責を肯定することは正当化されることになる[4]。責任の要件とは異なり、結果を直接惹起した者の行為について、構成要件該当性のみならず、違法性ま

4　なお、正犯に責任がない場合には、正犯が故意を欠くときのように、背後に位置する者が「正犯」（間接正犯）としての評価を受ける場合があることは別論である。

でもが認められることは必要であろう。なぜなら、構成要件該当行為であっても違法性が阻却されたものについては、刑法はそれを否認の対象としておらず、そのような事実が生じたにすぎないときは、その背後に位置する者に2次的な責任を問うことは必要なく、またそれは妥当でもないからである。混合惹起説は、因果共犯論に立ちつつ、正犯から見た違法性の存在をも共犯の成立要件とするものであるが、この見解が以上のような意味で妥当であると思われる。

3　間接惹起としての教唆・幇助と従属性
(1) 要素従属性

すでに述べたように、共犯（教唆・幇助）については、2次的責任類型という見地から、正犯について構成要件に該当する違法な事実の惹起が肯定されることが必要である。これは、共犯の成立は正犯のいかなる犯罪成立要件の充足に従属するかという要素従属性の問題について、制限従属性説を採ることを意味する。

これに対して、近時、正犯行為と共犯行為の違法性が異なることとなる場面を視野に入れながら、共犯の成立を肯定するためには、正犯行為について構成要件該当性が認められることで足りると解する最小従属性説も、一部ではあるが、有力に主張されている[5]。しかし、この見解には、共犯の2次的責任性という観点からは疑問があるように思われる。それは、最小従属性説は、正犯行為の違法性が阻却された場合においても、共犯について独自の違法性阻却事由が認められない限り、共犯の成立を肯定する見解だからである。たとえば、警察官が被疑者を令状逮捕する場合において、その手助けをした一般私人について、適法な逮捕に協力することを正当化する違法性阻却事由を作出しなくては、その私人について逮捕幇助罪が成立してしまうことになる。これが不当なことは明らかであろう[6]。それゆえ、近時の最小従属

5　たとえば、平野・前出注2) 358頁、大谷・前出注2) 433頁、前田雅英『刑法総論講義 [第3版]』399頁（1998年）、島田聡一郎「適法行為を利用する違法行為」立教法学55号21頁以下（2000年）など。

6　そうした違法性阻却事由を肯定することは、見方を変えれば、結論において、制限従属性説を肯定するものであるともいえる。

性説は、原則的には制限従属性説が妥当するが、例外的にのみ最小従属性説が妥当すると解している。しかしながら、「例外的」にせよ、正犯行為が違法でなくとも、共犯行為の違法性を肯定し、正犯の背後にまで刑事責任の追及を肯定するこのような見解においては、その場面に限ってのことではあるが、共犯の従属的・2次的責任性が否定されているといえる。この限りにおいて、この見解も、「共犯という名の単独犯」として共犯を理解するものといえ、純粋惹起説に対して加えたのと同様の批判が妥当することになろう。

(2) 罪名従属性

以上のような本稿の理解からは、共犯の罪名は正犯の罪名に従属するかという罪名従属性の問題についても、一定の結論が導かれることになる。それは、共犯の罪名は正犯の罪名に従属するわけではないが、正犯について成立する罪よりも重い罪について共犯は成立することはないとする理解である（いわば、部分的罪名従属性説）。犯罪類型は、（主として客観的な）構成要件該当事実及び故意・過失から成るが、正犯が実現する犯罪類型の範囲内においてのみ、第2次責任類型である共犯（教唆・幇助）は成立するのである。なぜなら、正犯において処罰の対象となる限度において、背後者としての共犯の刑事責任の追及は必要であり、正当化されると解されるからである。

罪名の完全な従属性を肯定することは妥当でないが、それを全く否定することも妥当でない。前者の点については、同じ構成要件該当事実について、責任に応じて罪名が異なる場合（たとえば、殺人と傷害致死）には、刑法が否定的に評価する人の死の惹起という事実の範囲において、各人の責任に対応した犯罪の成立を肯定することができる。たとえば、殺意のある正犯Aに、Bが傷害の故意で幇助し、被害者が死亡した場合には、正犯Aには殺人罪が成立し、Bには傷害致死の幇助が成立するのである。しかし、傷害の故意しかない正犯Aを、殺意があると思ってBが幇助し、被害者が死亡した場合には、正犯Aには傷害致死罪が成立し、Bには傷害致死の幇助が成立する。すなわち、Bには殺人の幇助は成立しないと解すべきである。この場合、Bに殺人幇助の成立を肯定する見解も有力であるが、殺人罪の限度において、「正犯なき共犯」の成立を肯定することになってしまい、問題だからである。しかも、このような考え方は、正犯について認められる軽い罪を処

罰する規定がない場合には、一貫して適用することのできない考え方である。たとえば、正犯Aに器物損壊の故意があると思ってBが幇助したが、Aは故意なく器物損壊を行った場合には、Aは過失器物損壊で不可罰であり、それゆえ、Bも過失器物損壊幇助で不可罰である。故意のあるBに器物損壊幇助が成立するわけではない。したがって、正犯Aに殺意があると思ってBが幇助したが、Aは単なる過失により人の死を惹起した場合には、Aは過失致死であり、Bには過失致死幇助が成立し、殺人について故意のあるBに殺人幇助の成立を肯定しないことが、上記の解決と整合性のとれた解釈なのである。犯罪類型の定立という形での刑法による介入は、単に客観的な構成要件該当事実のみを基準とするのではなく、故意・過失をも考慮してなされるから、構成要件概念の理解如何にかかわらず、客観的構成要件及び故意・過失からなる犯罪類型を基準として、正犯に認められる犯罪の範囲内においてのみ共犯は成立すると解することが妥当だと解されることになる。

4 共同惹起としての共同正犯

　教唆・幇助については、その2次的責任類型という性格から、正犯の構成要件該当・違法行為への（成立要件での）従属性が肯定されたが、共同正犯においては、そのような従属性は認められない。なぜなら、構成要件該当事実の惹起を共同者の各人が分担して実現した場合が共同正犯の典型的事例であり、このような場合には、従属の対象となる（単独）正犯行為は存在しえないからである。この意味で、教唆・幇助は、構成要件該当事実の「間接惹起」が処罰の根拠であったのに対し、共同正犯は、その「共同惹起」を処罰の根拠とするものといえよう。このような共同正犯の性格は、もちろん、学説において十分に認識されている。それは、共犯の処罰根拠論は教唆・幇助には妥当しても、共同正犯には妥当しないという議論[7]に最も明瞭に現れているといえるのである。

　しかし、すでに触れたが、共同正犯の処罰根拠も、構成要件該当事実の惹起であることには変わりがない。したがって、処罰根拠論である因果共犯論

---

[7] たとえば、斉藤誠二「共犯の処罰の根拠についての管見」『下村古稀（上）』6頁（1995年）。

は、この限度で、共同正犯にも妥当するのである。刑法60条は、共同正犯が本来的に正犯であることを認める確認規定ではなく、正犯の拡張規定であり、そのような拡張に基礎を与えるのが、共犯の処罰根拠論から導かれる、共同行為と構成要件該当事実との間の因果性である。しかも、この因果性は、単独正犯と比べ、条件関係ないし結果回避可能性が不要とされるという意味において、拡張されたものなのである。たとえば、共同正犯が成立することに疑いのない、AとBが、被害者を狙って、殺人の意思を通じ、同時に拳銃を発射したところ、Aの銃弾はあたり被害者が死亡したが、Bの銃弾は外れたという事例で、殺人罪の共同正犯となるBの行為には、被害者の死亡との間に条件関係ないし結果回避可能性は存在しないのである。

こうして、処罰根拠論は共同正犯についても意味を有するのであるが、教唆・幇助の特殊性を示す「従属性」に対応するのが、共同正犯における「正犯性」である。すなわち、教唆・幇助においては、構成要件該当事実に対する因果性に、2次的責任性に由来する従属性が加わることによって、その成立要件が形成されたのに対し、共同正犯においては、構成要件該当事実に対する因果性に、共同惹起類型としての1次的責任性に由来する正犯性が加わって、その成立要件が形成されることになるのである。この正犯性は、構成要件該当事実に対する拡張された因果性を前提としたものであり、その意味で、単独犯におけるよりも拡張されたもの（拡張された正犯性）であるといえよう。

このような意味で、共同正犯の成立要件を明らかにするに当たっては、（拡張された）正犯性がいかにして認められるか、担保されるかが問題とされなくてはならず、また、それが従来から問題とされてきたのである。この正犯性の基準としては、行為支配を問題とする見解を始め、様々な見解が主張されてきたが、ここでは、それを形式的な基準によって決する形式的正犯概念と、実質的な視点から決する実質的正犯概念の対立を取り上げることにする（行為支配説も後者の一つのヴァリエーションと考えることもできる）。形式的正犯概念は「実行行為」の分担を要求する考え方であり、したがって、共謀共同正犯を否定することになる。このような見解は依然として強力に主張されているが、近時の有力説は、このような形式的基準では、共同現象の実

態を十分に捉えることができないとして、正犯性の基準をより実質化する実質的正犯概念を採用しているといえよう[8]。

実質的正犯概念において最近有力に主張されているのが、寄与の重大性・重要性を基準として正犯性を判断しようとする考え方である[9]。しかし、それが十分な基準たり得るかが問題となる。なぜなら、共同正犯とは区別されるべき教唆は、このような考え方によれば、正犯に故意を生じさせ、構成要件該当事実を惹起させる原動力となったという意味において、それに重要な寄与が認められることになり、共同正犯になりかねないことになるからである。したがって、単なる「重要な寄与」につきない、構成要件該当事実の共同惹起の実体を捉えた「共同性」が肯定されることが必要となるのである。

そうした「共同性」の要件として、「意思の連絡」が問題となる。この点については、第1に、何に対する意思の連絡が必要なのかが問題になる。これは、構成要件該当事実惹起についての故意を欠く共同者についての、過失犯の共同正犯の成否に関連して検討を要する点である。それは、「意思の連絡」を問題とするとしても、構成要件該当事実ないし結果惹起についての意思の連絡か、構成要件該当行為についての意思の連絡か、それとも構成要件該当行為以前の行為についての意思の連絡なのかが問題となるのである。結論としては、後述するように、過失不作為犯の場合には、その成立要件としての保障人的地位を基礎付ける、構成要件該当行為以前の行為についての意思の連絡でも足りると解することができると思われる（これに対し、過失作為犯の場合には、構成要件該当行為についての意思の連絡が問題となるものと解される）。

「意思の連絡」については、第2に、それが共同正犯成立にとって必須の要件かが問題となる。これは、具体的には、片面的共同正犯の成否に関して問題となる。ここでは、因果性が存在することは前提として、片面的共同正犯という「他の共同正犯なき共同正犯」というものを認めるかが問われることになるのである。因果性という見地からは、心理的因果性が共犯の本質的

---

8 たとえば、平野・前注注2) 397頁以下、大谷・前出注2) 454頁以下、西田典之「共謀共同正犯について」『平野古稀（上）』361頁以下（1990年）、前田・前出注5) 410頁以下。
9 たとえば、西田・前出注8) 375頁。

な因果性であり、それを欠くときには共犯の成立は否定されるとする見解[10]を採らない限り、片面的共同正犯においても、物理的な因果性を肯定することができるが、問題は、因果性というよりも、正犯性にあるといえよう。判例[11]や、学説の有力説[12]は、片面的幇助は肯定しつつも、片面的共同正犯の成立を否定しているが、そこには「意思の連絡」なき共同性の否定という考え方が存在しているのである。このような考え方にも相当な理由があり、ことに、現行法が「他の共同正犯なき共同正犯」を否定していると解する場合には、このような理由からも片面的共同正犯の成立は否定されることになろう。しかしながら、「意思の連絡」なき客観的な共同（共同惹起）は不可能ではなく、主観的にも、片面的な関与者からみれば、共同惹起があるともいえる。しかも、共同正犯は構成要件該当事実惹起についての1次的責任類型であるから、一種の「他の共同正犯への従属性」は不要とも解しうる（しかも、ここでは「単独正犯との共同」が問題となっている）のである。この意味では、「意思の連絡」を共同惹起に不可欠の要件と解することには、なお、疑問を留保しておきたい。

II　承継的共犯論

1　問題の所在

　因果的共犯論の眼目は、共犯行為と構成要件該当事実との間に因果性を肯定することができないときには、共犯の成立を否定するところにある。しかし、承継的共犯の成否の問題を解決するに当たり、多くの学説においてその考え方が一貫されているかには疑問があるように思われる。以下では、近時の学説の問題点を中心に、承継的共犯の成否について検討を加えることにしたい。

10　町野朔「惹起説の整備・点検」『内藤古稀』128頁以下（1994年）参照。
11　たとえば、大判大正14・1・22刑集3巻921頁参照。
12　大塚仁「片面的共犯の成否」『植松還暦（法律編）』387頁以下（1971年）、斉藤誠二「片面的共犯をめぐって」成蹊法学16号1頁以下（1980年）、大谷・前出注2）451頁、前田・前出注5）386頁・435頁など。

2　問題となる事例

　承継的共犯の成否とは、先行者Aが犯罪を実行していたところ、途中からそれに関与した後行者Bにいかなる共犯が成立するかという問題である。Aによる実行の事実をも「承継して」、関与以前の事実をも含めて共犯としての罪責を負うのか、それとも、そのような「承継はせず」、関与以後の事実についてのみ共犯としての罪責を負うのかが、基本的に問われていることである。

　承継的共犯の成否において問題となるのは、以下のような事例である。

　事例1：先行者Aが、財物奪取の意思で、被害者に対して暴行を加え、反抗を抑圧した後、後行者Bが加わり、ともに財物を奪取した事例。Bについて、①強盗罪の共犯が成立するのか、②窃盗罪の共犯が成立するのかが問題となる。

　事例2：先行者Aが、財物奪取の意思で、被害者を殺害した後、後行者Bが加わり、ともに財物を奪取した事例。Bについて、①強盗殺人罪の共犯、②強盗罪の共犯、③遺失物等横領罪の共犯のいずれが成立するのかが問題となる。

　事例3：先行者Aが、財物を騙し取る意思で、被害者を欺罔した後、後行者Bが加わり、騙されていた被害者から財物を受領した事例。Bについて、①詐欺罪の共犯が成立するのか、②不可罰かが問題となる。

　事例4：先行者Aが、被害者に暴行を加えた後、後行者Bが加わり、ともに暴行したところ、被害者は傷害を負ったが、どの段階の暴行により傷害が生じたのか不明である事例。Bについて、①傷害罪の共犯が成立するのか、②暴行罪の共犯が成立するのかが問題となる。

3　学説及び裁判例の動向

　学説は、以下の4説に分かれている。
　第1は、承継全面肯定説[13]である。この見解によれば、上記4事例について、それぞれ、①強盗罪の共犯、①強盗殺人罪の共犯、①詐欺罪の共犯、①

13　西原春夫『刑法総論』336頁（1977年）など。

傷害罪の共犯が成立することになる。

第2は、承継全面否定説[14]である。この見解によれば、上記4事例について、それぞれ、②窃盗罪の共犯、③遺失物等横領罪の共犯、①詐欺罪の共犯（Bに保障人的地位を認めうる場合）又は②不可罰、②暴行罪の共犯が成立することになる。

第3は、中間説[15]である。これは、後行者が先行者による行為の効果を利用するような場合に承継を肯定する。この見解によれば、上記4事例について、それぞれ、①強盗罪の共犯、②強盗罪の共犯、①詐欺罪の共犯、②暴行罪の共犯が成立することになるとされている。

第4は、限定中間説[16]である、これは、中間説をさらに限定した見解であり、共同正犯については承継否定説を採り、幇助については中間説の結論を採用するものである。

判例においては、かつて、事例2に類似した事例において、被害者の死亡後に関与した後行者について、強盗殺人幇助罪の成立を肯定したものがあるが（大判昭13・11・18刑集17巻839頁）、近時の裁判例では中間説が有力になっているということができよう（たとえば、大阪高判昭62・7・10高刑集40巻3号720頁など）。

4　因果共犯論からの結論

因果共犯論からは、承継全面否定説に至る。なぜなら、因果共犯論とは、共犯行為と最終的な法益侵害結果との間に因果性があれば、他の構成要件要素との間に因果性を欠いても、共犯の成立を肯定しうるとする見解ではなく、構成要件該当事実全体について因果性を要求する見解だからである。そうでなくては、当該構成要件該当事実の惹起により肯定される犯罪についての共犯の成立を認めることはできないのである。これを否定し、何らかの意

14　植田重正『共犯論上の諸問題』101頁以下（1985年）、中・前出注3）242頁（1980年）、町野・前出注10）131頁以下、浅田・前出注3）280頁、曽根威彦『刑法総論［第3版］』286頁（2000年）など。

15　平野・前出注2）382頁、大塚仁『刑法概説（総論）［第3版］』280頁（1997年）、大谷・前出注2）444頁、前田・前出注5）421頁など。

16　斉藤誠二「承継的共同正犯をめぐって」筑波法政8号1頁以下（1985年）、井田良「共同正犯の構成要件」現代刑事法36号113頁以下（2002年）など。

味で先行者により実現された事実の承継を肯定する見解は、こうした共犯処罰の要件を政策的に修正・拡張するものであるといわざるをえない。これでは、因果共犯論を処罰根拠論として採るといいながらも、肝心な場面でそれを放棄するものであり、妥当でないように思われる。ここでは、大袈裟にいえば、共犯論の理論的意義が問われているともいえよう。

　承継全面否定説については、結論が「不当」だとする批判が加えられることが多いが（もっとも、結論の当不当は、直感に左右される、必ずしもあてにならないものであるが）、これはいわれなき批判である。なぜなら、すでに示したように、後行者が実際に完全に不可罰になることはそれほど多くないと考えられ、不可罰となる場合であっても、それには理由があるからである。最も問題とされているのは、事例3の詐欺罪の場合である。この場合、後行者に保障人的地位を肯定することができれば、後行者を詐欺罪で処罰することができよう。しかし、後行者に保障人的地位がない場合には、先行者が詐欺罪の単独正犯（後行者の利用の部分が、部分的に間接正犯となる）として処罰されるにすぎないこととなり、後行者は不可罰となるが、それはやむを得ないことと思われる（それは、錯誤に陥っている者から物を詐取する罪が規定されていないことによるともいえるのである）。むしろ、この場合、部分的な構成要件該当事実の実現に関与したにすぎない者に、その部分についての責任を問うのではなく、構成要件該当事実全体についての責任を問うことの方が結論として不当だと思われる。

　次に、近時の有力説について論評することにしたい。

　まず、限定中間説は、共同正犯については、それが「正犯」であるため、構成要件該当事実全体との因果性を要求しながら、幇助については、それを不要とすることを明示的に主張する見解であるということができる。承継的共犯の問題の所在は因果性の有無にあり、その点については、共同正犯と幇助とで扱いを異にする理由はないのであるから、それにもかかわらず、幇助については承継を承認するこの見解は、処罰の政策的拡張を正面から肯定するものといえる。具体的には、この見解によると、事例2において、Bには、この見解が主張するように強盗罪の幇助が成立するのではなく、強盗殺人罪の幇助が成立するのではないかが問題となる。なぜなら、強盗殺人罪

は、それ自体独立した犯罪類型であり、その実現に一部関与したBに、その共犯の成立を否定する理由は、限定中間説の論理からは出てこないからである。それにもかかわらず、強盗殺人罪の幇助ではなく、強盗罪の幇助の肯定にとどめるのは、そこまでの必要はないとする理解によるものと思われるが、それはまさしく、処罰を端的な政策的考慮によって左右することを意味するのであり、妥当でないと思われる。

次に、中間説は、後行者が先行者の行為の効果を利用した場合に、承継を認める見解である。たとえば、事例1において、先行者により惹起された反抗抑圧状態を後行者が利用する場合に、後行者に強盗罪の共犯の成立を肯定する。しかし、ここでは、後行者が利用しうるのは、反抗抑圧状態だけであって、先行者による暴行それ自体でないことが、看過されている。反抗抑圧状態の利用により、それを惹起した行為（事例1では、暴行）についても承継しうるとするのであれば、事例2においては、この見解が主張することとは異なり、強盗罪の共犯ではなく、強盗殺人罪の共犯の成立を肯定しなければならないことになるように思われる。暴行により反抗抑圧状態を惹起した場合と殺人により反抗抑圧状態を惹起した場合とで、前者については暴行まで承継されるが、後者については殺人までは承継されないとする理由はない。強盗罪は、反抗抑圧状態下にある者から財物を奪取する罪ではなく、暴行・脅迫により反抗抑圧状態を生じさせて財物を奪取する罪であるにもかかわらず、暴行と反抗抑圧状態とを区別することなく、後者の利用により前者も利用しうるかの考えを暗黙の前提としている点に誤りがあるものと解される。行為とその効果とは区別されなければならず、効果の利用と行為の利用とを同視したところにこの見解の問題点があるのである。

中間説の中には、上記のような実質的説明ではなく、事例1について、先行者にとっては、財物奪取は強盗行為であり、それに関与する後行者は当然強盗罪の共犯になると解する見解もある。これは、一種の形式論であるが、そこでは、因果共犯論の論理は放棄されているといえよう。あるいは、構成要件該当事実の一部への関与で、構成要件該当事実全体を惹起した責任を肯定するものとなっており、その問題性はすでに触れたとおりである。また、この見解によれば、事例2について、財物奪取行為は、先行者にとって強盗

殺人行為なのであるから、後行者には強盗殺人罪の共犯が成立することになってしまうのである。もしも、財物奪取は、殺人後に行われる強盗行為にすぎないとするなら、今度は、なぜ、それは（殺人という形での暴行後に行われる）遺失物等横領行為でないのかが、逆に問われることになろう。

いずれにしても、事例2において、後行者に強盗殺人罪の共犯の成立を肯定するか否かが、学説の試金石であり、この場合に強盗罪の共犯の成立を肯定するにとどめようとする見解は、その理由付けに成功しておらず、また、処罰範囲を政策的に左右していることが明らかだと思われる。

5　刑法207条（同時傷害の特例）との関係

事例4においては、近時有力な中間説によっても、後行者に先行者の暴行の効果の利用を肯定することができないから、承継を認めて、後行者に傷害罪の共犯の成立を肯定することには困難がある。問題は、この場合、先行者と後行者との間に共犯関係がなければ、刑法207条により、両者とも傷害罪として処罰されることとの均衡である。すなわち、先行者・後行者間に共犯関係があった方が、実質的には重い責任を問いうるはずであるのに、それがない方がかえって重い罪責を問いうるとするのは不当だと考えられるからである。このような事態が生じるのは、刑法207条が、一般の刑法理論では認めえない結論を肯定しているところにその理由がある。この条文は違憲だとの見解もあり、少なくとも立法論としての妥当性には多大な疑問があるように思われる。

とはいえ、刑法207条が憲法違反ではないとの前提に立てば、上記の不均衡を解消するために、先行者・後行者間に共犯関係があっても、なお刑法207条を適用し、両者に傷害罪の成立を肯定するとの解釈（大阪地判平8・8・20判タ995号286頁）には相当な理由があるといえよう。

III 過失共同正犯論

1 総説

　現行法上、過失による教唆・幇助は不可罰である。それは、教唆・幇助について過失犯処罰規定を欠くからである。たとえば、殺人罪の規定（刑法199条）に教唆の規定（刑法61条）を適用すると、殺人教唆罪の規定が作られる。これは、刑法38条1項によれば、殺人罪の、故意による教唆を罰する規定を意味するのである。これに対し、過失犯の共同正犯については、処罰規定が存在する。それは、たとえば、過失致死罪（刑法210条）の規定に共同正犯の規定（刑法60条）を適用すると、過失致死罪の共同正犯が作り出されるからであり、刑法38条1項との関係は、過失致死罪の規定の存在によってすでにクリアされているのである。

　こうして処罰規定が存在すると解される以上、過失犯の共同正犯は成立すると解するのがむしろ当然の考え方であり、それを否定するのであれば、相当の説得力ある理由付けを必要とするであろう。

　本稿は、過失犯の共同正犯は成立しうると解するものである。それは、構成要件該当事実惹起についての因果性と、その因果性に基づく正犯性が肯定される限度で、成立する。もっとも、上記のように、過失による教唆・幇助は不可罰であるから、構成要件該当事実に対して因果性を有する行為のうち、正犯性を認めうるものだけが処罰の対象となり、可罰性の有無は、正犯性の有無にかかることとなる。そのため、処罰の限界には微妙な判断が要請されることになるが、それはいたしかたないことである。共同正犯の成立範囲を厳格に画していくほかないものと思われる。

2 近時の議論をめぐって

　作為の過失共同正犯については、故意があれば共同正犯となる場合であって、共同者に過失しかない場合にそれが成立することは明らかである。たとえば、AとBが熊撃ちのため山に入り、熊と間違えて、意思を通じ、人に

向け一緒に猟銃を発射したところ、Aの銃弾が当たり被害者は死亡し、Bの銃弾は外れたという事例では、AとBに業務上過失致死罪の共同正犯が成立することになる。この場合、AとBに、殺人の故意があれば、両者とも殺人罪の共同正犯となることは明らかであるが、こうした事例においては、故意か過失かによって、因果性及び正犯性の判断に差異が生じるとは思われないからである。この場合には、猟銃の発射という業務上過失致死罪の構成要件該当行為の遂行について、AとBとの間に「意思の連絡」があり、共同惹起という拡張された正犯性を肯定することができるのである。このように、共同正犯における共同惹起を肯定するためには、少なくとも通常は、過失犯の構成要件該当行為、又は、それ以前の、保障人的地位を基礎付ける危険行為を共同で行う点についての「意思の連絡」が必要となるものと解される。もっとも、すでに述べたように、共同惹起を肯定するためには、「意思の連絡」が必須の要件となるかについては、否定する余地があるものと考えており、その限りにおいては、なお、結論を留保したい。

　近時、学説で問題とされているのは、「他人の行為から結果が発生しないように注意する義務」である。すなわち、この義務と「自己の行為から結果が発生しないように注意する義務」と併せて、過失共同正犯を基礎付け、そしてその成立範囲を限定することが意図されているのである（そこから、さらに、そのような義務の存在を根拠に、その違反により、各自について過失犯の成立を基礎付け、過失共同正犯を過失単独同時犯に解消しようとする見解も有力に主張されている）。作為犯の場合には、過失共同正犯の成立を肯定することに、特段問題はないと思われる。そこでは、構成要件該当事実発生の点について予見可能性の有無・程度が問題となるにすぎないのである。問題が生じるのは、不作為犯の場合である。たとえば、AとBが共同で、トンネル内でそれぞれトーチランプを使用して作業を行ったところ、どちらかのトーチランプの火が完全に消火されていなかったので、出火して火災になったという世田谷ケーブル火災事件（東京地判平成4・1・23判時1419号133頁）のような場合において、相互に消火を確認し合う注意義務があるとして、いかなる意味で過失犯の共同正犯の成立を肯定するかが問題となる。学説の中には、そのような義務の存在を肯定しうるのであれば、過失共同正犯としてではな

く、過失同時犯として処罰の対象とすることができると解する見解も有力に主張されているのである。

　まず、一方が他方に対して指揮監督すべき立場にある場合には、監督者について、監督過失の論理により、注意義務（その内容は、不作為犯の作為義務である）を肯定し、過失犯処罰を認めることができる。すなわち、自己と被監督者のいずれの行為から結果が発生したか不明の場合においても、直接過失と監督過失の択一的認定により、結果惹起について過失責任を問うことができるのである。この場合は、被監督者については、自己の行為から結果が発生した点について立証できない限り、不可罰となる。また、監督過失は、被監督者が第1次的に注意を尽くす義務があり、その懈怠についてのいわば間接的な責任を問う場合であるから、監督者にとって、被監督者が注意義務を怠る点についての予見可能性が必要となる。そのような注意義務懈怠の兆候が存在しないような場合には、信頼の原則が働き、監督者にとって予見可能性が認められないことになろう。以上をまとめれば、監督過失の論理によれば、過失単独犯として監督者を処罰することは可能であるが、その際には、信頼の原則が働き、過失を肯定しうる場合は限定されることになると思われる。

　しかしながら、このようにして、監督過失で処理できる事例はそれほど多くないと考えられる。むしろ、多くの場合には、2人の間に監督・被監督の関係がなく、監督過失の論理は使えないことになる。それにもかかわらず、学説においては、相互注意義務、相互監視義務を肯定することによって、過失犯処罰を肯定しようとする見解が有力に主張されているのである。なお、ここで、そのように考えたとしても、すでに述べたように、相互に信頼の原則が働き、互いに相手方が不注意であることについて、予見可能性がない限り、過失を肯定することができないことは、再度強調する必要があろう。具体的には、不注意であることを窺わせる具体的兆候があり、それが認識されていない限り、実際上過失責任は問えないのではないかと思われるのである。また、そもそも問題となるのは、いかなる根拠から、相互注意義務、相互監視義務が認められるかである。このような義務を、過失単独犯を基礎付ける注意義務（内容は、不作為犯の作為義務である）として認めようとする見

解は、その発生根拠に目をふさいでいる点において不十分であると思われる。そのような義務は、むしろ、共同正犯の成立を基礎付ける義務と理解して、初めて肯定しうるのではないだろうか。

　なお、上記の相互注意義務、相互監視義務は、不作為犯の作為義務としての性格を有するものであるが、その内容として、第1次的に各人が義務を履行し、他者はそれを監督する義務を負うと解するのでは不十分であると思われる。それでは、相互に信頼の原則が働き、その結果として、過失責任を問いうる範囲はかなり限定されたものとならざるをえないからである。また、これらの義務を問題とする論者においても、そのようには考えられていないのではなかろうか。そうではなく、むしろ、直接結果発生を防止する義務を、相互に重畳的に負うものと解することが妥当だと思われる。こうして、いわば、相互に直接的な結果回避に対する1次的責任を負うと解することが、過失共同正犯を基礎付ける義務としてふさわしいといえよう。

　このような注意義務は、いかにして生じるのであろうか。それは、試論ではあるが、次のように考えることができるように思われる。たとえば、世田谷ケーブル火災事件のような場合においては、危険な作業を共同して行い、いわば危険を共同惹起した者は、事後的に要請される危険の解消も、危険惹起の反面として共同して行うべきだと解されるのである。つまり、作為義務を基礎付ける危険行為の共同により、それに対応した共同作為義務が生じ、それは、直接相手方の行為についてまで相互に及ぶ、重畳的な作為義務だと考えることができるように思われるのである。

(第6講) 議論のまとめ

和田俊憲

1

　まず、共犯の処罰根拠論として因果共犯論が採られるべきことが確認された。因果共犯論は、一般に、いわゆる未遂の教唆を不可罰としている。もっとも、正犯と共犯の違いを、構成要件該当事実惹起の態様が直接か間接かという点にのみ認める因果共犯論からも、未遂における既遂故意を主観的違法要素と解するのであれば、目的犯における目的と同様に、65条1項を適用することで、共犯は正犯がそれを有することを認識すれば足り、自らはそれを有しない共犯にも犯罪が成立するとすることもできる、との指摘がなされたが、既遂故意を責任要素と解する立場からは、共犯においても正犯の場合とパラレルに既遂構成要件該当事実間接惹起の認識・予見が必要となり、それを欠く「未遂の教唆」に教唆犯の成立を認めることはできないことが確認された。

　次いで、純粋惹起説の当否について若干の議論がなされた。純粋惹起説のように共犯の正犯への従属性を否定すると、共犯も自ら身分を持たねばならないことになり、65条1項は間違いであることにならないかが問題とされた。純粋惹起説の論者は現に、共同正犯については自ら身分を持つことを要求している。しかし、その主張は狭義の共犯にまでは及ぼされていない。そうすると今度は、何故狭義の共犯においては自ら身分を有しないことが認められるのかが問題になるとともに、それを認めるのであれば、非身分者に非身分者が加功した場合にも共犯の成立を肯定しなければならなくなるはずであるとの指摘がなされた。純粋惹起説からは、常に自ら身分を有することが必要であるとするか、非身分者同士でも可罰的であるとするか、いずれかに

ならざるを得ないはずであるが、そのような主張は採り得ず、結局、共犯の正犯に対する従属性を認めるべきであることに、意見の一致を見た。

2

　見解が分かれたのは、共犯の正犯に対する従属性を認めるとしても、それをどこまで徹底して要求するかである。山口論文が、共犯から独立に見た正犯の違法性を共犯の要件として常に要求し、狭義の共犯の二次的責任性を徹底させるのに対して、構成要件レベルでの従属性を否定するのは問題であるとしても、違法性レベルにおいて一定の範囲で共犯の独立性を認めるのは不当なことではなく、具体的な結論の妥当性からはむしろ独立性を認めるべき場合があるとの指摘がなされた。

　例えば、医師Aの妻Bが、患者の秘密を公開しなければ殺す、とAを脅迫して秘密漏示させた場合、Aの漏示行為が強要緊急避難として違法性阻却されるとしても、緊急避難状況を作出したBは、その限りで共犯の独立性を認めて処罰すべきであるというのである。これに対しては、この場合はAは責任阻却されるだけであると解されるから、正犯行為の違法性への従属性を要求してもBに教唆犯を成立させられるとする見解と、Aが違法性阻却されるとしても、Aの行為が刑法上否認されないものとなるのであれば、Bを秘密漏示で処罰できなくても仕方がないことで、Bには強要罪を成立させれば十分であるとの見解とが示された。

　そこでさらに、XがYにZの殺害を教唆し、Yはその通りにしようとしたが、逆にピストルの達人Zに正当防衛で殺害され、Xは初めからそうなることを狙っていた、という事例が問題とされた。XのZとの関係における殺人未遂の教唆は前に見たように不可罰であり、Yの殺害との関係では、Zが退避可能であったのであればXに間接正犯を認めることはできず、また、Zの行為は違法性阻却されるから、Xを処罰するためには、正犯の正当防衛状況を作出したことを理由に従属性を解除して、片面的共犯としての可罰性を肯定する必要があるというのである。これに対しては、Xが完全に不可罰という結論には確かに抵抗があり、処罰すべきであるとの実質判断は理解できる

が、違法判断も一定の範囲内の事実に基づいて為されるべきものであり、正犯の正当防衛状況を作出したという構成要件外の事情を、共犯行為の違法性を肯定する方向で考慮することには、疑問がある、との反論がなされた。

③

　さらに、正犯行為が違法であることを常に要求するとしても、正犯行為が違法でありさえすれば共犯は無限定に成立しうると解するのか、狭義の共犯の成立には正犯の犯罪類型の重さによる限定がかかると解するのか、罪名従属性が問題とされた。山口論文は、狭義の共犯の二次的責任性を徹底する立場から、正犯よりも重い犯罪類型の共犯が成立することを認めない。そこでは、常習性を有しない者に対する常習者による賭博教唆に、常習賭博の教唆犯の成立が、また、傷害致死に対する殺意を持った幇助に、殺人幇助の成立が、いずれも認められないことになる。
　しかし、65条2項は、「身分によって特に刑の軽重があるときは、身分のない者には通常の刑を科する」としており、ここでは、背後の共犯にのみ加重身分がある場合や、正犯にのみ減軽身分がある場合も、適用対象に含まれていると解することができ、同条項は正犯に成立するよりも重い犯罪類型の共犯を肯定していると言える、そして、そうであるとすれば、正犯が過失で共犯が故意の場合も同様のことが言えるであろうことが、指摘された。これに対しては、そのように解するためには、少なくとも65条2項が処罰拡張規定であることを認める必要があるが、60条から62条が既に処罰を拡張する規定であるのに、それに加えてさらに拡張を認めるべきではなく、共犯の一般論から認められる範囲で、即ち、正犯に成立する犯罪類型の範囲内でのみ、狭義の共犯は成立するものと解すべきである、との反論がなされたが、他の規定に並べてさらに65条がある以上、65条がない場合よりもある場合の方が処罰範囲が広がると解する方が自然であるとの反応を喚んだ。さらに、責任要素の方が個別判断に馴染むので、故意を違法要素とするよりも責任要素とする方が、背後の共犯に重い故意犯の成立を認めやすくなってしまうことが指摘され、それでも正犯の犯罪類型の重さによる制限を維持しようとするな

ら、故意・過失も含めた責任構成要件の概念を導入した方がよいのではないか、との進言がなされたが、「不法構成要件＋責任構成要件」と言うか「犯罪類型該当性」と言うかは言葉の問題であり、共犯の従属性の対象は正犯行為の犯罪類型該当性と違法性であると言えば足りるとされた。

さらに、量刑の段階で背後の共犯の方が重くなることを認めるのであれば、犯罪類型該当性における従属性にこだわらなくてもよいのではないかと指摘されたが、結局、いずれの方向にも決定的な根拠は見出せないという雰囲気が場を支配した。

④

共同正犯における正犯性については、依然として決め手がはっきりしないことが確認された。客観的な共同関係と相当の寄与度とが明らかに認められれば、意思の連絡はなくても（片面的）共同正犯を肯定してよいが、この場合と過失の共同の場合とでは前提となる事実関係が全く違うから、同じには論じられないであろうとの指摘がなされた。

⑤

承継的共犯については、山口論文のように全面否定説を採ったとき、具体的な帰結が妥当性を欠くように思われるのは主に詐欺罪の場合であり、本来、準詐欺罪と同様の当罰性が認められるにもかかわらず、それを捕捉するように構成要件が定められていないことに問題があるだけであるから、後行者が不可罰となるのは仕方のないことであるとして、否定説に賛同する見解が示された。また、その場合であっても、財産犯が成立している場合には別途処罰されることはない領得物の事後的な利用処分行為に、占有離脱物横領罪を成立させ得る場合があり、あらゆる場合に完全に不可罰となるわけではないのではないかとの指摘がなされた。

幇助は狭義の結果との間に因果性があれば足りるから承継を認めることができるとする説は、幇助が減軽事由であることに基づいて因果性を緩和して

いると考えられるが、そうだとすると、結果ではなく他の構成要件要素との間に因果性があるにすぎない場合でも幇助の成立を認めるべきことになりかねず、また、死体から財物を盗っても占有離脱物横領にしかならないのに（大判大正13年3月28日法律新聞2247号22頁）、意思の疎通があるだけで強盗の幇助となるのは妥当でなく、やはり、共犯の処罰根拠として展開されているハイトーンの議論は、教唆だけではなく幇助においても妥当するものとして維持すべきである、とされた。

さらに、重要なのは、承継を認める場合でも強盗殺人の幇助をいかに否定するかであるが、反抗抑圧に必要な限りでの暴行と、それを結果的に超過した殺人とで、前者は承継するが後者はしないという感覚を正当化する理屈はないであろうことで、意見が一致した。

また、どの説を採っても同時傷害の特例の適用の可否は問題となることが確認された。

⑥

最後に、過失犯の共同正犯が議論の対象となった。山口論文が、共同正犯においては、そして共同正犯においてのみ、総則の共犯規定を過失犯の本条に適用すれば共犯構成要件が作られ、その時点で既に38条1項の要請は満たされる、とすることには、理解が寄せられた。そして、ここには共同正犯と狭義の共犯とが異質のものであるとの理解が反映していると指摘された。逆に、共犯の等質性を強調する立場からは、共同正犯についても、教唆・幇助と同様に、共犯規定を適用するだけでは過失共同正犯の構成要件は作られない、との理解も採られるからである。

過失犯の共同正犯がありうることを前提に、危険を共同惹起した者には、相手方の行為についてまで及ぶ危険解消の共同作為義務が生じ、その範囲で過失共同正犯が成立する、との主張に対しては、そのような義務が生じるのであれば、それぞれが過失単独犯として処罰可能であるとの指摘がなされたが、単独犯構成が可能である場合であっても、なお行為の共同性を表現するものとして60条を適用することには重要な意義があるとされた。ここでは、

過失犯の単なる処罰範囲の問題（だけ）ではなく、過失犯において共同正犯として評価されるべき行為の範囲をどのように画定するか、そもそも共同正犯をどのようなものとして構想するか、が問題となっているのである。

◆編者・執筆者紹介

山口　厚（やまぐち　あつし）
1953年生まれ．1976年東京大学法学部卒業．
現在，東京大学大学院法学政治学研究科教授
〔主要著作〕『危険犯の研究』（1982年，東京大学出版会），『問題探究刑法総論』（1998年，有斐閣），『問題探究刑法各論』（1999年，有斐閣），『刑法総論』（2001年，有斐閣），『刑法各論』（2003年，有斐閣）など．

髙山佳奈子（たかやま　かなこ）
1968年生まれ．1991年東京大学法学部卒業．
現在，京都大学大学院法学研究科助教授
〔主要著作〕『故意と違法性の意識』（1999年，有斐閣）など．

島田聡一郎（しまだ　そういちろう）
1974年生まれ．1996年東京大学法学部卒業．
現在，立教大学法学部助教授
〔主要著作〕『正犯・共犯論の基礎理論』（2002年，東京大学出版会）など．

和田俊憲（わだ　としのり）
1975年生まれ．1998年東京大学法学部卒業．
現在，北海道大学大学院法学研究科助教授
〔主要著作〕「中止犯論」（刑法雑誌42巻3号，2003年）など．

クローズアップ刑法総論

2003年12月20日　初　版第1刷発行

編著者　山　口　　　厚
発行者　阿　部　耕　一
〒162-0041　東京都新宿区早稲田鶴巻町514番地
発行所　株式会社　成　文　堂
電話 03(3203)9201(代)　FAX 03(3203)9206
http://www.seibundoh.co.jp/

製版・印刷　㈱シナノ　　製本　佐抜製本　　検印省略
☆落丁・乱丁本はおとりかえいたします☆
Ⓒ2003 A. Yamaguchi　Printed in Japan

ISBN4-7923-1636-7　C3032

定価（本体2800円＋税）